海上帝国

现代航运世界的故事

[美] 洛丽·安·拉罗科 著
金海 译

Lori Ann LaRocco

Dynasties of the Sea

The Untold Stories of the Postwar Shipping Pioneers

上海人民出版社

谨以本书向我的父亲理查德·拉罗科致敬，是您向我和我的孩子们灌输了对海洋上所有一切的热爱。愿您与天使同在，每天都能钓到“大鱼”。我爱您，父亲！

目　录

CONTENTS

序一

见贤思齐　高山仰止

2016年，金海博士的《海上帝国：缔造并扩大自由贸易时代的船东和金融家们》一经问世，便成为航运业内少有的畅销书。不少同仁好友，闲谈间总会聊起书中的精彩片段。彼时金博士坦言，尽管出书耗费了大量精力，但他计划再出系列作品。三年后，《海上帝国：现代航运世界的故事》如约而至，再度扬帆起航。

在这本书中我们再次见到了那些既熟悉又陌生的名字。人们往往感叹于这些“海之子”当下的光环与鲜花，却极少触及这一路走来的惊涛骇浪、险象环生。这些过往的细节无论在哪家大公司的网站、推特上都不会被披露，唯有这本充满洞察力的书，还原了这些盛名之下的神秘本真，让读者见到历经沧桑后的平静与睿智。

没有任何一个行业的发展是一帆风顺的，航运业作为人类最古老的产业之一，经历的起起落落远超出令人想象。而《海上帝国：现代航运世界的故事》中总结出如此之多的宝贵经验与教训，读来更令人惊心动魄、不忍释卷。《论语》云：“见贤思齐焉，见不贤而内自省也。”在汲取养分的同时，也可以少走弯路。翻开此书，这些缔造了战后庞大海上帝国的翘楚人物就这样鲜活地站在我们面前，用充满了洞察力和前瞻性的话语，娓娓道来，为身处当下产业困局的人们指点迷津。我们或许能从中悟到一些成功之道，但更重要的是，求得人生的豁然开朗，用更博大的胸怀去拥抱海洋、拥抱世界。

《海上帝国：现代航运世界的故事》就是这样一本奇妙的书，既可正襟危坐地精读熟思，也可作休闲故事随意翻阅；既可视为严肃客观的鸿篇大作，也不乏轻松写意的清吟小调。之所以引人入胜，要归功于译者金海博士的妙笔再造。凭借他精深的专业知识和扎实的语言基础，以及多年浸润行业、研学中西的丰富经验，通篇“信达雅”的翻译读来令人如沐春风，丝毫不见某些译作常见的佶屈聱牙的翻译腔。

读完《海上帝国：现代航运世界的故事》，不免让人期待后续更多的佳作。试想《海上帝国》能否做成一个大 IP 系列，如同《速度与激情》或者《权力的游戏》，带领广大读者进入航运帝国背后一个又一个奇妙的故事。如此一来，既符合中国打造海运强国的现实背景，开启航运业的“西学东渐”，又为提升海运文化建设添砖加瓦，激发广大民众对航运业的热情与喜爱，幸甚。

我读此书，因为我被深深地打动！

我荐此书，因为我不忍偷偷独享！

戊戌年十月初七谨此忝序。

上海航运交易所总裁

张 页

序二

我和我的一些朋友经常去俱乐部聚会庆祝我们依然活着，分享故事。我带着些许自豪和兴趣倾听着他们的成功故事，尽管我的笑偶尔会掩饰其他东西——一个压抑在内心的声音说道：“这很好，但是你有买海盗保险吗？”

远洋航海的生活多少是有些不同寻常的。你可能会在凌晨3点收到信息，上面写着：你船上装载的2.5万吨水泥在穿越寒冷的大西洋时“变得有点湿了”。有时候需要夜间开车穿过强盗横行的国家去查验黑海上的一艘船，也可能需要在新加坡或拉各斯的晚上登上风暴中湿滑的阶梯，或者同一天里在比雷埃夫斯订购葡萄酒，又在汉堡点了比尔森啤酒；把连衫裤工作服套在西装外，或者站在一艘超级油轮的驾驶台上尽情感受浩瀚无际的大海。

事情也并非一直如此。几千年来，政治家和将军们一直坚信海洋将我们与其他文化分隔开来，免受外来文化的冲击。奥德修斯和早期维京人的故事就是危险的海洋和无情的诸神给我们的警示。普通人不会冒险（Normal beings did not tempt the Fates.）。

当然，航运技术的进步最终使得探险和贸易进一步扩张。殖民国家积累了大量财富，这与其船只的质量和数量息息相关。无休止的竞争导致了两次世界大战，最终迎来了伟大的和平。海洋以一种深刻的方式连接你我。

在第二次世界大战后的几十年里，世界贸易呈几何倍数增长，带动了对远洋运输需求的激增。奥德修斯和维京人的后代们几个世纪以来一直在悄无声息地进行着航海贸易，他们时刻准备迎接新的挑战。希腊人和斯堪的纳维亚人的时代已经来临了。

但是这里的故事并不是关于人们被带往一处金矿，并递给他们一把铲子。这里的故事是需要引入海盗保险的。尽管有了现代技术和工艺，海洋仍然充满着危险，诸神——多半还可能在世——仍然是反复无常的。那些把时间和金钱投入到航运中的无畏灵魂有一种独特的气质。

远洋运输带来的挑战超出了大多数陆地居民的理解。一艘船的价格可能在几个月内上涨或下跌 60%。运费费率（freight rates）波动幅度可能更大，变化更快。船东和勇敢的海员们面临着飓风、战争、债务危机、洪水、海盗、冰山、制裁、碰撞、受伤、封锁、海啸、叛乱、恐怖分子、虫害、抛锚、珊瑚礁、毒贩、罢工、商品价格波动、利差周期（spread cycles）、扣押王室成员、民主推进、持续的人员腐败和钢材腐蚀。

这本书中的人物性格是一贯的行动力、耐心、钢铁意志、适应性、领导力、勇气和始终如一的乐观精神等品质的奇特结合。这些品质是实现 90% 的世界贸易按时按质（通常是干燥情况）交付所必备的。他们是小范围国际化社群中的重要人物，其共同的经验和价值观跨越国界。我很荣幸认识他们，也很高兴你们也将有机会认识他们。

美斯提科海洋顾问有限责任公司（Mystic Marine Advisors，LLC）

杰夫·派瑞（Jeff Parry）

前言

全球贸易使世界更加紧密地联系在一起，同时也为全球发展中国家和发达国家创造了巨大的经济效益。当人们讨论全球化和如今的自由贸易结构时，很容易忘记全球贸易是如何被海上运输和物流那令人难以置信的成本效益支撑起来的。这部《海上帝国：现代航运世界的故事》讲述了船东、金融家和企业家的故事，这些人通过对海上船舶的制造、运营、物流和融资方式进行创新和优化，影响着全球航运业，并进一步促进国际化。他们的故事极具个性且富有趣味，并且为如何在当今以及未来这个竞争最激烈的行业之一取得成功提供了一些见解。

我们很幸运，洛丽·安·拉罗科（Lori Ann LaRocco）再次展现了她出色的讲故事能力，向世人展示了这些航运领袖们的非凡个性、理念、梦想和成就。洛丽·安对航运业的热情，再加上她作为美国全国广播公司财经频道（CNBC）商业新闻的特约高级编辑所获得的信任和尊敬，让她得以用率直又细腻的笔触描绘这些商界领袖们是如何在这个国际化、反复动荡、变幻莫测但又令人振奋、回报丰厚的航运业取得成功的。

在我的从业经历中，有幸见到了本书中描述的很多杰出人物，并从他们那里获益良多。他们是这个被我们热爱着的航运业多元化和全球化的真实写照。赵式明作为华光海运控股有限公司（香港最大的私营船东公司之一）的董事长，代表了亚洲航运的新一代。克劳斯-彼得·奥芬（Claus-Peter Offen）是总部位于汉堡的奥芬集团（Offen Group）的掌舵人，该集团是一家全面整合的、传统的、家族控制的船东公司，在集装箱航运发展中一直处于领导地位。迈尔斯·库卢昆迪斯（Miles Kulukundis）是国际独立经营油船船东协会前主席和伦敦海外货运公司（London & Overseas Freighters，缩写 LOF）的前任主管。伦敦海外货运公司是在第二次世界大战后重建阶段中，伴随着总部位于伦敦（后来转移到美国）的各希腊船东公司的崛起而组建的，后来该公司成为前线公司（Frontline）的成员公司之一。费利佩·梅嫩德斯·罗斯（Felipe Menéndez Ross）和里卡多·梅嫩德斯·罗斯（Ricardo Menéndez Ross）这对兄弟是美洲和资本市场上表现最亮眼的几家航运公司的幕后主导者。迈克·哈德纳（Michael Hudner）是一位航运资本开创者，他通过开拓美国债券和股票市场的资金渠道，收购并融资支持了超过100艘船舶（关于债券和股票市场，可能他忘记的比多数人知道的还要多）。英国经济学家、导师、作家和资讯提供者马丁·斯托普福德（Martin Stopford）花了20年的时间，将克拉克森研究服务有限公司（Clarkson Research Services Limited）打造成了业内领先的航运信息和预测中心。挪威船东汉博·汉森（Herbjørn Hansson）创建了一种百分百股权和全股利派发的上市航运公司模式，与常规模式是背离的。作为总部位于纽约的AMA公司的主管，保罗·莱德（Paul Leand）的从业经历中都在向船东介绍华尔街，也在向华尔街讲解航运业，同时，他在收购和出售化学品油轮公司（Chembulk Tankers LLC）船队的项目中充分展现了出色的择时能力和交易撮合能力。

以上绝没有尽述书中提及的精彩人物。我希望将来能见到他们每一个人，现在只知道他们声名远扬。

回顾这些故事时，我想起了自己在航运业的成长和职业生涯。我在印度南部的一个小镇长大，航海让我有机会从这个多元化的世界中学习，了解其中每一种文化的独特之处。一路走来，我学会了从正面看待斯堪的纳维亚的功利主义和实用主义、美国的创造力、新加坡的执行力和敏锐，以及日本在地区性船东、船厂和银行之间的协作。这些经历让我对洛丽·安所极力传达的思想有了更多的感悟：这些人之所以成功，是因为他们不断转变，以应对当今的挑战和机遇，并与全球各地的人才和专家合作。当我思考航运业将如何面对未来的挑战，包括数字化、环境问题，以及下一代航海从业者们的培育时，我想没有比本书中所描述的这些有动力且具有企业家精神和创新意识的人物的洞见更能给人以启发的了。

汇能集团（Synergy Group）首席执行官

拉杰西·尤尼（Rajesh Unni）

Chapter 1

有志者事竟成

塞萨尔·达米科和保罗·达米科

塞萨尔·达米科（Cesare d'Amico）

1976 年，塞萨尔·达米科加入其家族企业达米科航运公司的技术部。很快，他被调至班轮部门并在 1978 年成为总经理。此后 1992 年，他被任命为首席执行官，并担任该职位至今。自 1997 年开始，他就一直管理着达米科干散货公司的业务发展。2007 年，他参与了达米科国际运输公司在意大利证券交易所 STAR 板块* 的上市。另外，他也被任命为高等技术教育学校 ITS 卡博托基金会的主席（意大利加埃塔）。

保罗·达米科（Paolo d'Amico）

1971 年，保罗·达米科加入其家族企业达米科航运公司，于 1981 年就任董事，专注于成品油轮业务。2002 年，他被任命为董事会主席，并担任该职务至今。2007 年，他参与了达米科国际运输公司在意大利证券交易所 STAR 板块的上市。另外，他还是意大利船东协会理事会成员，并于 2013 年被意大利政府授予“劳动骑士”（Labour Knight）的称号。

* STAR 板块是指市值在 10 亿欧元以下的中等规模的公司。——译者注

我的父亲给我们上的最伟大的一课，就是谦逊。不要假装知道所有，因为事实上你也的确不知道。

要在创新浪潮和全球化的环境中保持眼界开阔、谦逊并努力地了解未来世界的走向。

大萧条之后，包括意大利在内的许多国家经济遭受重创。这些国家的银行和无数其他世界金融机构都破产了。贝尼托·墨索里尼领导的法西斯政府放弃了意大利的自由经济体制，创建了“社团主义”经济模式——政府与大型企业之间形成伙伴关系，从后者中选择赢家和输家。那些被认为“太大而不能倒（too big to fail）”的公司由政府出资拯救，而其他公司只能在私营领域内苦苦挣扎。1934 年 5 月 26 日，墨索里尼向众议院夸耀道：“意大利四分之三的经济，包括工业和农业，都掌握在国家手中。”[1]

截至 1939 年，意大利国有企业数量占比排名世界第二，仅次于苏联。当年，纽约警察局长、世界博览会主席格罗弗·惠伦（Grover Whalen）曾被问及如何定义法西斯主义，他的回答是：“这就像你的新政一样！”[2]

航运业也得到了意大利政府的支持。20 世纪 30 年代，银行被逐出航运金融领域，取而代之的是由国家控制的海军信用研究所，该机构由阿尔贝托·班纳杜斯（Alberto Beneduce）依照墨索里尼的命令建立的。截至 1939 年，政府控制了全国五分之四的航运和造船市场。

图 1-1　马西米诺·西罗·达米科

但并非所有被认为“太小”而未受到政府干预的企业都灭亡了。1930 年初，在意大利萨勒诺的阿马尔菲海岸，马西米诺·西罗·达米科（Massimino Ciro d’Amico）努力探索发展家族式小型木材贸易业务的途径。这个意大利大家庭有七个儿子：朱塞佩（Giuseppe）、西罗（Ciro）、奥龙佐（Oronzo）、维托利奥（Vittorio）、卡洛（Carlo）、赛尔瓦托（Salvatore）和安东尼奥（Antonio），朱塞佩是家中最大的儿子，也被家人称为巴比诺（Peppino）。由于他们出生于20世纪10年代和20年代，因此都目睹了深陷泥潭的意大利经济，达米科家族并不满足于现有业务。朱塞佩和他的父亲希望通过改变木材的供应方式，由原先的租赁船舶转为自有船舶以改善经营。因此，在拥有了小型纵帆船和长达120英尺的辅助动力双桅帆船后，朱塞佩改变了达米科家族的木材业务。

图 1-2　达米科家族的第一艘船："七兄弟号"

达米科家族拥有的第一艘船是机帆船"七兄弟号"（Sette Fratelli）。随着该公司第一艘钢制汽船"巴比诺·帕隆巴号"（Peppino Palomba）的加入，船队数量也随之增加，之后又增加了3000总载重吨的船舶。

1948年4月8日马歇尔计划的颁布消除了贸易壁垒，帮助了饱受第二次世界大战蹂躏的各个国家重建。美国希望该计划能抑制共产主义的发展，同时鼓励资本主义。由于在战争期间损失了四艘船，达米科兄弟也得以参与了马歇尔计划。同年，他们从美国额外购买了自由轮干散货船和T2油轮。自由轮"哈维·库欣号"（Harvey Cushing）和"爱德华·P. 亚历山大号"（Edward P. Alexander）被重新命名为"埃雷特奥号"（Eretteo）和"奥里齐亚号"（Orizia），T2油轮"魁北克号"（Quebec）被重新命名为"玛丽亚·克里斯蒂娜·D号"（Maria Cristina D）。接下来的四年里，达米科家族掀起了一股战略性收购热潮："阿尔辛号"（Alcione）、"亚特

图 1-3　赛尔瓦托、西罗和安东尼奥

兰大号”（Atlanta）、“阿雷拉号”（Ariella）、“西塔迪萨勒诺号”（Citta di Salerno）、“帕斯顿号”（Paestum）和“玛利亚拉奥号”（Marialaura）相继加入船队。1950 年，“布拉坦号”（Braconda）油轮也被收购并更名为“琳达 · 乔凡娜号”（Linda Giovanna）。

达米科兄弟借助在罗马当地的办公室，购买了更多的二手油轮。随后两年是这个家族公司的重要成长阶段。1952 年，七兄弟决定分别在各自的航运领域寻找兴趣点。

西罗和他的兄弟赛尔瓦托以及安东尼奥离开原来的公司，共同创立了达米科航运公司（d’Amico Società di Navigazione S.p.A.），总部位于罗马。朱塞佩和兄弟奥龙佐、维托利奥和卡洛留在了达米科兄弟船东公司（Fratelli d’Amico Armatori S.p.A.），总部也在罗马。他们用首批两艘“超级油轮”的新造船订单，颠覆了当时的海上运输业。该订单由位于的里雅斯特的亚德里亚海联合造船厂接手。达米科兄弟的这两家公司日益壮大。20 世纪 60 年代，达米科航运公司业务从不定期贸易转变为定期运输和精炼产品海运。热那亚开设的新办事处意味着班轮运输业务的开展，是公司重要物流板块的进一步扩张。该项业务由最小的弟弟安东尼奥管理。

西罗和安东尼奥也在意大利船东协会担任重要角色。20 世纪 70 年代，西罗促成了三家不同船东协会的联合，最终合并成意大利船东协会。安东尼奥在 1989 年至 1995 年主持协会工作。除了成为第一位船东会长（在他之前，会长特指政治家和外交官角色）以外，任期内，他带领协会加入了主要代表制造业和服务业的意大利工业家联合会，由此将船东协会推上了一个更广泛、更国际化的海事之外的平台，重新树立了意大利船东协会的形象。

第二代的教育

西罗的儿子保罗·达米科（Paolo d'Amico）8岁时由父亲带着登上了一艘油轮，自此点燃了他对航运的热爱。“这太了不起了！”他笑着说，“眼前就是巨大的钢铁甲板，上面有很多人，到处都是管道和阀门，船舶就在世界各地航行！这艘油轮，虽然不是世界上最漂亮的船，但是，天哪，我喜欢它。”

图 1-4 “切洛·迪·加埃塔号”

这种热爱一直伴随着保罗的青年时期。1971年保罗从学校毕业后，父亲问他想做什么。“我说，‘我能来办公室工作吗?’”保罗说，“他说，‘当然！来吧！’就是这样。”1981年，他被任命为达米科航运公司的董事，主要负责公司的成品油轮业务。自2002年以来，他一直担任公司的董事长。2011年到2013年的三年间，他主持意大利船东协会理事会工作，达米科家族的贡献为意大利航运业赢得了全世界的认可。

虽然获得书本知识是保罗成功的必要条件，但是他父亲在1973年危机时期对他的指导和传授的智慧同样不可或缺。“我学到了课本上学不到的东西，”保罗说，“我是在业务不景气的时候才进入这个行业的，但是我学到了很多，也学会了如何在低迷时期生存下去。我的父亲教我如何体会行业的周期和变化。作为船东，你需要同时做很多件事情，你需要知道如何保护自己，”他解释道，“你如何看待投资的未来前景。你需要问问自己，你应该看多还是看空。我知道，当行业景气时，我们

图 1-5 “切洛·迪·意大利号”

所有人都能赚钱——这很容易。当风险接踵而至时，你需要寻找全新的业务领域生存下去。行业的周期性教会我如何成为一名合格的船东。”

不幸的是，1974 年 4 月，该公司的联合创始人赛尔瓦托去世，使得公司和家族遭受了灭顶之灾。赛尔瓦托的儿子，即保罗的堂弟塞萨尔·达米科（Cesare d'Amico）当时才 17 岁。在那之前，他一直过着非常严苛的生活，远离家族生意，就读于一所耶稣学校。“那是一段悲伤的时光，”他叹了口气回忆道，“我当时还在上学，但那时我决定要从事航运业。毕业后，我去伦敦待了四个月学习英语，当时还没学完。”

1976 年，塞萨尔加入公司技术部。对他来说，这是一个喜忧参半的时刻。他最初的商业行为以及所得到的指导，永远印刻在他的商业哲学之中。“遗憾的是，我必须年满 18 岁才能合法地将我的签名用于银行贷款的个人担保，”他说，“保罗的爸爸，也就是我的伯父西罗，告诉我，‘记住，我们从银行拿走的任何一美元都必须归还。因为只要你有能力还钱，你就可以留在这个行业。当你不还钱的时候，你就出局了。这是你的选择’。我从来没有忘记过这些话。”

西罗和安东尼奥将塞萨尔和保罗纳入他们的羽翼之下。西罗认为，学习船舶技术方面的知识对下一代来说非常重要。“我叔叔告诉我，‘你就去那里学习’，所以在我职业生涯的初期，我就待在造船厂里，”塞萨尔说，“回想起来，过去的这些经历让我成为更好的船东。”

接下来的七年里，保罗和塞萨尔学到了船舶业务各方面的知识。“我和我的堂兄非常幸运，因为我们是在航运市场的低谷时期摸索学习了这门生意，”塞萨尔说，“低迷期很长，但我们获得的知识和经验是无价的。”

展望

1977年，西罗让塞萨尔去一个叫作新加坡的“小地方”。“当时，那里更多的是半村半镇，”塞萨尔说，“我叔叔西罗想让我和我们的技术检查员一起待在那里，因为他相信新加坡在未来十年、十五年、二十年内会有很大的发展，并在世界石油贸易中变得非常重要。他说新加坡的氛围是驱动因素。”他停顿了一下，“而且，我叔叔安东尼奥对热那亚和20世纪70年代班轮运输的成功有自己独到的看法。我为能讲述这些故事而感到自豪和感动，因为我的叔叔们对这个城市的发展有所憧憬，而航运总与愿景有关。成功的船东是那些生活中有远见的人，”他继续说道，“没有幻想，只有真实的、具体的愿景。当船东们有一个具体的愿景，并按照这个愿景行动时，他们就会成功。”

1978年，保罗从罗马大学毕业并在公司就职。塞萨尔也拓宽了自己的工作职责。他对班轮行业的热情促使他进入班轮运输部门工作，并成为了总经理。“虽然我们是一家规模较小的公司，但我们能够与世界各地的重要公司建立联系，这使我颇有感触，”塞萨尔解释说，“我记得我们曾与雪佛龙、美孚石油（现在是埃克森美孚）以及意大利埃尼集团（Eni，当时是阿吉普公司）做过交易。集装箱运输方面，我们的重要客户包括但不限于菲亚特（Fiat，今天的FCA）。因为在班轮部门工作，我得以环游世界，收获了很多经验。”

塞萨尔的旅行集中在中美洲和北美洲西海岸，特别是旧金山、西雅图、波特兰和温哥华。

和保罗一样，青年时期的塞萨尔也在罗马大学学习商业和经济学，于 1982 年毕业。

后天的努力胜过金汤匙

1981 年 1 月，西罗去世时，这对堂兄弟又一次遭受打击，当时塞萨尔 25 岁，保罗 27 岁。年纪轻轻的这对堂兄弟肩负重任，需要向董事会展示自己有能力领导公司。他们的叔叔安东尼奥明智地推动他们参与公司的运营管理，而他则专注于自己在意大利船东协会中的角色和职务。

“当时我们的最高管理层由五位代表构成，”塞萨尔解释说，“他们要求严格，很少妥协。他们不会对我们作出让步，因为我们继承了家族生意。他们的使命是让我们成为顶级船东，而不是他们的最高管理层。我们需要学习如何成为成功的船东，然后学习如何成为成功的管理者。”

“我的父亲告诉我们永远不要自我吹嘘，”保罗说，“你可能很聪明，但总有比你更聪明的人。我们需要努力工作，向董事会展示我们有掌管公司的能力。”

这是塞萨尔传给他儿子们的忠告。“记住一件事：忘记你的姓氏，因为你的姓氏在这种情况下是劣势。如果你想成为一名船东，希望有一天领导公司，那么管理层和公司都必须选择你。你必须努力工作，否则永远都无法经营好一家家族航运公司。”

“我的父亲给我们上的最伟大的一课，就是谦逊，”保罗补充道，“不要假装知道一切，因为事实上你也的确不知道；即使你认为自己知道，也要问自己五次。他还说要试着按既定方式行事，永远不要试图隐瞒。如果出现问题，不要逃避，因为你即使暂时逃避了，问题也会一直跟着你，逃避并不能解决问题。当然，还要对你的员工坦诚，在工作中做到公开透明。”

他们的辛勤工作得到了回报，董事们和两兄弟的叔叔安东尼奥一直密切关注他们，不断称赞这对堂兄弟。2002 年安东尼奥去世后，保罗被任命为达米科航运公司的董事会主席，如今该公司是达米科集团的最终控股公司。

1992 年，塞萨尔被任命为达米科航运公司的首席执行官，并于 1993 年在达米科集团新设了散货船业务部。

家族第二代也在意大利证券交易所留下了他们的印记。2007 年 5 月，保罗和塞萨尔实现了达米科国际运输公司在意大利证券交易所 STAR 板块的上市，该公司是油轮业务的控股公司。

1997 年，塞萨尔在意大利航运股份有限公司的私有化过程中也发挥了重要作用。他被任命为公司首席执行官并一直担任该职位，直到 2002 年公司被加拿大太平洋航运公司收购。自那时起，他就一直领导着达米科集团控股的干散货业务公司，即达米科干散货公司（d’Amico Dry d.a.c.，前身是 d’Amico Dry Ltd.），扩张船队运力。

自从保罗和塞萨尔众望所归接管公司之后，这对堂兄弟在西罗和安东尼奥的教诲和指引下，带领公司历经了数个行业周期。

“当行业处于市场低谷时，未来走势只能向上，”保罗说，“你能感受到机会就在那里，但必须对入场时点极其小心。即使资产贬值也无关紧要。这不是一个简单的游戏，很大程度上取决于你购买资产时所承担的债务，以及你是否能够轻松地变现资产。你肯定不想被无法卖出变现的资产所拖累，因为说到底，资本才是最重要的。”

达米科的认可

达米科的领导方式在如今的航运时代是独一无二的。虽然两人管理着各自的业务，但是都作为公司高层对公司进行共同管理，并且对公司业务的构想和观点始终保持着一致，毕竟共同作出决策有时候非常重要。例如，从对上市的意大利航运股份有限公司的收购中就可以看出这两个堂兄弟是如何相处的：保罗成功说服塞萨尔和他们的叔叔安东尼奥成立达米科集团，开启了新的征途。“我们的确交换了很多信息，”保罗强调说，“但是互不干涉，这对我们来说很平常，因为我们就是这样长大的。不得不说，现在这种模式受到了很多人的推崇，尤其是一些银行家。但这很难再传授给下一代，因为当我和塞萨尔开始创业的时候，我们置身于一个完全不同的世界，当时只有我们两个人。”

当这对堂兄弟开始他们的航运生涯时，公司治理、安全问题和环保监管还不是关键因素。塞萨尔说，尽管法律的规定有利于增强船舶的安全系数，但是它们也额外新增了一道手续。“以前，你会看到船长在甲板上监督船只装卸。现在，船长的工作多限于办公室，被各种文件的填报缠身，官僚气息浓重。他丰富的经验就用于负责填报各种与审计和成本有关的文件，以确保所有事情都井然有序，而不再是监督港口发生的事情。”

如今，保罗和塞萨尔正带领着公司建立新的管理标准，同他们的下一代一起打造公司的未来，延续达米科过去的辉煌。至于他们卓越的管理水平，每一位达米科人都必须对公司业务的各个方面负责。

“我们这样做的初衷是希望公司以一种明确的方式发展和运作下去，”塞萨尔说，“现在你必须遵守一定的规则，所以我们一致认为总要有一个家庭成员对此负责。我们的名誉系于公司荣辱，所以我们对公司负有最终责任。”

“我们的职业经理人都很优秀，”保罗补充道，“但我认为这背后有家族的支持是非常重要的。一个显著的例子就是马士基航运有限公司（Maersk）和穆勒家族（A.P. Møller family）的关系。穆勒家族在背后支持着马士基航运有限公司，现如今马士基已成为一家巨无霸公司。”

“家族对公司本身以及公司在做的事情和规划等因素保持长期关注，”塞萨尔强调，“这些关注点可以从公司的文化中看出来。”

这对堂兄弟营造公司文化的方式之一就是建立公司内部培训机构，由塞萨尔管理。这个机构用于船员培训，大约有 40 名到 45 名水手最初以见习生身份参加，并最终通过机构培训成为三副。“他们登上我们的船只，成为三副，并且在其他公司也一样可以，”塞萨尔骄傲地说，“投资这所学院非常重要，它形成了公司和员工之间强有力的纽带。上市公司的投资者不会认为这种支出有什么价值，但这是对船员的长期投资，帮助他们成功。总之，达米科集团致力于促进员工的成长和发展，因为这也关系到公司能否取得成功。”

熔炉

在过去几十年里，这对堂兄弟把家族企业发展壮大成为了一家国际航运巨头。

曾经，公司只有一间办公室，而且都是意大利员工的日子已经一去不复返了。

“我想表达的是，现在公司只有少数员工来自意大利了，因为这里有意大利人、印度人、美国人、英国人、菲律宾人和中国人，”塞萨尔说，“全球化使得现在与我们一起工作的伙伴来自世界各地。而且，达米科的员工也相当年轻，并且非常热爱公司。”

塞萨尔说，正因为公司员工种族的多样化，他们所体现的多元化母国文化帮助公司跨越了许多跨国公司在他国拓展业务时所面临的文化鸿沟。“挑选一位高层经理人总是非常困难的，”他说，“这种困难并非与他们本身的能力或者商业知识有关，而更多的是需要考量他们是否能够融入家族企业并认同我们的长期发展理念。”

对塞萨尔来说，怎样才能证明雇用了合适的人呢？“我喜欢每天晚上当我离开办公室的时候我们的员工也下班了。是的，这有点浪漫色彩，但这正是我想要的。我也知道，这种情况不可能总是发生。对我来说，需要意识到的是，公司员工来自不同的文化环境，而大家都认可统一的家族企业文化是一件多么不容易的事情。所以，我和我的堂兄弟在企业文化建设方面做了大量员工工作。”

未来

在公司的初创过程中，西罗和安东尼奥曾经通过新加坡的例子教导过塞萨尔，理解人类行为是勾勒愿景和根据愿景制定策略的关键。保罗解释说，作为一个船东，确实需要有一艘合适的船来完成相应的规划，但也需要了解人们的行为方式和消费内容。这些观点与他父亲的想法不谋而合。那么，人类的下一件大事会是什么？

“你需要知道周围发生了什么，”他说，“最明显的一个例子就是智能手机改变了人们的行为方式。移动电话产业始于摩托罗拉和诺基亚。这两家公司生产的新款移动电话，一直垄断着市场，直到 20 世纪 80 年代末。但智能手机问世后的短短十年——而不是几个世纪——就改变了移动领域的格局。诺基亚和摩托罗拉因此被淘汰出局。iPhone 手机颠覆了整个移动产业，它不仅仅是一部手机，而代表着一切——电子邮件、娱乐、游戏，同时也是通信工具。”

保罗说，他给下一代的建议是要在创新浪潮和全球化的环境中保持眼界开阔、谦逊并努力了解未来世界的走向。“这个世界和我父亲创立公司的时候有了巨大改变，”他说，“我父亲参加了第二次世界大战，他亲眼目睹了欧洲的重建和日本的发展。这种变化是缓慢且长期的。我目睹了俄罗斯的衰弱和中国的崛起。当今的世界越来越小，联系也日益紧密。远东地区发展迅速，我们也密切关注非洲的发展。恐怕我们再也没有机会以史为鉴了，因为我们生活的世界已经发生了翻天覆地的变化。技术催化了事件的发生，也增加了事件的复杂性。即使如次级债这样的金融工具也引发了一场没人能预料到的危机。我并不羡慕我的下一代，因为技术更迭速度之惊人对现在的企业家们是一个巨大的挑战。”

世界各地的彼此连通也改变了船队的管理方式。“实际动手操作减少，更多地采用电脑通信的方式，”塞萨尔说，“我加入公司时，我们用电报进行沟通，由于速度较慢，船舶基本上就是一个漂浮的实体。如今，信息与通信技术（ICT）改变了船队的管理方式和船上的生活状态，因此它已成为业务开展中非常重要的资产之一。”

保罗见证的最重要的变化之一便是电动汽车的发展。“这种变化即将发生，”他说，“所以我们需要问的是明天会进口多少石油？那些在 19 世纪末靠马拉战车前进的人会在某一时刻被蒸汽车超越。这是在几年之内发生的，而不是几百年。我们正在引领一场工业革命，而我们也必须了解自己在这场革命中所处的位置，”他继续说道，“我们甚至无从知道因为智能手机应用程序的出现，有多少岗位消失了，又有多少新的岗位被创造，要求的新技能和知识与过去也有很大不同。放眼全球，其效应将会成倍放大，你会发现很多人因此失业。所以说，全世界都处于汹涌变革中，我们脚下的世界也正飞速变化。”

经历了 2005 年、2006 年和 2007 年的繁荣与萧条更替，塞萨尔时常在夜间凝视天花板，思考着下一代将如何领导公司。尽管他们的子女是在不同的时期加入公司的，但总是处于航运业的所谓“超级周期”（supercycles）中。保罗和塞萨尔都强调，拥有一个可靠团结的家庭给予的支持是多么地重要。

“我们向孩子们灌输了审慎、热情和坚持，这些品质是他们未来领导达米科集团所需要的。”塞萨尔解释道。

欠佳的地缘政治环境，是保罗和塞萨尔认为他们的孩子不得不应对的难题之一。“不仅仅是中国，”塞萨尔说，“还有美国的能源独立以及它们的天然气和石油出口，还有印度和欧洲。你还会遇到像卡特里娜飓风（Katrina）这样的自然灾害。很多因素都会影响业务的开展。你必须学会保持冷静和对事业的持续付出。”

勇气

对这对堂兄弟来说，或许亲人的逝世是将他们紧密联系在一起的纽带，他们由此担负起发展家族事业的艰巨重任。不过，在通往成功的道路上，是西罗、赛尔瓦托和安东尼奥的严爱与智慧，为保罗和塞萨尔保驾护航。

“我有时会问自己，如果我 17 岁的时候没有失去我的父亲，我是否能够靠自己获得现在的成就？我不知道答案，”塞萨尔叹了口气说，“我真的不知道。我不断地在脑海中思考这个问题。我为我们已经获得的成就感到高兴。我和保罗在一起工作的韧劲很强。我们一起经历了市场周期的很多艰难和波折，在企业内部我们与管理层打交道，这些人并不那么容易应对，即使是我自己的叔叔也是如此。对我和保罗

图 1-6　保罗 · 达米科

图 1-7　塞萨尔 · 达米科

来说，真正的优势在于我们有西罗的教诲和安东尼奥的指导。他们都非常严厉，但正是这些让我们强大起来。”

“我们能接受付出各种代价，”保罗补充道，“我父亲是个难应付的人，但是我不会想要改变这样的情况。因为正是这样的环境造就了现在的我。在这个行业你需要有一定的勇气，但有时这也会导致你过度自信、犯下错误。”

“在意大利语中我们叫它‘勇气’（coraggioso），”塞萨尔说，“在航运业，你需要很大勇气，但这与行事鲁莽和不计后果之间是有界限的。你不能愚蠢行事。虽然我在课堂上学到了很多东西，但我们的从商经历教会了我们谦逊。这也是我父亲教会我的。因为如果你保持谦逊，你就会觉得每天都有新事物需要学习。失去了谦逊，你可能对自己犯的错误视而不见。”

[1] Gianni Toniolo, ed., *The Oxford Handbook of the Italian Economy Since Unification* (Oxford University Press, 2013), 59; Mussolini's speech to the Chamber of Deputies was on May 26, 1934.

[2] Grover Whalen, *Mr. New York: The Autobiography of Grover A. Whalen* (Literary Licensing, LLC, 1955), 188.

Chapter 2

学 徒

赵式明

赵式明（Sabrina Chao）

赵式明先后加入怡富和罗兵咸永道会计师事务所从事金融相关工作，开启职业生涯。2001年，她完成了英国伦敦加尔布雷思航运课程并开始投身航运业。她先后在油轮国际、大不列颠船东责任互保协会和必维国际检验集团工作，积累了各航运细分领域经验。2002年，她加入家族企业华光海运控股有限公司，并在2013年被任命为公司董事长，2015年出任香港船东协会理事长。

赵式明是赵世光之女、赵从衍之孙，华光海运控股有限公司的第三代掌门人和董事长。

永远不要感性对待资产：该出手时就出手。不要对你拥有的东西过于感性。

顺其自然，顺应市场。

在市场走低时，你一定要有勇气，并能坚持自己的判断。

对于许多航海世家来说，航运产业不仅给他们带来了巨额财富，也将财富毁于一旦。正如在其他行业一样，航运私人企业的掌舵者对公司战略和发展方向有直接的影响。每一代继承者通常会得到公司的多年栽培，从公司以往成败中吸取教训，以期不会再犯相同的错误。最成功的经验来源于以往的实践经验和长久积累。

然而，世事难料。下一代也许会在未经历平缓过渡的情况下，突然被推向掌舵者的位置。于是，是应付自如还是下台让贤，就取决于继承者自身的能力。

赵式明，就是在被鼓励接手她祖父——航运传奇人物赵从衍（T.Y. Chao）——创办的公司时，选择了直面挑战、扛起大梁，接管家族企业华光海运控股有限公司（Wah Kwong Maritime Transport Holdings Ltd.），任董事长一职。新闻报道称她为“航运继承者”和“下一代香港大亨”之一，然而自诩“学徒”的赵式明并没有凭借出身直接将自己置于掌门人的位置，而是在工作中学习，随时向身边的良师益友虚心求教，凭着辛勤付出、全心投入，以及从过去几乎毁灭公司的失误中参悟，帮助公司在航运业最动荡的时期发展壮大。

华光公司创始人并非一位对出海充满渴望的企业家。恰恰相反，这家香港最大的私有航运企业之一的公司创始人是一位扑克高手。令赵式明记忆犹新的是，父亲赵世光（George Chao）——赵从衍最年轻的儿子，所讲述的祖父赵从衍喜欢同老板、朋友打牌的故事。有一天傍晚，赵从衍赢了一大笔钱，老板邀请他合伙投资煤炭货运船“国兴号”（Kwok Sing）。这激起了赵从衍创业与冒险的精神，接受了老板的邀请。随着企业逐步走向成功，赵从衍在合伙企业中所占有的股份也随之增加，最后达到了 50% 的占比。

然而，中国内战的爆发改变了很多人的命运。1948 年，“国兴号”从上海出发，载着传奇的一家人——赵氏家族。他们被迫逃离祖国，去往当时的英国殖民统治地区香港寻求避难。

“祖父在香港安顿期间并非一帆风顺，”赵式明说，“最初他并没有足够的资本重新创业，因此他需要寻求合作伙伴。”创立的合资航运公司发展蓬勃，1952年，华光公司成立了。

“我祖父在战后基础设施重建项目中看到了商机，”赵式明说，“华光是最早去日本造船的一批公司之一，当时大部分船舶仍在欧洲建造。我祖父见证了当时日本的工业化发展，并承担了这种工业化相应的一定风险。”这些与整体工业化有关的风险也作用于航运以外的行业，例如面粉厂。

20世纪70年代至80年代初期，航运业达到了周期性顶点，同期华光公司在香港证券交易所上市，拥有超过60艘船。然而，20世纪80年代的航运业被全球经济衰退的氛围所笼罩。五年的运价下挫和油价高企对行业造成较大冲击。许多像赵氏家族这样的航运巨头曾经共同创造的行业辉煌正以惊人的速度败落。从洛杉矶港到日、韩造船厂，再到历史悠久的利物浦码头，4000万吨的船舶运力被闲置[1]。华光公司的五个长期租约都面临着较多的财务障碍。1986年，为解决8亿5千万美元的债务问题，华光公司经历了一场困难重重的重组计划。为了解决这些债务问题，赵从衍甚至以1000万美元的价格出售了他的翡翠藏品和部分古董收藏。

之后十年，赵从衍的大儿子赵世彭（Frank Chao）主要负责业务发展的技术方面，而小儿子赵世光则负责拓展和培育全球商业关系，关注业务的财务方面。父子三人联手助推业务转型，公司管理也趋于扁平化。通过出售老旧船舶、新造船更新运力，企业得以对船队进行战略性合并和复兴。作为中国造船业的早期支持者，赵世光从中国新兴船厂订购了新船。截至1998年，公司船队的平均船龄仅有2年；相比较而言，1994年时平均船龄为13年，相对偏老。

20世纪90年代末期是华光公司的关键时期。为存续下去，华光公司决定将公司的很大比例的股份出售给外部投资人，比如：新加坡的三巴旺海事公司（Sembawang Marine）和香港的先锋工业公司（Pioneer Industries）。这段时期，赵从衍的健康状况每况愈下，而家族内部的争权夺利进一步加重了危机。雪上加霜的是，1997年亚洲金融危机又给公司施以重创，赵从衍从董事长一职退休，公司的前景在香港航运界饱受质疑。

1999 年，赵世彭也退休了，留下赵世光主持大局。华光的财务困境引起了博卡远东控股有限公司（Bocimar Far East Holdings Ltd.）的投资兴趣。博卡公司后来成为公司大股东，并被业界誉为华光的“白衣骑士”。博卡公司收购了三巴旺海事公司所持的 18.2% 股份。随后，博卡兄弟加入华光公司的管理层，任命路德维格·克里埃尔（Ludwig Criel）为总经理，赵世光为副董事长。在博卡公司的控股管理下，华光公司从一家传统的中式家族企业转型为一家现代航运企业。

2000 年 6 月，博卡公司主动提议联合赵世光收购华光公司剩余的 57.7% 股份。交易完成后，博卡在公司股权占比 54%，而赵家则拥有剩余的 46%。同年 7 月，博卡公司完成了华光公司从香港证券交易所的退市和私有化。2000 年至 2001 年期间，博卡公司将其持有的股份以 7000 万美元的价格秘密返售给赵世光。该交易的公布以及华光公司控制权重回赵家的消息震惊了全球航运界。2002 年，赵世光的长女赵式明加入公司。

在赵世光的重新领导下，公司采取了审慎保守的发展战略。他更倾向于凭借已有的长期租约再下新造船订单。尽管签订长期租约可能阻碍公司在现货价格高点时获利，但却可以帮助公司在萧条期避免损失。赵式明从她父亲那里学到了这种稳健的商业模式。

不幸的是，在赵式明从事航运业仅仅两年之时，赵世光就经历了一场中风。虽然第三代注定被培养掌管公司，可当时年仅 30 岁的赵式明依然觉得被推着执掌公司过于突然。对于父亲的病，赵式明依然很震惊，但她深感肩负重任，也明白自己无法独当一面。

以学徒自居的赵式明时常向两位她信赖的高管寻求帮助以领导公司：时任华光公司 CEO 的蒂姆·赫胥黎（Tim Huxley）与常务总监克利埃尔（Criel）。“说实话，那时对我而言真的很可怕，尤其是我那仅有的又微不足道的经验，”她回忆道，“蒂姆对我来说就是靠山。他总能提出各种想法，而我有时也需要有人提醒我什么是重要的。我们的背景完全不同，他来自纯正的航运业及船舶经纪领域，而我更多的是金融相关的背景。虽然我们的专业领域与优势截然不同，但是我们之间形成了非常好的协同互补。”

克利埃尔也扮演了一个至关重要的角色。“在我最初加入华光时，路德维格·克利埃尔是我的导师，”赵式明说，“由于他也拥有更偏于金融的背景，所以我们的语境比较相似。我想我可以一直依赖这两位导师给我的指点和灵感。我对他们非常信任。”

最后，赵世光康复并回归华光公司，与赵式明共同工作，帮助她慢慢接手公司的日常运营。八年间，她悉心听取父亲关于应对挑战的建议与执掌航运企业的成功经验。“对我而言，他给我提出的最重要的建议之一，便是永远不要感性对待资产：该出手时就出手。不要对你拥有的东西过于感性。这个行业周期性很强。”

他还建议赵式明不要自满于船舶数量和船舶规模，“顺其自然，顺应市场，”她回忆父亲的教导，“我父亲对航运始终抱有一种交易的心态。”2005 年，华光公司重回巅峰，拥有船舶 27 艘。

21 世纪头十年的中期，赵式明在父亲的助力下提升自身能力。她从父亲身上学到最重要的一课并非在行业繁荣时期，而恰恰是在行业低谷阶段。2008 年，全球金融危机让整个航运业由盛转衰。

在供给过剩和经济增长陷入停滞的双重夹击下，干散货船市场陷入困境。在 2008 年 5 月市场的高峰期，海岬型干散货船日均收益约 200730 美元；而 2008 年 11 月，运营收益直线下降至日均 4800 美元[2]。价格大幅跳水使得收入难以覆盖运营成本。

赵式明亲眼目睹了信用缺失、资产贬值和贷款违约给公司对手造成的毁灭性打击。大不列颠散货控股公司（Britannia Bulk Holdings Inc.）在 2008 年 6 月 IPO 时报价 15 美元 / 股，同年 10 月公布第三季度业绩出现巨额亏损，并宣布考虑进行公司清算或破产保护。“那是一个极具挑战性的环境，”赵式明说，“但我们将它视为一个建立声誉的机会，我们要成为同业最佳的船东，因为我们发现市场中的‘菊式串联（daisy-chain）’效应荡然无存，贸易商更倾向于向一手船东直接租赁船舶。”

2010 年，金融危机的余震依然影响着干散货船市场，然而赵式明还要应对家庭带来的挑战。那一年，她父亲又遭受了一场中风，这场病让他愈发虚弱。

“有了2004年的那次经历，2010年当我父亲再次发病时，我确切地知道我需要做些什么了，”赵式明说，“从2004年到2010年，六年来与父亲并肩作战的经历，为我走向领导角色作了充分的准备。并且，我得到了华光每一个人，包括董事会的支持。”

2013年1月，赵式明被公司董事会推选为董事长。那年她39岁，这与香港航运界各公司掌门人都是70多岁男性的形象截然不同。

在那场历史性的干散货船市场崩盘过去十多年后的今天，赵式明认为这个细分行业还没有到复苏的阶段，并对短期内状况的好转不抱乐观的态度。“老实说，我认为整个世界经济都还在以各种方式消化金融危机的影响，因为在我看来出现了历史上从未有过的低利率，还延续了如此长的时间，”她说，“过去十年中，我们一直都保持着创纪录的低利率，而且，从多角度而言，这也是很多公司渡过难关、捱过危机的方式，”她继续道，“低利率延缓了问题的发生，若不是低利率，企业早就破产了。市场中涌现了大量资金，大家都在追逐不切实际的收益。不能只有美国提高利率。但不幸的是，欧洲银行本身的状态不容乐观，没法共同加息。除非我们将利率正常化，否则我们无法摆脱困境。”

新的挑战

赵式明的父亲与祖父都曾经历过行业的繁荣与萧条，以及过度新造（over building）船舶的泛滥，但是她还需应对一系列额外的、前辈们未曾经历的挑战：来自附近港口的激烈竞争、中国贸易与沿海航行规则的自由化，以及高质量人才的短缺。

这些因素逐渐影响了香港港口的全球业务。1992年至2004年期间，香港曾是世界上最繁忙的集装箱港口，而现在却仅排名第五。区域港口逐步取代了榜首位置：现在新加坡排名第一，而上海排名第四。“我们需要重新考虑现行政策，以及周围的竞争环境，尤其是上海和新加坡的情况，”赵式明说，“在可扭转乾坤的方面，我们正与香港特别行政区合作。由于执行了沿海设施规划，新加坡目前已经遥遥领先于我们。我们曾经经历了行业高点，而如今我们的竞争优势荡然无存，令人沮丧。但我有足够的信心，香港特别行政区政府愿意与我们一起共同将香港打造为航运中心。”

目前，作为香港船东协会理事长，赵式明一直以来都支持将香港的定位与上海、新加坡相比，将香港继续打造成国际航运中心。“毫无疑问，香港也能成为像伦敦那样的航运金融中心。”

2015 年 11 月，赵式明成为了船东协会历史上首位女理事长，二十年前她父亲担任了这个职位。在航运生涯的最初阶段，赵式明在父亲的督促下加入了船东协会的执行委员会。当她被提任为理事长时，正是她父亲去世后的那段时间。“对我而言，那段时间情绪波动很大，”她说，“但我始终保持专注。接手管理船东协会时，我清楚地知道自己应该做什么。当时正在制定十年战略计划，我们调整并重新规划了船东协会的发展战略，把资源投入到未来十年，以实现预期目标。我们现在完成了十年战略计划，所以现在整体状态很好。”

赵式明曾公开表示，展望未来，需要对香港的航运业务和港口业务有清晰的认知和区分。“港口业务只是我们业务的一方面，”她解释道，“我们的航运贸易遍布全球，而大部分船舶从来没有到过香港。我们的船舶登记业务在世界排名第四，此外挂香港旗的船舶总吨位数达到了 1 个亿。”

对比 20 世纪中早期，赵式明祖父刚刚建立华光公司时，如今航运方面的工作并不像当时那么吸引人，而且从事这一行的候选人也在大量减少。“年轻人现在有很多其他职业选择，”赵式明说，“缺乏劳动力的情况在香港尤为严重。我们需要和政府密切合作，提高公众的行业意识，开设更多的优质培训项目。”2014 年，政府花费 1 亿港币设立了航运航空培训基金，以吸引潜在人才。

“中国依然处在新经济状态，”赵式明说，“中国取得如今的成就，政府的作用至关重要，且从政策导向上来说，政府意志坚定。这或许不适用于其他国家，但适用于中国。一个幅员辽阔的发展中国家在如此短的时间内成为世界最主要的经济体之一，是一个经济奇迹。”

“回首 20 世纪 40 年代、50 年代甚至 60 年代，你的祖辈从中国出海，他们想将自己在海外获得的成功回报给祖国。他们通过回国再投资回馈祖国，这些真的比我们所拥有的总和要多得多。”

理解特朗普贸易

由于全球90%的贸易运输通过海路进行，航运企业的掌门人都对贸易密切关注。现在他们面临的一大挑战是不能被政客的私下言论或华丽的竞选口号干扰。赵式明表示，虽然当时的美国总统候选人唐纳德·特朗普（Donald Trump）在其竞选过程中对中国发表苛刻的言论，但她相信，目前，总统对中国经济政策的言论软化，对贸易和交易的促成，以及对基础设施建设的规划，都将促进国际贸易。“贸易已成为特朗普总统的谈判工具，”赵式明说，“中美贸易关系十分重要、不可忽视，但说实话，这是政治，我们很难预见最终会如何，因为其中涉及太多方面的势力。”

赵式明没有过多关注那些她无法掌控的东西，而是专注于能在香港航运业创造机会的项目。“中国‘一带一路’倡议推出了一系列基础设施建设机会，”她说，“这其中涉及60多个国家，所以我们应该关注这些正在发生的贸易活动，而不是在不确定中麻痹自己。”

赵式明解释道，那些人口众多的东南亚国家，如越南、印度尼西亚和缅甸，由于这些国家依然处于欠发达阶段，并且正在发展基建，因此为航运贸易提供了很多商机，并且对货物的需求也很多。她也强调虽然中美关系很重要，但也不能忘了澳大利亚和巴基斯坦，他们同样也是中国两个重要的贸易伙伴。

但赵式明提到，当谈到贸易政策时，我们需要时刻谨记一份贸易协议所造成的影响会如何随时间而变化。“即便某个协议已达成，它从实施到其产生实质影响仍需一段时间。股票市场的确会即时作出反应。但对于航运活动来说，存在周期性，因此贸易政策产生的影响存在一定滞后。比如，1978年中国实行改革开放政策，但整个航运业却直到21世纪初才开始兴起。”

在过剩新造船的震荡中领导公司

在航运业的潮起潮落中，过剩新造船减缓了行业回暖的进程，这一直以来都是一个问题。不过在眼下这个周期中，赵式明认为面临的问题更加严峻。尽管船舶拆解在 2016 年又一次到达顶点，但是在货物需求疲软和运价走低的背景下，仍有过多船舶未寻到租约。“我们目前面临的这个问题十分紧迫，”赵式明强调，“在过去几年里，过度供给已经拖垮了这个市场，除非从根本上切断新造船的产能，否则我并不认为市场可以重归平衡。如果在接下来的几年中，市场不能达到某种均衡状态，坦率地讲，我不知道我们为什么还要在这个行业中继续下去。”

赵式明解释说，过剩新造船既有公有企业的原因，也有私营企业的问题。“对于韩国和中国等国家来说，造船业是一个战略性行业，因为它可以创造就业机会，并且受到政府资助。所以即使没有新造船订单，他们还是会持续造船。”

根据赵式明所说，从私营企业角度而言，2013 年左右开始，私募资金向造船业涌入使得问题持续恶化。“它全盘改变了整个航运业，在私募资金进入之前，一个船东订购六艘船对市场而言就是一个大新闻。而私募股权资金进入市场后，你看到的都是二三十艘船的订单！可悲的现实是，这些资金来了又走，而这些下单建造的船舶却留存下来。这些船就是我们在未来二十年需要去处理的。在政府资金和私募股权资金之间，没有任何明确的商业原则存在。低利率也使得问题的解决延迟下来。”

展望未来

虽然自华光公司成立后这个行业改变了许多，但是赵式明仍继续努力着，致力于实现父亲的愿望，把公司打造成一个现代化的、在航运周期的任何时间段里都紧跟行业走向、坚韧顽强的有力竞争者。她形容自己的现代化策略为“三足鼎立”。“这三个重要因素为华光公司在这个动荡的航运世界中继续前行提供支持：专业化管理、高效的沟通技术和公司治理。”

赵式明对其“三足鼎立”中的技术因素表示十分乐观，尤其是大数据对整个行业以及华光公司起到的作用。“目前航运业中存在太多低效率的情况，”她说，“但是如果能正确运用大数据，我们就可以改变这一切。我们每天都会和不同的承租人以及中介打交道。我们需要更好地进行数据梳理，并运用这些信息改善沟通。然而，我认为这方面还是需要引入外部技术以实现思维方式的转变。如果我们可以做到这些，那么效率将会大幅提高。”

赵式明表示，华光公司依然处于技术分析实践革新的初步阶段，投资获得回报还需要一段时间。“在当今市场状况进一步挤压财务盈亏线的情况下，我们从战略上采取循序渐进的方法，利用分析软件帮助我们更好地对船舶和海岸进行数据分析，希望可以得到有意义的数据，来帮助我们提高效率。是否有所回报还有待时间验证。”

父亲创造的公司逆周期战略一直被赵式明沿用至今。“在市场走低时，你一定要有勇气，并能坚持自己的判断，”她说，“这很难，但你必须这么做。”

在航运周期低谷时，赵式明从父亲身上学到的特别的一课塑造了她自己的商业思维方式，同时也是她所作的每一个决定背后的逻辑。

“我父亲是个沉默寡言的人，但他总能给我一些充满智慧的精彩见解，”她说，“最重要的一条是，‘你永远需要通过公平交易建立一种长期关系’。公司的长期成功需要这样的关系。我们不会对商业伙伴或者商业项目锱铢必较，因为我们希望这些伙伴都是回头客。这些长期关系会帮助华光公司无论市场好坏，都能长久发展，因为我们彼此依靠。”

[1] 出自：香港船东协会会长 Michael Farlie。《航运业静候崛起》，《纽约时报》1986 年 12 月 29 日。

[2] 海事分析 AS，2017，奥斯陆，挪威，http://www.maritimeanalytics.com。

Chapter

3

集装箱和液化天然气船领域的先行者

彼得·凯勒

彼得·凯勒（Peter Keller）

2000 年到 2010 年期间，彼得·凯勒担任日本邮船集团美洲公司的执行副总裁和首席运营官，负责监督所有在北美地区开展业务的日本邮船集团分支机构的相关政策事项。同时，他也是彼得凯勒联合公司的负责人，该公司主营国际海运咨询业务。他于 2012 年加入托特公司 (TOTE Inc.)，作为波多黎各分公司的负责人，领导公司船队转型为液化天然气船。目前，作为托特公司的执行副总裁，他协助管理托特船舶资产控股和海运两大业务板块。同时他还是 SEA\LNG 船联盟主席，该联盟是专注于使用液化天然气作为海运燃料的多元化子行业联盟。他也是尽责运输联盟的发起人之一，如今该联盟已成为致力于供应链环保作业的全行业组织。2006 年，他在纽约入选联合国国际海事名人录。

那些极富挑战的问题依旧会层出不穷，就像打鼹鼠一样。

我们解决了一个问题，但另一个问题又冒出来。正因为我们不曾有足够的锤子在同一时间把它们全部击倒，所以它们依然存续。

不是每个人都出生于航运世家，也不是每个从业者都能到海事学院深造。尽管如此，还是很少会听到一位行业领袖说他（她）步入航运业是出于“偶然”。但对于托特公司的执行副总裁彼得·凯勒而言，这正是他故事的起点。

凯勒对行业面临的挑战提出的全新观点促进了航运业的突破。作为一名“局外人”，凯勒从未对航运业的一些固有做法——“事情总是这样做的”照单全收。相反，他会质疑，并且询问哪些创造性的新流程和技术能够更快推动航运贸易平衡。

凯勒在理海大学（Lehigh University）学习土木工程，之后还学习了金融。“我同时也是美国预备役军官训练营的一员，”他说，“但因为我眼睛不好，1965 年结束了在美国陆军运输队的生活。大学毕业后，我很幸运地被派到了德国的陆军运输部队（Army Transportation in Germany）工作。在那里，我参与了一些从不来梅港（Bremerhaven）南下用军车运输集装箱的早期工作。”当时的他并不知道这些经历会为他的未来铺路。

1968 年，凯勒退伍。一天，他在新泽西高速公路上开车，准备去欧文信托公司（Irving Trust Company）从事与银行相关的工作，突然他的注意力被吸引。“当我开车穿过新泽西州的伊丽莎白市时，我看到了海陆大厦（Sea-Land Building），”他回忆道，“我对这座大楼、起重机和船赞叹不已。我对自己说，伙计，这可比当银行家更令人兴奋啊。没有犹豫，我驶离了高速收费公路！”他咯咯地笑了起来。“我打电话给欧文公司的人力资源部，告诉了他们一个诸如我妻子病了或者狗吃了我在家写的资料之类的理由，所以我不得不将在下周来接受这份工作，然后他们说，‘当然可以！’之后我走入海陆大厦的大门，大约 8 个小时后我得到了一份业务总经理行政助理的工作并走出大楼。这份工作的薪水比我在军队里当上尉时要低，也肯定比当银行家要低得多，但我很高兴。”

作为这家创立集装箱化（containerization）和多式联运公司的元老，凯勒感受到了海运的错综复杂。几十年来，凯勒亲眼目睹了贸易自由化、贸易谈判催生的贸易增长，以及非关税贸易壁垒的消除和商务外交。“全球贸易的蓬勃发展，集装箱化是一个重要的催化剂。”他说。

增长的烦恼

随着全球经济的蓬勃发展，船上运输的集装箱数量呈指数增长。从事码头运营的凯勒意识到，人们希望可以更好地追踪货物去向，了解装卸的动态。他在海陆公司一直从事着码头运营和运输数据处理的工作，包括在欧洲和美国进行的大规模运作期间。最终，他晋升为数据处理副总裁。

“回首以往的日子，我对自己说，不可思议，我们竟用打孔卡定位集装箱！”他笑着说，“我们当时觉得自己相当聪明，会用那些打孔卡，对其进行排序分类后，就能够获得基本报告，但如今看来这些报告简单得有些可笑。”他又笑了起来，“现在我们的方法先进多了。通过卫星追踪，你可以在几秒钟内就定位出集装箱所在的世界任何一个角落。我们能够做几年前我们做梦都想不到的事情。”

“以前，”凯勒回忆说，“如果我们想在堆场里找到某个集装箱，我们会开广播喊一位码头工人，比如叫威利·霍普，对他说，‘威利，去堆场里跑一圈，找到36504号箱后告诉我位置’。大概需要花费2分钟到2小时不等的时间，才能等到他回来告诉我‘它在第36行’或者其他什么位置。而现在，这些都是全自动的，当然除了有些小港口可能仍然采取人工方式。”

为了解决集装箱定位问题，凯勒曾在海陆公司主导发起了一个对全国范围内加快进程的其他运输技术的调查项目。“最类似的是铁路技术，”他解释道，“20世纪70年代初，铁路公司在他们的车厢两侧贴上了彩色标牌。所以我们花费了数百万美元在每个集装箱的前面贴上彩色标牌，这样我们就可以用安装在小卡车上的移动装置进行扫描，然后就能知道集装箱在堆场里的位置。这是扫描技术的开始。”他说，“然而，我们真正懂得的是，需要更加密切关注其他模式及技术。以上这个例子说明当所有模式都采用类似技术的时候，多式联运是如何帮助真正改善整个供应链的。另一个例子是通过电子数据交换（EDI）实现数据的最终整合与共享。”

随着全球经济增长而变迁的集装箱

集装箱运输是衡量一个国家经济增长最重要的先行指标之一。海运包括运输液体、燃料、干散货、谷物、汽车和消费品。这些商品和数量取决于世界各地消费者的需求。

一个国家或一个地区对能源和物资的消费需求会影响运输模式和物流路线。消费需求越大，意味着对商品的需求就越大，从而增加了需要运输的产品的需求量。“从马尔康·马克林（Malcolm McLean）1956年4月自纽瓦克港驾驶‘理想号X（Ideal X）’的第一天起，这种贸易增长就一直是集装箱行业的内在动力。”凯勒这段话中所指的主人公就是现代多式联运集装箱之父。“国际的经济增长需要更成熟更快捷的供应链支持，这正是集装箱及其系统和船只能向世界提供的。这是马尔康·马克林留给我们的遗产。”

一个国家除了对商品的消费之外，过去50年来启用更大型船舶的趋势也显著改变了交通模式和物流规划。

“20世纪60年代，我们一艘船上可以装载360个集装箱，”凯勒说，“然后大型货船（Jumbos）出现了，装载量达到640个集装箱。结果导致集装箱堆场全天候都有成千上万的集装箱和卡车进出。这些底架或拖车上的集装箱被装上之后会被发往美国各州和世界各地，而且我们必须追踪它们，它们在哪里，它们的运输状态怎么样？”

20世纪60年代初期，集装箱化仍主要在本国范围内比较活跃。“随着一艘载有226个集装箱的货船从伊丽莎白港出发开往鹿特丹港，国际市场延伸到欧洲的设想终于在1965年得以实现，”凯勒说，“亚洲市场在越南战争背景下，利用美军补给船返程搭载运输商用货品的契机，市场由此实现打开。”

早期这些船舶大部分是由过剩的战用轮船改装而来。他们航行速度较慢，最高时速约15节（海里/小时）。马克林曾设想过一种更高效的供应链，而支持这一供应链的船舶是SL-7，该船舶是当时建造的有史以来速度最快的商用船，最高时速达 33 节。正如 20 多年前，“理想号 X”改变了航运业一样，20 世纪 70 年代初，下水的 SL-7 也改变了这个行业。但随着燃油价格上涨，为提高供应链速度而增加的支出变得不可持续，随后 SL-7 被改作美国军用，作为快速部署舰队（rapid deployment fleet）的一部分，并留存至今。“不惜代价加快速度的情况比比皆是，”凯勒开玩笑说，“正如他们在赛车场上所说，速度就是金钱——你能够承受多快的速度？”

“9 · 11”事件后的供应链发展

与航空业相似，集装箱航运业通常使用枢纽辐射系统。通常那些来自较小区域性港口的小型船只，将集装箱运输到较大的港口后装载到大型船舶上，再跨洋运输。

2001 年 9 月 11 日的恐怖袭击之后，美国政府审查国家港口基础设施情况更加仔细。认识到港口可能引起恐怖分子的兴趣——通过港口运送核武器或放射性武器，美国政府下令进行大规模的安全检查。

“9 · 11”委员会要求投资引进“最强大”的扫描和成像技术，用于检查通过飞

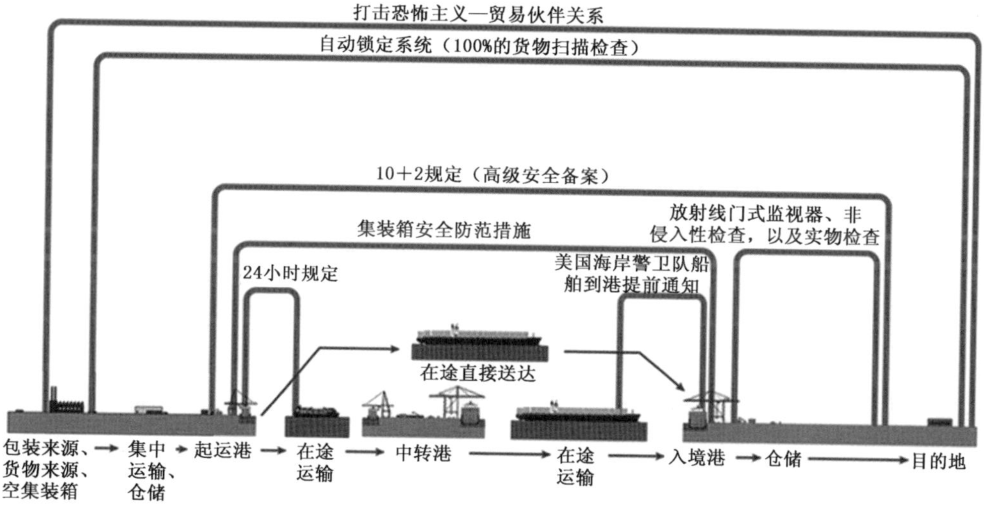

图 3-1 美国海关与边境保护的分层防御战略

（来源：国会预算局，“海外集装箱运输扫描与成像：成本和替代方案”，2016 年 6 月。）

机、轮船、卡车和铁路运输的所有集装箱。

"'9·11'事件之后，美国周边的海运码头迅速安装了用于货物扫描的辐射探测器，"凯勒说，"虽然这是个有意思的想法，但它并没有真正解决问题，因为它只有在禁运品实际抵达美国海岸边境时才会被发现。很显然，一些境外的扫描程序或系统是有必要的。"

海关商贸反恐怖联盟（the Customs-Trade Partnership Against Terrorism，C-TPAT）于2001年11月成立。美国政府和私营企业的自发联盟为参与者提供商业激励，用于鼓励他们增强美国境外货源地供应链的安全。随着在不断增长的大规模供应链中额外提高安全性的需求变得更加迫切，所有人都加入了海关商贸反恐怖联盟，包括：班轮公司、承运商和供应链合作方等。凯勒回忆说："当我在日本邮船会社北美公司工作时，通过这个重要的联盟，我们与美国海关和新国土安全部门密切合作。"

尽管业界认识到了提高安全性的必要性，但凯勒表示，人们仍然担忧该流程会严重阻碍商品流通。"这种情况在某种意义上确实存在，尽管出台了新的规章制度，但是行业仍会沿用过去一贯的做法，即找出一种方式促进这个被称为国际贸易的巨大经济引擎发挥作用。"

航运业闪亮的新世界贸易工具：巨型船

随着世界经济的发展，一个新的热门话题在业内被广泛讨论：规模经济。每年约有价值4万亿美金的货物通过船舶在海上流转，船东们正在寻求新的"必杀技"——启用更大的船舶以减少运营和运输成本。

船东过去所使用的巴拿马型船舶如今看来"太小了"。这种船型的容量上限为5000个标准箱，或相当于约2500个集装箱。但是关于这类船舶，有个重要的情况需要说明：它们是巴拿马运河可以承载的最大船型，比它们更大的船舶将无法通过运河。

"面临的一个重要问题是：运输公司是否会建造无法通过巴拿马运河的船舶，从而使东西贸易路线更加复杂呢？"凯勒说，"答案是肯定的，会建造巨型船！所以

图 3-2　全球船型标准的变迁

现在的船舶大小接近 20000 个标准箱！”成为第一家建造并使用超大型船舶的航运公司的竞赛已悄然拉开序幕。

由于意识到需要适应国际贸易增长和更大型船舶的需要，巴拿马运河当时的管理人阿尔贝托·阿莱曼·苏比埃塔（Alberto Alemán Zubieta）制定了规模宏大的改良型航道扩大计划。如果不这样做，运河上的通行量会减少，从而影响巴拿马的经济。另外，苏伊士运河也进行了大规模改造以提高其承载量，适应贸易增长。如今，这两条航线都可以承载更大型的船舶，因此，滚装船（roll-on/roll-off ships）和其他经典船型的尺寸都开始加码。

未来对于更大型的船舶，世界各地的港口投入了大量资金以满足这些船舶的需求，并投资建设了更多的基础设施，以便在不放慢速度的情况下实现集装箱的卸载和转移。“关键在于，如果运输通道堵塞并开始回流，我们商店里的货物就会短缺，”乔治亚州港务局前首席执行官柯蒂斯·福尔兹（Curtis Foltz）解释说，“你无法给你的孩子买到运动鞋，你喝不到进口啤酒，买不到你想要的上衣——我们就是最终出现在货架上的商品渠道和通道。我们最大的客户是沃尔玛、塔吉特、家得宝、劳氏等大卖场，它们卖的所有商品都是人们习以为常的日用品。如果我们对基础设施不持续投资，就会出现问题。”

凯勒说，作为货物“运输代理人”面临的挑战之一就是确保流程到位，以帮助缓解因进入港口的货物密集而造成的拥堵。随着更大型船舶的出现，集装箱堆场现在可以容纳数千个单元。许多集装箱四五个高、五六个宽地密集堆放着，想要找到某个集装箱非常困难。现代系统已经大大改善了流程管理，但零散的问题还是会不时出现。

凯勒说，对于加快整个过程而言，解释要比实际操作简单得多。“比如现在因为船体太大，且无法快速地将货物经由码头移送至卡车或火车，就会导致港口的重大延误。劳动力如同生产力一样是其中的关键因素，对于在合理的时间内装卸这些大型船只都非常必要，”他解释说，“如今我们正在寻求可以打破这种僵局的技术。时间就是金钱。港口是非常昂贵的仓库，所以如果一个集装箱或一船集装箱滞留在港口，每个人都会有损失。”

运输缓慢的滴漏效应会影响交易过程的各个层面：拥有船舶和集装箱的船东、因产品未到达目的地而产生成本积压的客户，以及无法再容纳更多船舶的港口本身。货物在流转链中遭遇延迟无法及时上架销售，是零售商的最大担忧。据报道，沃尔玛和塔吉特商店最无法容忍的问题就是脱销。

凯勒在职业生涯初期就已经认识到为解决港口拥堵要对码头进行设计开发。

“这关乎时间、距离和金钱，”他说，“当你查看一家公司的成本，无论是宝洁、沃尔玛还是家得宝，或者任何其他公司，他们先研发产品，然后制造、运输、存储和分销，最后进行销售，整个过程会消耗大量的时间并进行了大量的投资。另外，他们必须考虑运输成本以及所有其他供应链成本。客户和服务提供商始终关注这些，试图为他们的产品找到最佳的时间价值。尝试改进流程并使其更高效的一个方法就是启用更大型船舶。另一个方法就是加快单一供应链连接，但必须在整个供应流程中进行，而不是分块处理。问题解决的关键就是实现整个联运范围内的合作和透明，这样每个人都会受益。”凯勒强调。

“我们创造了这些巨大的船只——18000个或者20000个标准箱大小的庞然大物——但问题是：我们如何在不对资产、自动化和劳动关系进行重大改变的情况下，有效地将货物在现有港口转运呢？这些大型船舶运输的不是一两辆或三辆火车和几百辆卡车的容量；而是50辆火车和数千辆卡车的容量，”他强调说，“另外，它们还需要更大型更坚固的起重机、更深的海域、更大的港口、更宽的道路、更高的生产力以及更新的自动化和数据技术。想想要支撑这个庞大系统所需的资金和基础设施！需要的不是数千万美元，而是数亿美元。”

巨型船的未来

“我仍然坚信，大型集装箱船可以复制空中客车A380客机走过的路，”凯勒说，“就A380的最新生产情况，在我看来空中客车已减为一个月生产一次了，手上的订单也不是非常理想。2016年新订单为零。空客公司可能会在这种情况下损失很多钱。我认为这些特大型集装箱船也极有可能发生这种情况，”他继续说道，“与这些船相关的环境和物流问题很重大。就像空客A380只能在某些机场使用一样，只有最大的深海港口才能容纳大型货船。港口为了容纳这些船舶需要在基础设施上花费的金额是巨大的。”

凯勒说，还有另外一个因素可能会导致大型船舶的消亡，这个因素并不是与供应链扩张费用相关的高额成本，而是来自港口附近居民的强烈反对。许多港口必须全年全天候运行，以便运输从船舶卸载下来的额外货物。

“如果把供应链看成一个整体系统，那么卡车其实和飞机一样，出于工作的规则及人为因素，如噪声控制的要求，每天工作10至12个小时，”凯勒说，“现今，越来越多的社区考虑到噪声和其他环境因素，限制了某些地方的卡车通行。还有劳动力和其他规则会影响仓储和码头，继而限制其运营时间。如果不改变供应链的每一个环节以实现无缝延续的运营，我们将无法更好应对。”

凯勒解释道，这些挑战在不同程度上影响着全球的整体运输系统和供应链。“当巨型船舶可以在港口卸下额外的集装箱，当供应链能基本上维持朝八晚五的作业流程，那些极富挑战的问题依旧会层出不穷，就像打鼹鼠一样，”他说，“我们解决了一个问题，但另一个问题又会冒出来。正是因为我们不曾有足够多的锤子在同一时间内把它们全部击倒，所以它们依然存续。”

凯勒认为，当供应链没有被整体看待时，就会发生这样的情况：比如，一家历史悠久的国际化工厂，经营过程中的所有因素都相互协调、相互依赖。他强调，货物和商品运输中的各方应明白，世界贸易确实与供应链密切相关，贸易状况理想与否取决于最薄弱的环节。“每个人都在谈论这些，但没有一个组织能真正识别供应链中这个关键的薄弱环节，也没有在多模式基础上（包括海运、卡车、铁路、仓库等）合作以平复这些内在干扰，使贸易运输更有效率。”

由于航运是一项国际业务，凯勒还强调了让货物在不同文化环境中流转所需技巧的重要性。“世界各国普遍认同，时间就是金钱，”他说，“但我们都有自己的节奏和投资策略。我们需要记住，世界上有些地方并不一定想要用技术取代人工，而有些地方则可能希望实现更多的自动化、获得更精准的数据。一个地区或国家的生产行为在另一个地区或国家看来可能是不可接受的。作为供应链行业的国际主义者，我们需要了解差异，并找到适合整个工厂的平衡点，这才是供应链。”

增强供应链中最薄弱的环节

任何行业，技术都是变革者，它撕开创新层再将其缝合起来，使得行业版图更加紧密，更加强韧。自 1956 年集装箱化（由起重机托举装载在托运装置上的箱体来实现货物整体的上船加载）以来，集装箱的运输情况基本保持不变，而流程的记录核算方法、追踪箱体的方式，以及为应对增长所带来的挑战从而提高生产力的方式已经发生了改变。这些变化有助于巩固供应链并加快实现集装箱的转移。

“当我刚开始工作时，运输经理通常是在码头上的某个人，他实际上也在搬运货物，”凯勒回忆说，“而如今，这个职位的人拥有工商管理硕士（MBA）学历和数据处理、流程优化和运输管理方面的高级学位。这是很大的变化，而我们通常会忽略。正是因为这种复杂程度，所以我们非常关注生产力和流程的优化，毕竟时间就是金钱。那么我们应如何不断进行优化呢？物流的关键就在于这样的持续优化。”

由于拥有大量数据和创新元素，如今业界诸多高度精密化工具使货物流转更为高效。“我们持续关注在各个层面的更高获利空间，”凯勒说，“我们还有很多薄弱环节亟待被发现和弥补。但是，这些薄弱环节应被看作一个整体系统，而不是单独割裂地运作。这就好像一个工厂，工厂的运作效率总是以某个最慢的流程来衡量。在工厂自动化的早期，那时候刚引入机器人，但由于系统的其他部分并不是自动化的，所以局部使用机器人并没有很大差别。在整个系统实现自动化之前，工厂并没有实现生产力的提高。要想获得实际的流转收益，就要全盘考虑。我认为这就是我们航运业现在正在努力的方向。我们意识到这需要有更大的全局观，不过我们能做到吗？”

凯勒认识到集聚各方进行谈判是一件困难的事情。为了实现综合性，物流供应链中的每位成员都必须加入。

“这很难，因为大家都有竞争关系，”他说，“每个人都想成为最好的、最快的、最具创新性的，以获得最大利益。他们担心如果在一起工作，优势就会丧失。这种想法是无济于事的。”

凯勒表示，要说服行业和物流合作伙伴更全面地看待问题需要大量时间和精力，但他相信这终将实现，因为需求非常强烈。他目前致力于在海上液化天然气（liquefied natural gas，以下简称 LNG）领域提高人们共同参与的意识，展示跨平台共事的成功案例。

鼓励合作

> 团结就是力量……团队合作才能实现美好的愿望。
>
> ——麦蒂·斯代潘尼克（Mattie Stepanek）

与供应链协同相关的一个有力例证是航运业通过私营部门组建 SEA\LNG 联盟，积极推动早日使用液化天然气（LNG）作为船用燃料。这个国际化的跨行业联盟的愿景是推动建立具有竞争力的全球液化天然气价值链，促进航运业更加环保清洁的发展。“采用液化天然气作为船用燃料很可能是全球航运的下一个重大创新，

SEA\LNG 联盟将有助于这个目标的实现。”凯勒说道。托特公司是 SEA\LNG 联盟的发起人，其他参与发起的有：美国嘉年华集团、DNV GL 集团、ENGIE 集团、通用电气、法国 GTT 公司、劳氏船级社、三菱商事株式会社、日本邮船株式会社、吉宝燃气技术公司、鹿特丹港、卡塔尔液化气公司、荷兰皇家壳牌公司和瓦锡兰集团。该创新联盟持续吸纳会员，吸引着行业中其他希望推进在航海领域使用液化天然气技术的成员。

“我们已成功吸纳了液化天然气价值链上的许多组织——从小公司到管理燃料营运的港务局、代工厂、造船厂、运输和邮轮公司，”凯勒说，“我们希望解决和打破市场壁垒，促进液化天然气这一更环保船用燃料的广泛使用，我们一起努力，就可以把这个目标变成现实。”

与所有技术升级一样，转型应被视为一场马拉松，而不是短跑。凯勒强调，将船队转变为使用液化天然气作为燃料，其投资回报（ROI）长期来看将实现盈利。

“目前，由于船用燃油价格非常低，所以投资回报很小。然而纵观历史，数十年来的全球燃油价格的波动表明这一情况将一去不复返，”凯勒说，“由于国际海事组织出台的规定将于 2020 年起实施，并且现有的排放控制区（ECAs）主要是在欧洲、北美和中国，所以我们很大程度上能预计到，那些尽责的船东会寻找符合规定的燃料，以减少排放量来满足现行和未来的监管要求。”从环保角度而言，使用液化天然

图 3-3　残余燃料油与天然气的经济性对比

（来源：美国能源情报署）

气与使用重燃油或柴油的船舶相比，优势非常明显。与现有的重型船用燃油相比，液化天然气的氮氧化合物（NO_x）排放量能够减少 90%，几乎没有硫化物和颗粒物，并且二氧化碳（CO_2）排放量也将减少 20% 至 25%，具体比例取决于采用的技术。

凯勒解释说，使用液化天然气作为船用燃料，特别是当天然气来源于世界上供应充沛的地区（例如美国）时，与使用重燃油相比，潜在的账面益处更为显著。

"液化天然气的一大优势是其价格的 70% 至 75% 是固定的，原因是其主要成本因素与天然气的液化过程有关，"他说，"对于非液化天然气产地而言，其成本还需考虑运输费用。这些成本基本上是不变的。因此，液化天然气成本随时间推移的唯一可变因素就是天然气本身的成本。可以思考下这对于作长期业务规划的航运企业管理人员意味着什么，"他继续说道，"和传统燃料不同的是，LNG 作为最大的成本要素之一不再像过去那样巨幅波动，而是相对稳定——这是一个重大利好。"

如果将全球液化天然气价格与美国价格进行比较，还能发现凯勒所提到的另一个利好因素。

"美国天然气只需通过输气管，因此价格只在相当有限的范围内变动。而在全球范围内，其价格还包括运输成本，所以相对更高。但是，如果有长期合同，则价格在未来一段时间内会相对稳定。所以，从商业角度而言，往前看 20 年，我就预料到燃料成本将在某个幅度内波动。但是如果是传统的石油、燃油或柴油，那么我

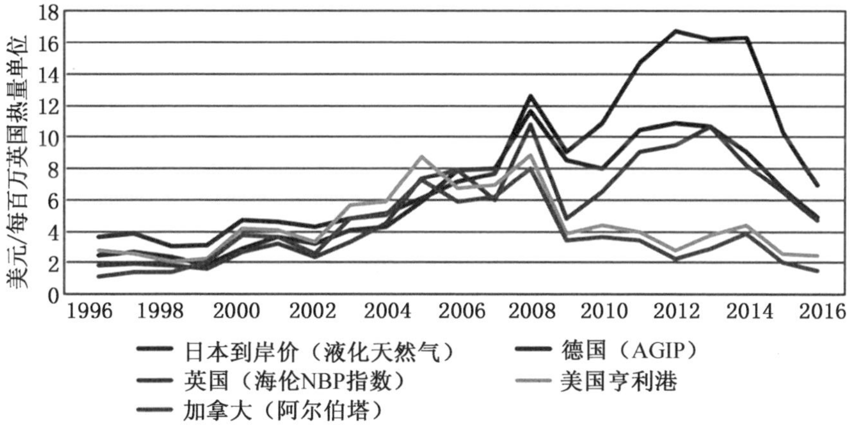

图 3-4　美国与国际其他地区液化天然气价格的对比（1996—2016）

（来源：英国石油公司的世界能源数据统计）

能预测的波动范围将会是 100%，甚至 150%。”

为鼓励创新，托特公司在佛罗里达州杰克逊维尔市和波多黎各的圣胡安市之间运营的两艘 Marlin* 级集装箱船进行了液化天然气作为船用燃料的全球性 β 测试。“和许多行业一样，你必须对这一情况进行证明，”凯勒说，“我想在接下来的几年里，当人们关注 Marlin 船的表现以及这一切是如何实现时，我们将证明这一点，即液化天然气是一种安全环保的船用燃料。”

凯勒说，他看到了托特公司的竞争对手克劳利航运公司（Crowley Maritime）也在尝试采用液化天然气，除此以外还在全球范围内进行其他液化天然气相关的业务。“我们看到很多船东都对此很有兴趣，”他说，“但与其他行业一样，人们对新思路和新技术都抱有一定程度的谨慎态度。大多企业的掌舵者以季度业绩作为衡量标准，而不是以确保公司长期保持活力为战略。目前全球产能过剩的状况在短期内也是一种抑制因素。”

凯勒说，强调短期效益是采用液化天然气作为船用燃料的障碍之一。“我认为，用每季度乃至月度报告来取悦股东，在某些情况下可能会对公司长期发展造成损害，因为这迫使领导者着眼于目前状况而采取短期策略。这种做法扼杀战略思维，其结果就是失去战略目标，并从长远来看可能丧失竞争力。”另一个主要的担忧来源于液化天然气在世界各地的供应情况，但这一问题正在被解决。

构建供应链

随着美国国会投票赞成解除执行了四十年的原油和液化天然气出口禁令，状况不佳的出口基础设施情况使航运业认识到国家尚未准备好全力迎接这个机遇。

尽管行业专家呼吁对液化天然气的基础设施进行投资，但收效甚微。这个行业正处于奋力追赶的阶段。出口的液化天然气需要对天然气进行液化，并需要拥有满足液化天然气装载条件的基础设施。很显然，墨西哥湾沿岸已投入建设，使其拥有出口功能，而对其他地区也应积极开发，挖掘其潜力。美国东北部的马塞勒斯岩层

* 意指以液化天然气为动力的环保型船舶。——译者注

是天然气产量最大的地区，需要一个安全、有保障、可靠的输气管道将能源输送到东部或墨西哥湾沿岸，继而用于出口，这对美国出口的增长至关重要。

“我们应该把出口液化天然气看成是商品，”凯勒解释说，“我们还需要考虑所谓的‘小型液化天然气’，即为卡车、火车和船舶提供动力的液化天然气细分类型。从项目中，我们很早就了解到，在我们运营的主要城市杰克逊维尔和塔科马，尚无法轻易获得液化天然气，所以事实上这是在引导项目为船舶供能。”

托特公司与现有的能源供应商达成合作，共同建设两座小型液化天然气工厂，一座位于杰克逊维尔，另一座位于塔科马。凯勒解释说，杰克逊维尔工厂是 Pivotal LNG 公司（如今归属于南方公用事业公司）和北极星中游公司的合资企业。在塔科马，托特公司与普吉特海湾能源公司合作。“他们正在建这些工厂，除了起初为我们供应产品之外，还将作为批发商供应卡车、火车和社区的其他领域。我们的合作伙伴，和我们一样，都在关注液化天然气使用的前景，他们希望成为这一重要基建领域的一员。”

SEA\LNG 联盟由此而成立，聚集了全球诸多能源生产商、承运商、零部件生产商、船厂和港务局，致力于在全球范围内构建液化天然气价值链。

“现在，你在世界各地的许多港口都能看到液化天然气的使用，包括鹿特丹、汉堡、新加坡和斯堪的纳维亚，以及美国，”凯勒热情洋溢地说，“港口意识到用户、航运公司以及长期客户都要求它们即便没有投资液化天然气，也至少要为液化天然气的使用提供便利。这不仅对它们业务有利，也对其所在地区和社区的环境有利。此外，还将有助于突破商业壁垒，使得液化天然气能够像其他燃料一样，方便交付给船舶作为可行的船用燃料。”

再比如，嘉年华邮轮集团正在投资一批以液化天然气为动力的邮轮，其中至少有一艘将以迈阿密港作为母港。“我们一直在同迈阿密港，还有嘉年华邮轮集团合作，以帮助其更好地了解构建液化天然气基础设施的技术问题。”凯勒说。

由于基础设施建设尚未标准化，因此对行业来说有机会跟进并与监管部门一同建立行业标准。在全球范围内，SEA\LNG 联盟在船舶燃料方面与天然气协会合作，后者多年来一直致力于解决技术和监管问题。“在美国，我们与监管机构美国海岸警卫队合作密切，”凯勒说。“对行业而言，配件、部件、工艺和管控都必须进行标准化。一艘燃料补给船该如何驳接船舶呢？”他问。“海岸警卫队拥有液化天然气方面的专业团队，他们非常出色，充分明白我们都在开拓新领域。另外，我们对于让监管部门和美国船级社参与监管我们所做的所有事情抱有非常审慎的态度，因为我们希望这些重要的行业知识得到很好的传递。”

凯勒表示，这一信息和技术知识的传递也正延伸到公共领域，以帮助行业内的其他人。

鼓励前瞻性的航运探索

凯勒告诫道：“航运业面临的环保规定就像一列走下坡路的货运列车。船东需要反应更加迅速来应对这些规定。然而他们并没有准备好，主要是因为人们都着眼于当下，而非长远考虑。对于新的排放规定，如果他们现在还未开始制定应对战略，就无法从容应付。”

凯勒表示，对于那些具备战略眼光、勇于尝试液化天然气的公司，包括嘉年华邮轮、地中海邮轮以及欧洲联合汽车运输公司（日本邮船会社与华伦威尔森物流的合资公司）等，应被称道。“具备长远眼光将帮助这些公司从容应对环保规则的变化，并为其未来取得成功作好准备。”他说。

“这与西南航空公司创始人赫伯·凯勒赫多年前的做法相似，当时他锁定了长期燃料供应，”凯勒解释说，“每个人都认为他疯了。直到喷气燃料价格持续走高，人们才发现赫伯发了大财。”他停顿了一下，“有时候你必须有更长远的眼光，而且你必须对此承担责任。这就是 Saltchuk 的管理者们所做的——在其他人还没有接受新理念的时候，他们就具备长远眼光，对液化天然气作为一种可行的、性价比高的船舶燃料充满信心。我不知道人们是否为他们这一在环保领域的飞跃加以赞许，但我相信未来他们会的。”

凯勒说，自从他进入航运行业以来，航运界在一个关键方面已经发生了很大变化，那就是环境标准以及如何满足创造更清洁和更高效的船舶的要求。“我总是告诉人们，二十年前如果我向一个大客户推销产品，把环保作为卖点，客户根本不会理会我。而如今，如果我没有提到环保战略考虑，我就会被客户赶走！”

他强调自己并不是传统意义上的环保主义者，只是明白需要具备这种战略思维。“这种思维展示了世界正在如何改变，”他说，“我看到越来越多的公司用更具战略性的眼光看待事情。你必须拿出实际行动，而不是说说而已。”

展望未来，凯勒身体力行地推动着变革。正是因为看到了光明的未来，以及液化天然气将给航运业带来的颇多机遇，凯勒才备受业界关注。他在压力面前无所畏惧，积极带着试航船队出海实践。他希望托特公司的尝试将激发更多的探索，挑战传统的运输方式，启发人们新的思考。

Chapter 4

质朴航运

汉博·汉森

汉博·汉森（Herbjørn Hansson）

1974年，汉博·汉森开始为挪威船东协会工作。1975年到1980年，他担任国际独立经营油轮船东协会的首席经济学家和研究经理。该油轮行业协会的成员掌控着全球约70%独立经营的油轮船队，其中不包括州和石油公司。20世纪80年代，他是科斯莫斯/安德斯杰雷（Kosmos/Anders Jahre）公司——位于挪威的大型航运和近海工程集团的首席财务官。1989年，他创立了阿格兰北欧油轮公司，这家公司后来成为了世界上最大的特种穿梭油轮船东公司之一。他从1993年起就担任该公司的首席执行官，直到2001年公司被堤客海运公司收购。他继续供职于堤客直到2004年离职。之后他全职就职于北欧美国油轮公司，任公司的董事长、总裁和首席执行官。

拥有热情和驱动力，绝不参与内部政治，这样你才能成功。

我有一条准则，就是永远做和别人相反的事。是的，这是一种逆向思维。

汉博·汉森，原油运输企业北欧美国油轮有限公司（Nordic American Tanker Inc.）董事长兼执行总裁，他被一致誉为油轮业的“传播者”，一位出色的销售，同时也是一位业界有实力的玩家。他在规划自己的人生航线上自信满满，对于那些不懂他的人来说，他顽固不化、为人刻薄又不知变通。他那高于生命的气度与热情令他成为公司董事会卓越的领导者。不论你是推崇他还是挑战他，汉森都以自信和不妥协的姿态领导着公司。

“我认为他兼具了温斯顿·丘吉尔和‘疯帽子’（the Mad Hatter）的某些特点，”Scorpio 油轮有限公司（Scorpio Tankers Inc.）董事长、Scorpio 散货船有限公司（Scorpio Bulker Inc.）联合创始人罗伯特·布吉（Robert Bugbee）笑道，“他对核心业务热情如火。他对股利与盈利持有一种非常朴素又一致的观点。他为自己的船掌航，而对于那些被月度数据所牵绊的分析师提出的观点，他丝毫不受其影响。汉森只受自己的航灯所指引，并用这束灯光照亮了他的公司、他的股东，以及他所想的一切。他观点的简约性令人十分从容。他使所有人都回归正轨。”

然而，早在汉森开始加入投资者和董事会的圈子之前，这位挪威社交达人的职业生涯已启程于甲板水手这个身份。“在我还在读高中和商学院时的那几个夏天，我曾是一名拥有 DSD 证书的熟练水手。”他说。

汉森曾在往返于卑尔根和奥斯陆之间的沿海货轮上工作。“我一直以来都对国际商务很感兴趣，”他说，“我想试着去理解这个世界。我相信那几个夏天在海上的经历更是激发了我的兴趣。”

汉森是一位贸易经济学家，他在挪威经济与工商管理学院和哈佛商学院取得了工商管理硕士（MBA）学位。1974 年到 1975 年，他受聘于挪威船东协会。1975 年，他开始在国际独立经营油轮船东协会（INTERTANKO）担任首席经济学家和研究经理，协会集结了独立油轮船东和石油、化学品及气体船的经营者。“在这一段时间，我结识了国际油轮界所有声名显赫的巨头，”他说，“这些年简直太令人着迷了！正是那几年使我形成了自己对石油与能源行业未来发展趋势的看法。”随后，他以这种看法为理念创建了两个企业。

20 世纪 80 年代，汉森在当时挪威最大的航运和工业集团之一——科斯莫斯 / 安德斯杰雷——担任首席财务官，然而这并不能满足他的野心。1989 年，为了在业界留下更多的足迹，他离开了这个岗位，并创建了阿格兰北欧油轮公司（Ugland Nordic Shipping AS，缩写 UNS），而后成为了世界上最大的特种穿梭油轮船东之一。

“在辞去上家大型挪威公司首席财务官之后，我于 1989 年创立了自己的公司。我发现，在航运界，不管你来自世界上什么地方，你都必须穿梭于各国去工作，”汉森说道，“挪威是个美好的国度，但美国证券交易的规模是挪威的 85 倍之多。为了站在国际竞争的角度上发展公司，我必须去美国。”

20 世纪 90 年代初，北欧公司的总资产大概有 3000 万美元。“那非常少，”汉森继续说道，“所以我去找了我在纽约瑞德银行非常要好的朋友，我跟他们说我公司一定要在美国上市，我需要和那些声名显赫的人物站在一起。”汉森将自己能得到华尔街的财务支持归因于他的自信。“在商场，拥有热情和驱动力，也绝不参与内部政治，”他说，“这样你才能够成功。”

特种穿梭油轮公司在他的领导下兴盛起来，并在 2001 年以 7.8 亿美元的价格出售给堤客海运公司（Teekay Shipping）。

1995 年，汉森成立了另一家公司，北欧美国油轮公司（NAT）。这家公司得以上市，并以初次募股及认股权证所融资金收购了三艘苏伊士型双壳原油油轮。这一举动被很多华尔街观察员批判。

“很多人并不理解我们在做什么，”汉森说，“我有一条准则，就是永远做和别人相反的事。是的，这是一种逆向思维。极少人会在一开始便触碰英国石油公司的交易，但这却是我们去争取它的原因之一。”

2004 年 9 月，汉森决定在北欧美国油轮有限公司全职工作。“在那年的 3 月我们举办了一次例会讨论我们是否应该解散公司把钱还给股东。”他说。

然而那并不是汉森想要的。他想把北欧美国油轮公司转变为一个运营公司。他将自己的想法向股东表明，并得到了他们的同意。“不想追随我们的人可以卖掉股份。那时股票价格高于船体的钢铁价值，”他说，“而相信我具有远见的人，将与我紧密团结。”这个决定得到了回报。在那年留在北欧美国油轮公司的人见证了他们的股票从不到 19 美元飙升至接近 55 美元。

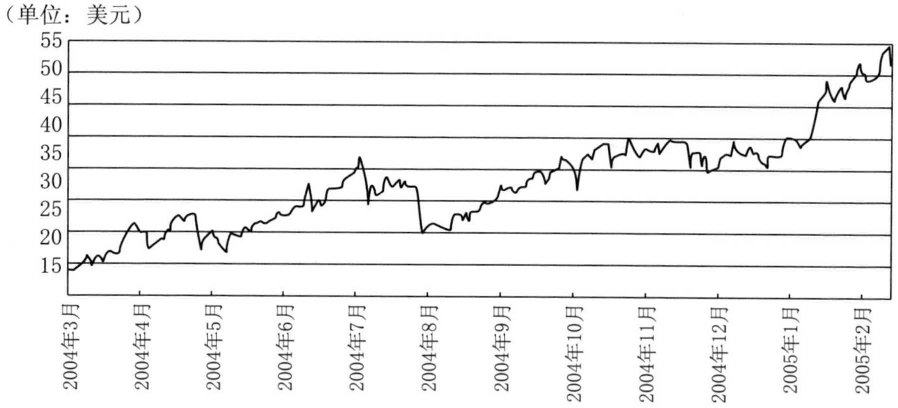

图 4-1　北欧美国油轮有限公司 2004 年 3 月至 2005 年 3 月的收市价格

创造财富的生意

“我不是玩猜谜的，”汉森说，“我们的专业也不是推测市场。我们做的是创造财富的生意。我工作是为了让我的十万名股东以及我自己变得富有。”

为了实现这一目标，汉森说，你需要有个既适用于繁荣市场也适用于低迷市场的商业战略。他将自己的战略分成了两个部分：逻辑与理性。

“做事情需要一个理由，而不做事情也需要一个理由。”他说。每当一个机会来临之时，他都会问自己这些所有的商业领袖无论所处任何行业都该问自己的问题：它对公司有好处吗？它对公司有坏处吗？还是它是中性的？

“回答这些问题的要旨是：我们要考虑三样东西，”汉森陈述道，“我们有船，我们有资本，同时我们也有人。这三样在一起组成了一个环形链条。我们便完整了。”

汉森承认将这三样事物放进北欧美国油轮公司的“拼图”中是困难的，同时他也说最重要的是人。“当你要和别人做生意时，第一个需要问的问题便是，是谁在这生意的背后？他们是好人还是坏人？”汉森说，“或者，你是否了解他们？我不希望和我不信任的人做生意，还有那些我认为不是好人的人。”

汉森是彼得森国际经济研究所董事会的一员，董事会中还有几位世界顶尖的经济学家，包括前财政部长及前国家经济委员会主席劳伦斯·萨默斯（Lawrence Summers）和前欧洲中央银行行长让·克罗德·特里谢（Jean Claude Trichet）。“大约 20 年前，我认识了弗莱德·伯格斯滕（Fred Bergstein），他是这个机构的创始人。我们相处得十分融洽，然后，几年前我当选为董事会成员，”汉森说，“我在这些顶尖的经济学家与学者之间，深觉一日不学十日空。”

汉森用其研究经理和经济学家的经验来评估一个地区。

巴格比谈到汉森的经济学背景是其作为 CEO 的最重要的资产之一，并解释说他的知识在实际和实用性上强化了他向投资者传递信息的能力。“他所设计的一切都指向财富创造，”巴格比说，“他真诚地解释他和他的投资人是如何成功并创造财富的，而我认为这就是他与其他航运公司 CEO 的不同之处。即便是处在行情最差的时候，他也能够有所准备地去和股东交流，无论是通过媒体还是文字。然而，在业内确有那些我认为是‘只有好消息’的执行官，他们在取得好成绩时喜欢侃侃而谈，但在市场低迷时便落荒而逃。”

一致是团结的黏合剂

汉森提到北欧美国游轮公司能度过过去 20 年的油轮周期，关键点便是其不可动摇的原则，即公司遵循着严格的体制：灵活、透明、预见性与积累。

“20 年来，我们每一分钟都遵循着这张表，从未偏离过。正是因为这些规矩，我们才拥有了质量顶尖的同类型船队，才能给予股东稳定的现金流分红并保持强劲的资产负债表，并不断维系和壮大着我们紧密的客户关系。”

令北欧美国油轮有限公司在同行中脱颖而出，靠的是其个人与机构投资者的结合。“我们有 40%—50% 的机构投资者，剩下更多的是个人股东。”汉森说道。由于

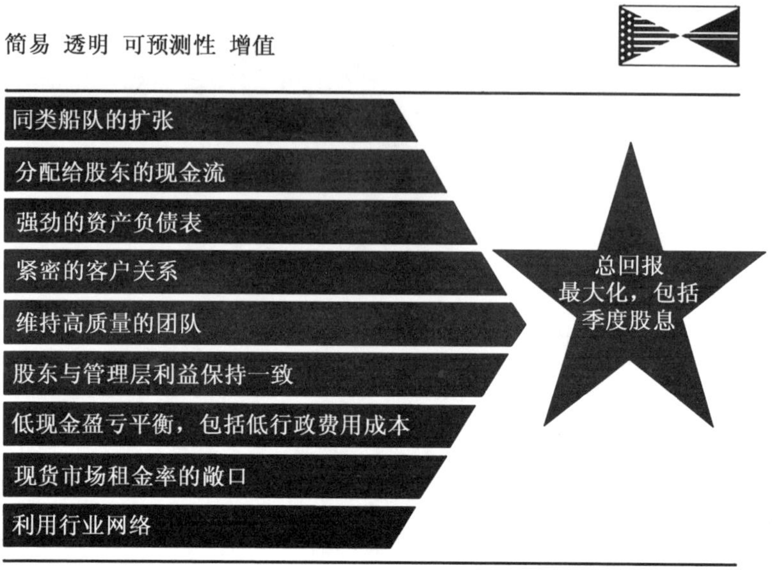

图 4-2　强弱市场中的可持续商业战略

（来源：北欧美国油轮有限公司）

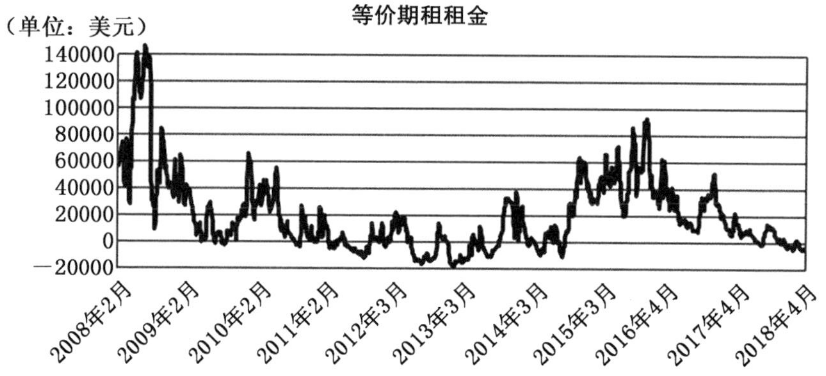

图 4-3　2008 年 2 月至 2018 年 4 月超大型油轮的每日现货市场租金率等价期租租金

（来源：True North Chartering）

这种所有权的混合，北欧美国油轮有限公司的股票是股票市场上最为广泛持有的航运企业股票。公司也是收益偏好投资者的最爱。自 1997 年以来，北欧美国油轮有限公司支付了大量的股息。

汉森和收益导向 / 高收入投资者的关系对他来说尤为重要，以至于他在油轮市场的历史低谷中与很多航运公司执行官口中的“公司金融逻辑”背道而驰。“许多分析师不理解这个生意，”他实事求是地说，“他们使用哈佛型账表，加减乘除等等。他们看不到人力资本与客户关系的价值。”

从2010年第二季度到2013年，公司支付了高于其现金流的股息。在那15个季度中，有6个季度现金流为负值。“股息至关重要，”汉森说道，“一项资产的价值是其风险调整后的现金流折现值。”

正是那份承诺帮助了北欧美国油轮公司保持着其溢价的估值。汉森将他的股利政策和公司表现所传达的信息，作为他维持广泛个人投资者基础的关键。“我们的作为往往比承诺的多。”他说。

北欧美国油轮公司的不同之处在于，其全部的30艘油轮都有海上现货交易或其他的合同在身。“我们在报告中向股东说明了这一情况，于是我们拥有了坚定的追随者，”汉森说，“我们确实有机构投资者，其中一些长时间以来都是我们的股东。”

北欧美国油轮公司能够将油轮出租给那些寻找运输或者储存原油的客户。在原油价格走低时，油轮生意是个还不错的选择，因为像北欧这样的公司不仅继续运输原油，还把油轮提供给投机者用作浮式存储单元，静待“黑黄金”的价格回涨然后再出售，汉森解释道。

新热词："能源独立"

自尼克松总统以来，每一位美国总统都信誓旦旦要使国家能源独立。得益于水平钻井和水力压裂技术的进步，美国开启了页岩油气的储备，据能源专家称，美国已拥有可消耗至少150年的石油与天然气。

作为世界上最大的原油出口国，沙特阿拉伯开始着手于其自身的能源独立。他们希望可以使其经济增长脱离最主要的国内生产总值来源——石油。2016年4月，随着预期石油收入的下降，沙特阿拉伯副王储穆罕默德·本·萨勒曼（Mohammed bin Salman）公布将投入价值2万亿美元的巨型基金，用以进行外国投资并对其王室企业沙特阿美石油公司（Saudi Aramco）首次公开募股。汉森说此计划的实现还需要多年时间。“沙特阿拉伯将在接下来几十年内继续依赖石油。”

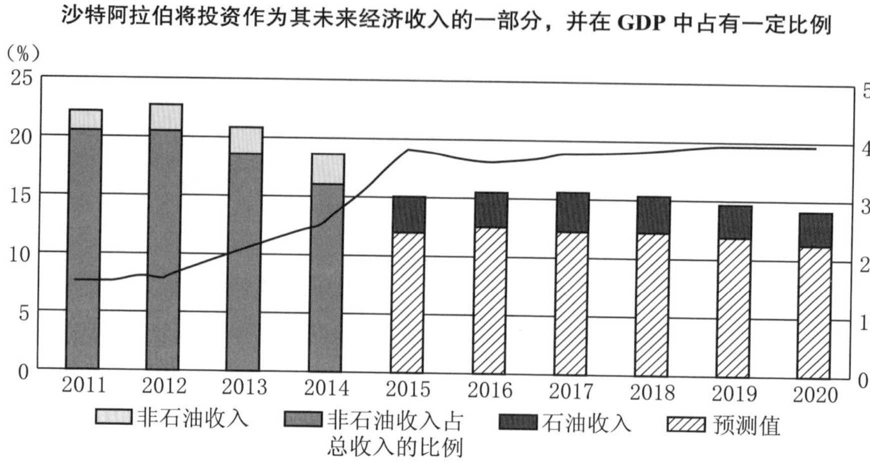

图 4-4　沙特阿拉伯 2 万亿美元的巨型基金：如何脱离以石油为主的经济增长

（来源：阿拉伯国有电视台，"'低油价不是我们的战争'，沙特阿拉伯副王储告诉彭博社"，2016 年 4 月 16 日。）

"沙特阿拉伯想要封杀美国的页岩油，因为它承担不起页岩油主导市场的后果，"汉森说，"美国在进行沙特阿拉伯证券的认购。而沙特阿拉伯是依赖于美国的。"

谈到石油输出国组织（OPEC）目前以及未来对石油市场的影响时，汉森提到了该组织感知到的"力量"，他说道："考虑到他们目前的势力较弱，随着石油市场日渐自由化，他们的势力可能将变得更弱。"

石油周期的仓鼠轮

> 我不认为谁可以推断石油与天然气价格，因为它们奠定于全球经济基础之上。
>
> ——肯·萨拉查（Ken Salazar）

自 1859 年石油价格第一次被记录下来时起，分析师与石油公司 CEO 们便承担着"预测"市场的艰巨任务。商业记者经常问业界专家一个众所周知的问题，"我们什么时候出手？"汉森说他永远不会回答这个问题。"我遇到过那些相信自己可以看清未来的人，"他说，"但我还从未见过谁可以真正看清未来，所有的周期都是一样的。"

虽然周期可能相同，汉森继续说道，当谈及一个以能源消费为基础的国家的健康状况时，石油仍然会被当作一个领先指标。“在国内生产总值开始表现出减速趋势的6—12个月前，我就预测到沙特阿拉伯对中美石油出口的下滑。”他说。

作为一个自封的乐观主义者，汉森提到，他看到了中国这个国家的发展。“中国人努力工作。中国创造了一个商业奇迹。亿万中国人在1978年改革开放以后变得富有。我们期望中国会变成一个愈加富有的国度。”

在黑暗中崛起

汉森一开始就是一个逆向投资者，他从未怀疑过自己的领导能力。当股东或者董事会成员质疑未来时，他一直主张自己朴素的观点与战略。

身处逆境时，汉森总能看到希望，看到黑暗中即将破晓的黎明。其职业定位的一个重要契机是在1990年8月2日，那时候萨达姆·侯赛因（Saddam Hussein）执政下的伊拉克入侵了科威特。

“我们从其他船东那里租赁了5艘油轮。那时，我们的公司规模还很小，”汉森回忆道，“我们同美国沿海石油公司（Coastal Petroleum）签署了合同，但合同必须撤销，因为白宫禁止我们这样的经营者运输伊拉克石油，而这正是我们那时候在为美国沿海石油公司做的事情，”他说，“那个秋天，我们承租了几艘船却闲置了下来。但当市场回暖时，我们可以将那5艘油轮外租出去获取利润，那个秋天我们损失的所有钱都在春天赚了回来。”

汉森回忆起他在多年后，和前董事哈佛教授乔治·卡伯特·洛奇（George Cabot Lodge）的一段对话。那是2008年，航运业另一段黑暗的日子，公司在低迷的市场和缺乏租约的状况下拥有20艘苏伊士型油轮。“乔治问我，‘我们是不是进错了行业？’所以我和他说，‘乔治，我觉得你现在说是不是有点太晚了’。”

那段时光对于汉森来讲是一次学习的经历。市场在几年后回暖，虽然他们将损失的钱全部赚回来了，汉森说，但这段经历却是无价的。

“我们学到了我们需要精准。我们不能责怪任何人。”讽刺的是，那并不是他第一次被问及是否该换个职业。“当我还是个年轻人刚刚在航运业起步时，就一直被告诫我选错了行业，”他笑道，“但基于我们所遵循的商业原则看，北欧美国油轮公司已持续兴盛且已成为一个相当不错的企业，同时也是世界上最大的油轮公司之一。所以我没有改变任何事情的意向。”

Chapter 5

航运周期中的冒险家

马丁·斯托普福德博士

马丁·斯托普福德博士（Dr. Martin Stopford）

马丁·斯托普福德于1971年在伦敦航运研究中心开始了他的航运职业生涯。1979年他获得了国际经济学博士学位。与此同时，他于1977年开始在当时新成立的英国造船公司（British Shipbuilders）担任集团经济学家。1981年，他成为该公司的业务发展总监。1988年，斯托普福德博士加入大通曼哈顿银行担任全球航运经济学家，并在1990年开始领导克拉克森研究服务有限公司。2004—2012年，他加入了克拉克森公司董事会。现担任克拉克森研究服务有限公司的非执行总裁和海事经济有限公司的董事。

斯托普福德是伦敦卡斯商学院、中国大连海事大学和纽卡斯尔大学的客座教授，是索伦特大学的荣誉博士，并于2010年获得劳埃德全球航运大奖的终身成就奖。2013年，他在伦敦的海贸全球颁奖晚宴上被授予"年度航运人物"头衔，并在2015年荣获奥纳西斯航运奖。出版著作包括《海运经济学》第三版，该著作是2009年1月出版的被广泛使用的航运教科书。他还撰有大量关于航运经济学和船舶融资的论文。

生活的课堂塑造了人的个性。

这就是我一生都在努力做的事情——着手一个项目，然后试着完成它，无论结果如何。

航运业的狂热投资者

几个世纪以来，亚当·斯密（Adam Smith）和阿尔弗雷德·马歇尔（Alfred Marshall）等杰出的经济学家一直将航运业视为世界经济的重要组成部分。由于近 90% 的商品和货物都通过海路运输，国内生产总值和就业数据不足以衡量一个国家的经济健康状况。为了实现增长，一个充满活力的现代经济体需要来自海外的商品和货物。但航运业独特的周期性特征在这个上万亿美元的业务中，为投资者带来了一系列充满挑战的机遇和威胁。

第二次世界大战后，世界经济步入了一个以航运为核心的自由贸易时代。巨额投资建造超大型油船、干散货船、集装箱船和各类型的特种船队以满足跨国公司全球贸易的需求。如今世界对这些服务愈加依赖，从事航运业的公司必须不断审视其战略，即扩大或缩减船队规模。

然而解读经济信号是棘手的。尽管它具有战略重要性，但航运业仍然是一个独特且无法预测的行业，它具有即使是专业赌徒也会望而生畏的波动性。例如，一艘 1999 年订购并于 2001 年交付的巴拿马型散货船价格为 1850 万美元，但不出六年，它已经可以为幸运的投资者赚得 1.24 亿美元！[1] 但其不利的一面也可能是极端的。20 世纪 70 年代初，一些超大型油轮（VLCC）每艘的订购价超过 6000 多万美元，而它们在交付后便被闲置并最终以 300 万美元的拆解价卖掉。一个建立在这种繁荣的基础上，并受到这种繁荣推动的行业需要投资者拥有不可动摇的信心和源源不断的乐观情绪。为了找到正确的平衡点，这个行业还需要一个可以对行业周期进行及时分析的人。对于航运业来说，这个能够提供不计其数的周期性数据的人，就是经济"数据通"马丁·斯托普福德（Martin Stopford），克拉克森研究服务有限公司的非执行总裁和海事经济有限公司的董事。

斯托普福德不仅在造船厂和投资者中家喻户晓，也被跨越几代的银行家、航运专家和学生们所熟知，学生们从他的教科书《海运经济学》(*Maritime Economics*) 中了解航运市场、航运周期和全球经济的来龙去脉，如今已经是该书的第三版了。在其 45 年的工作经历中，他曾相继在造船业和银行业工作过，也曾做过船舶经纪业巨头克拉克森公司的执行董事，这些经历使他对该行业的各个方面都有深刻的理解。他将数据转化为易于理解的信息能力为他赢得了航运界顶尖人物的声誉，这些信息也成为了切实可行且有利可图的投资决策的基础。他永不停歇的行程和他对航运历史的热爱，帮助他形成了对全球“航运村”的独特视角，一个他所崇拜和敬仰的社群。

在英格兰农村长大

斯托普福德出生于兰开夏郡的博尔顿市，他并非来自航运世家。他是牧师的儿子。1947 年，他们举家搬迁至惠特莫尔的小乡村，斯托普福德就是在这里长大。他在乡村学校学习，那里只有二十多名学生，学校生活也是当地农耕生活的重要组成部分。每年 11 月，学校都有一个星期的假期用来采摘土豆。“我们都要帮助当地的农民到田地里摘土豆。”斯托普福德笑着回忆道。

他为皮克一家工作。“我还清楚地记得老汤姆·皮克叔叔带着他的两匹夏尔马沿着后巷走来，那时的老农民们还在骑这些马。他给了我四个半克朗作为一周的工钱，按现在的价值来说还不到一美元。但是我高兴极了！”

他永远不会忘记硬币的光泽和重量。“半克朗是大的、银色的硬币。汤姆叔叔招呼我到房子后面的巷子里，我跑了过去，他就在那里给了我四个半克朗。这是我赚得的第一桶金，当时我 8岁。”

斯托普福德知道，教育不仅仅是学习书本知识。20 世纪 50 年代，他的父亲埃里克开始耕种教会附属地（属于教区的土地），这样他就可以在一周内更好地了解他的教区居民。斯托普福德青年时期的大多数空余时间都是在小农场和埃里克一起工作度过的（当然，还有去教堂）。他们种植大麦，培育了一群纯种的大白猪。

图 5-1　大约 1958 年，年轻的马丁·斯托普福德和
他的父亲以及弗雷德·莱瑟姆在享受收割谷物的间歇。

生活的课堂塑造了人的个性。在一个小村庄长大，斯托普福德形容其为“一个仍然遵守古老乡村习俗而又自由舒适的地方”，这有助于形成他的人生观。“这是一次非常棒的经历。你已经习惯了和朋友以及农民一起工作的方式。我通过自己的双手和与他人的合作学到了很多东西，包括坚持不懈的品质。这就是我一生都在努力做的事情——着手一个项目，然后试着完成它，无论结果如何。其中相当多的项目涉及修理旧摩托车，这是我毕生热情的起源。”

斯托普福德和村里其他的孩子们一样，在 11 岁的时候离开了乡村学校。他进入预科学校读书，然后是公立学校。1966 年，他获得了牛津大学基布尔学院的阿博特奖学金，他在那里学习政治、哲学和经济学。1969 年他毕业时，正值夏季伍德斯托克音乐节（Woodstock Festival）。“如果你不去旧金山加入花癫派（Flower People），你可能会去像印度这样的地方，”斯托普福德说，“我计划和一些朋友去旅行，但作为一个务实的小伙子，我认为能为自己回来的时候安排一份工作是个不错的主意。”

斯托普福德拜访的公司之一是英国造船业的市场研究机构——航运研究公司。

“我喜欢他们，但他们没有给我提供工作，”他若有所思地说，“他们需要能够立刻入职的人。我当时不知道这次面试会改变我的人生轨迹。”

驾驶黄色货车前往印度的公路旅行

毕业并拜访了航运研究公司之后，斯托普福德和他的朋友约翰·查尔顿以及理查德·沃金（Richard Walking）为他们的冒险之旅购买了一辆旧的 Comma 货车。

“那是嬉皮士的时代。所以我们把货车漆成亮黄色，”他笑了，“但它每小时只能行驶 40 英里，我们一天走不了多远。”

图 5-2 马丁·斯托普福德（中间）、约翰·查尔顿和理查德·沃金于 1970 年 4 月从印度开着黄色的货车回来。

斯托普福德、查尔顿、沃金和他们的朋友尼克·赖特驱车前往土耳其、伊朗和阿富汗。查尔顿是大学桥牌队的一员。“他是一位非常好的桥牌手，”斯托普福德说，“所以你可以想象，我们四个人坐在这辆货车里，一个人开车，剩下的三个人大部分时间都在后面玩桥牌。约翰很友好，他教我们如何记牌并传授给我们各种打牌的技巧。我们桥牌越打越熟练。当我们沿着土耳其、伊朗和阿富汗的公路和铁路缓慢行驶时，这是一种无比有趣的消遣方式。”

在6个月的旅途中，他们瞥见了一种离我们很久远的文化。“在静谧的早晨，我们会听到骆驼商队的铃声响彻沙漠；12月的某天傍晚，当我们驶入坎大哈时，就像置身于《天方夜谭》中。这个洋溢着芳香的集市来自一个古老的国度，在那里，商人们懒洋洋地躺在铺着地毯的平台上，抽着水烟袋或者喝着一杯红茶。如今的情况却大不相同了。”斯托普福德和他的朋友们在复活节后回到了家。“我们最大的成就是把黄色的货车开了回来，”他说，“约翰和理查德把我送走后开车去了桑德兰。这辆货车就再也没有发动过。在土耳其的塔希尔隘口，它的发动机在10摄氏度的霜冻中被损坏。令人惊讶的是，它把我们带回家了。”

斯托普福德仍然不知道自己真正想要做什么，于是他在里昂面包店找了一份驾驶蛋糕车的工作。“毕竟当时驾驶是我的主要技能！”他笑着说。然后，在1971年初，他接到了一个项目，将位于特伦特河畔斯托克的伯斯勒姆废弃印刷厂改造成现购自运式商店。“该公司向小商店提供文具和玩具批发。他们的想法是让店家去拿货付现，并且可以在看到提供的玩具时花费更多的钱。”他解释道。[2]斯托普福德不怕辛苦，卷起袖子便开始工作。他将所有重型印刷设备搬出后，拆除了仓库式的结构、架设棚架，进行装饰并为盛大的开幕作好了准备。“这不是一个精巧的现购自运式商店，”他苦笑着说，“但这对我而言是一个巨大的成功并且非常划算！我们让顾客来做所有的工作。所有这些都是我做的！”这个项目赚到钱后，他买了一辆英国赛车，绿色的Triumph TR3A敞篷跑车——“它是一辆真正的经典车，至今仍是我最喜欢的车。”他带着孩子气的笑容说道。

进入造船业

6个月后，当斯托普福德接到位于伦敦的航运研究公司主管约翰·斯台普顿的电话时，现购自运式商店的项目正在逐步收尾。“约翰告诉我他们在1969年雇用的分析师即将离职，问我是否愿意接受这份工作，”斯托普福德说，“我搬到伦敦并于1971年9月21日开始工作。这就是我进入航运业的契机，自此我便再也没有回头。因为我从一开始就喜欢上它了。”

为了成为一名优秀的分析师，斯托普福德认为他需要学习更多的经济学知识。

1972年10月，他作为夜校学生在伦敦大学伯贝克学院新成立的经济学系进修，该系由伦敦经济学院的两位著名教授伯蒂·海因斯和约翰·穆勒鲍尔设立。“我差不多是他们的第一个学生，”斯托普福德回忆道，“我在一堆包装箱中进行了面试！”他先是修读了一年的数量经济学硕士学位，之后转而攻读博士学位。1979年，他获得了国际经济学的学位，并用七年的时间，从1966年至1972年，完成了《220种干货商品贸易矩阵》的论文，还建立了一个大型贸易模型。[3]“我学到了一个关于计算的道理，”他说，“你可以建立很大的模型，但他们不一定会更加精确。只是那些愚蠢的错误更难发现而已。”他咧嘴一笑，“所以让模型保持简单就好。”

图 5-3　英国造船厂在与大而新的亚洲船厂的竞争中苦苦挣扎。

与此同时，又出现了另一个机会。1977年，英国造船业被国有化——包括军舰船厂、商船船厂、发动机制造商和船舶修理商。新成立的英国造船公司有87309名员工和超过40多家的子公司，它们建造从渔船到核潜艇的各种东西。

斯托普福德被聘为该集团的经济学家，并于1977年7月1日开始工作，这正是该公司开始进行贸易的那天。

“造船是一项艰苦的工作，”斯托普福德说，“但它有一段值得骄傲的历史，当你看到新船顺着下水滑道驶下时，你就会明白为什么船厂的工人会如此自豪。不论在什么地方都是一样的。”一个世纪前，英国造船厂建造了世界上四分之三的船舶，但到 1977 年，这一比例下降到 5%，而且这些船厂正处于与日本和韩国的大型现代化船厂竞争中。在接下来的十年里，斯托普福德致力于在 20 世纪 80 年代的造船业萧条中带领整个行业的发展，这是有史以来最严峻的时期之一。

1981 年，斯托普福德被任命为业务发展总监，负责制定公司计划。世界航运业和造船业正螺旋式地进入历史性的萧条期，而英国造船公司也正经历着一段坎坷的旅程。现金流管理对于如此庞大和多样化的企业来说至关重要，但也相当复杂。个人电脑才刚刚起步，而斯托普福德看到了它们的潜力。“我们在 1980 年拥有了第一台电脑——Commodore Pet，”他说，“其中有一个叫作 VisiCalc 的电子表格程序。虽然它只有 80 列、250 行，但对于任何一个处理大量财务数据的人来说，这都是巨大的进步。”在一家拥有 40 个以上子公司的企业中，企业计划涉及大量的财务工作。在审查公司预算后，更新预测的劳动强度很大且容易出错。但是，电子表格就像魔术一样，使斯托普福德和他的团队能够整合和更新每个子公司提交的财务预测。“整个公司有关就业、产品、生产力和现金流预测的数据得以迅速而准确地整合，帮助我们为企业的管理作出真正的贡献。”斯托普福德说道。

斯托普福德意识到这项新技术的潜力，并在 1982 年获得了注册会计师协会颁发的会计和财务证书。之后的五年里，除了公司计划之外，他的部门还制定了公司的现金流预测并管理年度预算，斯托普福德也是公司管理委员会的成员。“对一个年轻人来说，这是一次很好的经历，”斯托普福德说，“我开始认真对待数字游戏，并懂得了用一种简单易懂的形式为忙碌的决策者们提供他们所需信息的价值。我只是希望我们能够做得更多。”

然而到了 20 世纪 80 年代中期，经济衰退已经严重到使英国造船公司无法生存的地步。“北海石油公司导致的英镑走强以及造船价格的暴跌，这两种现象是不可持续的，”斯托普福德解释说。“1986 年，一艘超大型油轮（VLCC）以 3600 万美元的价格出售。[4] 这可能是支付了材料的费用，但却没有给劳动和管理费用留空间——这种情况是不可能的，”斯托普福德说，“我们输掉了这场战役并且我不知道如何才能取得胜利。我的最后一项工作是试图把桑德兰造船厂（Sunderland Shipbuilders）的帕里欧船厂卖给日本的住友造船公司（Sumitomo Shipbuilders）。我们进行了一次友好的访问，他们也拜访了我们。我们对造船都有着共同的热情，但他们的境况几乎和我们一样糟糕。危机迫在眉睫。”

图 5-4　1988 年 2 月，英国造船公司访问日本住友公司讨论桑德兰船厂问题，右三是斯托普福德。

从造船到航运金融

1988 年 4 月，斯托普福德适时接到了一个来自大通曼哈顿银行航运主管范·梅里斯（Van Mellis）打来的电话。著名的航运经济学家彼得·S. 道格拉斯（Peter S.Douglas）即将退休，梅里斯正在寻找接班人。这对斯托普福德来说是一个轻松的决定。在大通曼哈顿银行，他亲眼目睹了航运金融业在灾难性的经济衰退之后是如何自我转型的。“20 世纪 80 年代中期完成的贷款业务很少。一笔典型的金融交易不超过 2500 万美元，如果你能得到这个业务，那就很幸运了，”斯托普福德解释道，“银行业务非常低迷，而且大部分业务仍然是投机性的。”

大通曼哈顿银行在经济衰退期间为许多欧洲客户提供了支持，而随着 1988 年市场开始复苏，其航运部门又重新开始运营了。但航运市场的日益动荡、银行监管的收紧以及定期租船的缺乏，正使传统的抵押贷款变得越来越困难。

在这段复苏期间，挪威KS市场取得了激动人心的发展。[5] 1986年市场触底之后的几年里，出现了有史以来最好的资产博弈市场。二手船价格稳步上升。一艘船龄为5年的巴拿马型散货船在1986年年中价值为610万美元；在1987年年中价值为1050万美元；在1988年年中价值为1650万美元；在1989年年中价值达2100万美元。挪威金融机构利用KS结构建立KS合伙企业，以购买二手油轮和散货船。

股票被卖给了挪威公众，他们得到了税收减免和极高的资本增值。随着船舶价格的上涨，股票价值和投资者的热情也随之增长，这有助于推动资产价格的螺旋式上涨。

当斯托普福德开始在大通曼哈顿银行工作时，他接手了剑桥交通运输学院船舶预测课程负责人彼得·道格拉斯开办的年度课程。“我在1989年第一次授课，人比较少，只有6个人出席了！”斯托普福德说，“但银行业务又在增长，我对剑桥交通运输学院院长约翰·杜瓦克说，‘为什么我们不把它变成一门船舶融资课程，并称之为船舶融资剖析？我们可以针对船舶融资业务及其运作方式给听课者们提供一个非常广阔的视角’。”杜瓦克同意了，船舶融资剖析课程在1990年7月正式开课，这次有40个人参加。斯托普福德作为课程负责人，说服了业内最有经验的船舶融资家之一艾伦·布劳纳加入到银行业务顾问的行列，而杜瓦克负责组织船舶融资比赛。“这是一支伟大的团队，”斯托普福德说，“我们三个人在这门课上合作了20年。许多欧洲银行家也参加了。有一年，来自某荷兰银行的听课者们多得甚至可以组成自己的足球队！考虑到最近发生的事件，也许是我们没有很好地传达我们的信息。”他笑着说，“这很有趣，我们度过了一段美好的时光，船舶融资比赛也非常贴近现实。”

课程从周日开始，斯托普福德这周压力很大。当时有很多客座讲师，船舶融资比赛很快就变得非常激烈。星期四下午比赛结束后，每个人都在告别宴上放松了下来。“晚餐后，我们宣布了获胜者，现场一时间喧闹起来，”斯托普福德说，“说实话，我会打扮成猫王！或者是加勒比海盗，那真是太有趣了。英国展望集团的拉维·梅罗特拉以及艾伦·金斯伯格、苏珊·库克和让·理查兹都曾出席晚宴。”

图 5-5　在承受了一周的压力后，船舶融资剖析的参课者们都放松享受起来。约翰·杜瓦克扮演了《猫》(最右橘色假发）以及斯托普福德（杜瓦克后面，扮演了加勒比海盗）。来宾拉维·梅罗特拉，英国展望集团董事长（第二排最左）。遗憾的是，苏珊·库克（第一排最左）和让·理查兹（第一排右三）在拍照前就换下了服装。

20 世纪 90 年代初，美国货币中心银行（U.S. Money Center Banks）正处于艰难时期。由于 20 世纪 80 年代末迈克尔·米尔肯（Michael Milken）开发的高收益债券市场引发了储蓄和贷款危机并造成了信贷问题，美联储决心要收紧标准。这对于船舶融资来说并不是好消息。“有这样一个信用矩阵，”斯托普福德说，“它的 X 轴是风险，而 Y 轴是回报。而船舶融资处于低回报和高风险的象限，这使得信贷员拒绝船舶融资进入银行的资产负债表。年金收入也就没有希望了。”

斯托普福德的双重命运：克拉克森公司与数据

随着航运业进入 20 世纪 90 年代，数字技术正在改变着数据的收集和分配。[6] 数据库程序、个人电脑网络、电子表格和数据库技术都已经发展到了现实应用的程度。“20 世纪 80 年代，所有这些技术仍是原始的，”斯托普福德说，“现在真的实现了。我还注意到，像帆利（Fearnleys）和德鲁里（Drewry）这样的数据供应商对咨询业务的兴趣大于对数据的兴趣，并认为这是一个值得关注的地方。”

1990 年，休・麦考伊（Hugh McCoy）找到他，让他领导克拉克森研究服务有限公司，斯托普福德欣然抓住了这个机会并着手发展克拉克森公司数据特许经营权。“克拉克森公司经纪业务覆盖了所有主要的特许经营市场，包括标准普尔市场、新造船市场和拆船市场，”他说，“这是一个有待开发的无与伦比的数据源。而且克拉克森是一家上市公司，它为开发数据系统提供了一个比私人经纪公司更稳定的平台。”

当然，克拉克森公司也想拥有一个预测者，而斯托普福德必须为自己赢得名声。不管你获得什么样的工作——在你工作的第一天，你都想给别人留下一个好印象。1990 年 8 月 2 日，斯托普福德开始担任克拉克森研究服务有限公司的总经理，这天正是伊拉克独裁者萨达姆・侯赛因入侵科威特的日子。“那是热闹的一天，”他回忆说，“我参加了一位同事与一名香港资深船东的会晤，他问我们，‘现在油船市场该怎么办？’我的同事，恰巧是克拉克森董事长托尼・克里马先生，说市场会上涨，而我说它会下跌。”他轻声笑了，“当然，在工作的第一天你并不真的想与董事长意见相左，但它从某种程度上来说开创了一个很好的先例。幸运的是，在那种情况下，我们都是对的。油船市场在次年 2 月短暂飙升，但随后暴跌至一个持续数年且令人不快的漫长低谷。这就是预测周期的关键性。你可以预测方向，也可以预测时间，但你真正应该做的是同时预测方向和时间。”

克拉克森公司是一个很好的机会，但是还有很多工作要做。这些登记簿仍然是用“纸质磁带”制作的，每年从公司主机上下载一次，因为当时只有一台个人电脑。[7]“幸运的是，新的电子表格排版软件使得自动生成复杂数据报告成为可能，”斯托普福德说，“我和克里夫・泰勒（Cliff Tyler）一起工作的第一年，制作了《航运情报周刊》（*Shipping Intelligence Weekly*，*SIW*），并最终在 1992 年 2 月出版了。这个周刊相当复杂，包含了数百个数据序列和复杂的计算，如定期租船合同，以前可能需要一个庞大的分析师团队。但电子表格排版改变了这一切。《航运情报周刊》成为了畅销的刊物，为克拉克森研究服务有限公司研究业务提供了收入。它还在数据提供方面取得了新的进展，让银行家和投资者一眼就能看到，哪些船舶在赚钱，以及市场、价格、定期租船费率和许多其他变量的表现。”“我们的目标是让忙碌的银行家，在乘坐出租车去和他的客户共进午餐时的路上，成为对当前市场了如指掌的专家，”斯托普福德说，“令人惊讶的是，这似乎行得通。我自己也一直在用它。”

1993年，克拉克森研究服务有限公司的登记簿被转移到数据库发布，并且出版了《全球船厂导报》(*World Shipyard Monitor*）月刊。“当时造船数据一年只需要更新几次，所以月度报告颇有争议，”斯托普福德说，“我们被告知一个月内不会有明显的变化。”现在，变化已成为常态而且投资者们也密切关注价格、合约和订单的月度变化。其他的出版物也紧随其后，在2000年3月互联网繁荣的鼎盛时期，航运情报网得以推出，为客户提供了对不断扩大的克拉克森研究服务有限公司数据库的访问权。2003年，克拉克森研究服务有限公司收购了油田出版公司（Oilfield Publications Ltd.），开始进军海工领域；2010年，克拉克森购买了《全球船队导刊》(*World Fleet Monitor*)，一份涵盖了世界商船队各个方面的月刊，包括其所有权。这样的覆盖范围总共花费了十余年的时间去建立数据库并进行编码才得以实现。

2004年，斯托普福德以三名执行董事之一的身份加入了克拉克森股份有限公司（Clarkson PLC）的董事会，他将这一邀请描述为“一个巨大的惊喜和一份更大的荣誉”。2012年，在董事会任职八年后，65岁的斯托普福德决定退休。“我有一个优秀的团队来管理克拉克森研究服务有限公司，现在是他们接手的时候了，”他说道，“我没料到的是，董事会让我担任克拉克森研究服务有限公司的非执行总裁，并授权我在全球范围内代表公司。”这一角色使得斯托普福德有机会继续他在全球海事领域的活动，向世界各地的公司、会议、机构发表演讲。

学者和作家

斯托普福德职业生涯的另一个分支是教学以及讲授他的教科书《海运经济学》（*Maritime Economics*）。“我在20世纪80年代初就有了这个想法，当时我在伦敦城市大学商学院科斯塔斯·格莱梅诺斯新成立的航运、贸易和金融研究所教授航运经济与贸易，”他说，“我开始相信一本教科书的存在会让大家学得更加轻松。”1986年，斯托普福德将《海运经济学》的手稿交给了布鲁姆斯伯里出版公司的艾伦与昂温，他们同意将其出版。“他们的办公室位于伦敦的博物馆街，就在大英博物馆的正前方。经济学编辑沃尔特·艾伦带我领略了一场‘文学盛宴’！”斯托普福德回忆说，“对于这类事物来说，这真的是一个时代的终结，我很高兴能在它消失之前看它一眼。”

艾伦与昂温办公室的接待区堆满了许多20世纪20年代这家布鲁姆斯伯里出版公司出版的著名作家的书，斯托普福德对能与约瑟夫·A.熊彼特出现在相同的位置而感到特别自豪，熊彼特的《经济分析师》(*History of Economic Analysis*）永远在他的书桌上占有一席之地。

“《海运经济学》第一版于1988年3月出版，正是我加入大通曼哈顿银行的时候，”斯托普福德说，“1997年出版了第二版，并且在2009年出版了更全面的第三版。我很荣幸能出版这样一本书并且我一直在寻找完善它的方法。”第三版已经被翻译成希腊语、日语、土耳其语和巴西葡萄牙语。

对下一个投资周期海运战略的再思考

斯托普福德认为，在未来世界，专注于投机将是错误的商业模式。“过去的30年非常有趣，‘我们交易船只，而不是货物’这句话对部分人来说效果很好，”他说，“这一理念是1980年代的产物，当时船东可以用600万美元的价格购买一艘巴拿马型散货船，几年后以2200万美元的价格出售。你不能否认这一点，就像赢得老虎机头奖一样，这并非一个可行的商业策略。交易船舶不能解决问题。价值提升以及应对运输和气候变化的效率等问题才是行业应关注的重点。”

斯托普福德认为最大的希望是利用数字技术提高整个运输业务的效率。“数字化可以提升价值，因为它使公司能够更有效地利用资源。仅仅把船只纳入船队中是不可行的。信息和通信技术（CIT）已经广泛应用于陆地工业，随着近年来通信技术的进步，航运业也可以进行效仿。”斯托普福德解释说，“这种技术可以简化材料的调度、规划控制和复杂的质量控制统计，使航运公司的管理者能够作出更好的决策。”

航运业在过去几年中经历了数字化转型，特别是卫星通信系统。由国际海事卫星组织运营的最新卫星系统 Global Xpress 将使各航运公司能够与其船舶在全球几乎任何地方可靠地进行通信，整个航运体系将因此得到改进。

“这并非仅仅依靠一项技术就能向前迈进一步。而需要一系列技术，我称之为智能运输工具箱。”斯托普福德说，“主要的工具是远程信息处理。提升的卫星通信技术和海底电缆、便利的云数据存储、智能手机应用程序、触摸技术和人工智能系统——所有这些都将发挥作用。大部分的技术已经存在了一段时间，但现在它能够更好地运行且成本更低。”

斯托普福德补充说，技术进步对于处理海洋环境问题显得尤为重要。“有一个更好的方法来节约资源，航运业就是一个很好的例子，利用技术来测量和监控其表现，再使用这些信息来制定策略以尽量减少碳排放。”

斯托普福德说，虽然航运业数字变革的速度更快，但这场革命不会一蹴而就，“从帆到蒸汽的转变花了大约五十年的时间”。

回到农场

即使在展望未来的可能性时，斯托普福德也会感激过去带给他的价值。2009年，斯托普福德在斯坦福德郡的高沼地购买了一个农场，这让他又回到了童年时代。农场位于丘尔纳特河的山谷里，有一座 18 世纪的农家房屋和农家庭院，斯托普福德重新启用了它。“当我买下农场的时候，它状况越来越糟，已多年没有人使用了，”他说，“我本来可以出租土地，但我觉得农场需要一个农家庭院作为核心，所以我们翻新了建筑并让一切准备就绪。所以，在某种程度上，我回到了我开始的地方——它是原始的，我们仍在按传统的方式耕种！但是没有土豆采摘，而且也不怎么赚钱。耕牛有点像经营好望角型散货船——你喂进去的是钱，拉出来的是屎，”他笑着说，“海运经济学仍然是我真正的爱好，但能回到农场让我感觉很棒。”

图 5-6　斯托普福德在 2013 年回归农场。

[1] 2008 年，一艘船龄为 6 年的巴拿马型散货船以 8000 万美元的价格卖出，并于 2002 年 4 月至 2008 年 4 月期间在现货市场上赚取 4400 万美元，扣除营运成本后，总收益为 1.24 亿美元。如果这艘船是以 60% 的贷款购买的，那么 750 万美元的股权投资就获得了 16 倍的增长。

[2] 这个印刷厂有一段有趣的历史。它的所有者是伯斯勒姆的巴尼特（Barnetts），是维多利亚时期小说家阿诺德·班尼特（Arnold Bennett）的小说 *Clayhanger* 的场景。"虽然他现在基本上被遗忘了，但在他那个时代，阿诺德·班尼特几乎和狄更斯（Dickens）一样出名。你还可以在伦敦的萨沃伊酒店（Savoy Hotel）点一份阿诺德·班尼特煎蛋卷（Omelette Arnold Bennett），班尼特是那里的常客。"斯托普福德说。

[3] Martin Stopford, Jack Griffiths, Sue Bland, and John Stapleton, *Dry Cargo Ship Demand to 1980* (London: Maritime Transport Research, 1977).

[4] 1986 年，世界范围内订购了两艘超大型油轮（VLCC），每艘价值 3600 万美元。

[5] Kommandittselskap（KS）是挪威公司法（Norwegian Companies Act, NCA）下的单一目的有限合伙关系。一个 KS 必须由一个普通合伙人和几个有限合伙人组成。普通合伙人（komplementaren）必须在 KS 中持有至少 10% 的份额。普通合伙人对公司债权人负有无限责任。有限合伙人的义务仅限于在 KS 认缴的出资额（包括银行担保）所占的股份。如果有限合伙人发生违约，其余有限合伙人对 KS 负有连带责任。

[6] 马丁·斯托普福德，《经纪人在未来世界信息和通信技术中扮演的角色》，波罗的海国际航运公会（BIMCO）全球大会，1991 年 9 月 20 日。

[7] 斯托普福德在早期得到了克拉克森研究服务有限公司咨询委员会一个小经纪人团队的支持——尼克·柯林斯（Nick Collins）、尼尔·弗里兰（Neil Freeland）、梅里克·雷纳（Merrick Rayner）和亚历克斯·威廉姆斯（Alex Williams）。"都是真正的勇士，"他说，"感谢他们所有人。"

Chapter 6

抓住低谷中的机遇

克劳斯-彼得·奥芬

克劳斯-彼得·奥芬（Claus-Peter Offen）

1971年，克劳斯-彼得·奥芬在汉堡购买了他的第一艘船，这标志着瑞德雷·克劳斯-彼得·奥芬公司（Reederei Claus-Peter Offen, RCPO）的诞生。他是公司的创始人、唯一股东和首席执行官，并延续至今。从那艘船开始，他一手打造了如今的RCPO公司，该公司最近收购康蒂集团后，拥有一支包括95艘集装箱船（63.1万个标准箱）、37艘货船（300万载重吨）以及37艘成品油轮（180万载重吨）在内的船队。在他的领导下，公司在历经数个主要航运周期和一系列的改革中发展壮大，其中包括广泛采用集装箱式运输。

在商业周期的任何阶段都有可能会出现机遇。对处于困境中的投资者来说，低谷便是其绝地反击的时刻。

危机中总会有人遭受损失，但危机也提供了一个开启新业务或扩张的机遇。

商业周期的任何阶段都有可能会出现机遇。对处于困境中的投资者来说，低谷是其绝地反击的时刻。对于睿智且有着敏锐眼光的人来说，可以用很低的成本精挑细选出优质的公司。合并是自然衰退的一部分，并且往往是实现行业再平衡的最健康方式。在遭受了史上最大的衰退之一后，航运业正在通过合并缓慢复苏。

德国只是众多航运业在合并过程中重新整合的地区之一。由于吨位过剩，集装箱运营商的数量已经缩减了。多年来运费暴跌，以及 2017 年 2 月 17 日韩进海运（该公司相当大比例的集装箱船队为德国的银行和投资者所有）的破产，给这个本已陷入困境的地区雪上加霜。

德国最大的航运债务人之一瑞克麦斯控股股份公司于 2017 年 6 月 2 日申请破产。随着全球二十家最大的集装箱运营商相继合并为约十二家公司，一波合并狂潮出现了。

奥芬集团（Offen Group）创始人、唯一股东兼 CEO 克劳斯-彼得·奥芬策略性地利用航运动荡收购了多家公司，扩大了奥芬集团在集装箱、散货和成品油轮市场的影响力。克劳斯-彼得·奥芬以大幅折价购买了不良资产，扭转困境，将其发展为规模更大、实力更强的公司，并从中获得回报。

奥芬出生于德国，年轻时在英国和法国的航运公司工作，以此提高了他的职业技能。他的职业最终把他带回汉堡，时至今日他仍然居住在那里。8 岁时，他说想要像他的父亲一样，做一名货轮船东。他说："我记得我和母亲一起为一艘船命名时，那感觉令人兴奋又着迷。我爱上了它，并为之入迷。在我 27 岁时，我在这个行业已经工作了一段时间，我想我在这个行业已经游刃有余了。"

奥芬在报纸上看到了实现梦想的机会。作为破产清算的一部分，一艘名为安妮·雨果·斯坦尼斯（Annie Hugo Stinnes）的货船即将被拍卖。1971 年 6 月 1 日，奥芬在汉堡法院购买了这艘船。“货轮来自一家相当有名的中型航运公司，其从属于一家大型钢铁集团，”他说，“这桩破产案引起了广泛的关注，所以我去了法院，而当我走出法院时便拥有了一艘小型船了。”他为该船命名为“荷斯坦”。

“我当时的感觉记忆犹新，”他回忆道，眼里闪烁着光，“我对自己说，哇，我现在是船东了！刚开始时，一位私人银行家帮我为这艘船进行了部分融资，我同他谈了话。他向我表示了祝贺，并给了我一条我永远都不会忘记的建议。他说，‘今天你是一个幸运儿。如果我是你，我会走到街上去，给我看到的第一个可怜的家伙100美元。只为感谢上帝今天给予的帮助’。我觉得这是一个很好的建议。当我穿过街道走回家时，有个可怜的家伙坐在那里。我从钱包里掏出100美元给了他。那可怜的家伙很困惑地看着我。”奥芬亲切地微笑了一下。

由于船舶没有雇用人员，奥芬与一个朋友（他的父亲管理着一家轮船公司）合作并挑选船员。他解释道：“仅为了一艘船来亲自做这件事情是没有太大意义的。”

但有一件事确实是奥芬想亲自去做的，那就是前往美国注册自己的第一艘船。“太棒了！我还没去过美国。利比里亚登记处在纽约，我想亲自去那里注册，”他说，“当我开车从家里去机场的时候，心中百感交集。我太兴奋了。我坐的经济舱。这在当时是一件大事，因为那时候人们不像现在这样经常坐飞机。在飞机上，全程只有一个念头反复萦绕在我的脑海里——我马上就要到纽约了！我降落在了伊德万尔德机场，也就是现在的JFK机场，然后乘出租车去了沃尔多夫–阿斯托里亚，在那里住下了。”

他怀旧地微笑着：“当时的感觉至今我仍清晰地记得，我傍晚时分抵达，办理酒店入住后沿着公园大道散步。我看到了所有那些商店、咖啡厅和行人，我想这里的每个人肯定都知道我是刚从德国来的吧。”他笑着说：“当然，没有人看我。我一定看起来像个外地人，他们根本不会留意我。我买了一个汉堡，然后在公园大道上走来走去。周围所有的摩天大楼都亮灯了。我看着这些灯光，然后对自己说，如果有一个地方要被当作世界的中心，那一定就是这里。那感觉真的是棒极了。当时的我还很年轻。”

第二天，奥芬走进了利比里亚登记处，提交了必要的申请文件。现在他是正式的船东了。他的公司，瑞德雷·克劳斯-彼得·奥芬，在利比里亚正式成立了，并颁发了特许执照。

公司正式成立的第一年，奥芬与德国当地银行联合西方银行（Vereins- und Westbank）的一位首席经理进行了密切的接触。他告诉奥芬，他们银行的一些主要私人客户正在寻求投资机会。"因为父亲的缘故，我的家族比较有名气，于是我和这些投资者见了面。他们对我有信心。依靠他们的投资，我得以购买六艘船。这些船的规模是我第一艘船的两倍。"

有了更大的船只，奥芬就可以获得更多的收入从而继续扩充他的船队。"所以我又陆续从当时一些众所周知的海运公司，比如赫伯罗特（Hapag-Lloyd），买了有着 6 年、10 年、12 年船龄的船只，每艘都是近 7000 载重吨的货船。"他说，"买船的时机非常好，因为危机时船价很低，非常类似今天的情况。我经营着这些船舶，也会把他们出租给班轮公司。那时有很多班轮公司，比现在多得多。你会发现当时大约有 200 家公司在经营船只。而如今，世界上只有 20 家到 30 家这样的公司了。"

租金回升很高，奥芬可以每两个月向他的投资者支付 20% 的股利。"我们一年付了 120% 的股利，"他笑着说，"这些船是在市场处于最低谷的时候买的，当时，费率在每天 3000 美元至 4000 美元之间。突然间，它们涨到了每天 12000 美元，但投资价格仍然很低。"

三年里奥芬支付了这些巨额的股利。三年后，他有一种预感，普通货物贸易会慢慢走向尾声，而集装箱很可能会成为未来的海上运输技术，所以他卖掉了这些船。"我们得到了丰厚的报价，并以买进价三倍左右的价格卖掉了它们，所以突然间，我们成了一家相当富有的公司，而公司只有三年的历史！"

奥芬在一家德国造船厂首次订购了 6 艘集装箱船，这样的购船量在 20 世纪 70 年代中期是一个巨大的飞跃，费用是 2 亿美元。"这支船队被认为是当时最现代化和规模最大的不定期货船。他们是 600 个 TEU（标准箱）容量的小型船舶，"他轻声笑着说，"放到今天来看，它们非常非常小，你会称它们为'沿海贸易船'。"

这些船分别于 1978 年和 1979 年交付，而后他把这些船出租给了各种班轮公司，主要是位于挪威的伊瓦兰航运公司。正是其贸易路线吸引了奥芬。"他们是南北美洲之间非常重要的承运人。”他解释说，“他们从美国东海岸航行到南美。我觉得这两个地方都很有意思，所以我好几次随船从纽约沿着东海岸一路南下到了巴西和阿根廷。”

多年来，公司不断发展壮大。这 6 艘新造船完成了交付并被租出。奥芬又买了一些二手船，并订购了更多的新船。在 20 世纪 80 年代和 90 年代，公司稳步发展成了德国造船业最大的商业客户。“那些年，我们在德国船厂订购的船只是最多的，所以我们发展得真的很快。”奥芬说，“然而，在 2000 年左右，我发现德国的航运业出现了很大的问题，并且我看到亚洲公司正取得巨大的进步，尤其是韩国。之后我开始在韩国订购第一批船。目前为止，我已确定至少订购了 120 艘船。我们如今可能是韩国造船业最大的客户之一。”

从 2004 年到 2007 年，奥芬为寻找更多的发展机会，订购了非常大的船舶，装载量高达 14000 个 TEU（标准箱），它们在当时是世界上最大的在建船舶。“我把它们出租给主要的班轮公司，如马士基航运有限公司、日内瓦地中海航运公司（MSC Geneva）和法国达飞海运集团（CMA-CGM）。”他说，“我们订购的那些船拥有长期租约，这在很大程度上帮助我们在当前的航运危机中存活了下来。”

生日“快乐”

2008 年，奥芬准备在 9 月 15 日庆祝他的 65 岁生日。正是这个时候，意想不到的事情发生了。美国雷曼兄弟公司（Lehman Brothers）申请破产，全球市场陷入一片混乱。道琼斯指数收跌 500 多点（−4.4%），这是自 2001 年“9・11”事件以来单日最大的跌幅。2008 年 9 月 29 日，股市进一步暴跌（−7.0%）。

“不得不说，那是我度过的最昂贵的生日。”奥芬平静地说，“那不是一个愉快的日子。在那天，你不知道接下来会发生什么。”

奥芬知道雷曼兄弟破产会给全球经济带来长期的损失。他看了一眼订单簿，发现大约还有 40 艘船会在 2008 年到 2012 年之间交付。

“幸运的是，大多数船都以中长期租约的形式租出。但是投资总额非常大，大约要支付给造船厂 40 亿美元。我们有信贷融资，但是没有股权融资。其中很多船舶原本打算通过德国 KG 模式来融资。”

由于公司不是股本发行商，奥芬需要与两家金融机构合作来进行股权融资：MPC 资本（MPC Capital）和科雷亚尔（CoReal）。前者是当时德国市场的龙头，后者是德国商业银行的全资子公司。这两家公司都给他的公司提供了担保。“科雷亚尔付清了所有它需要支付的，大约三四亿美元，所以那些船得到了 100% 的融资。但是我们另一个合作方，MPC 资本，没有足够的资金来应付如此严重的灾难，所以我们不得不与造船厂进行交涉，讨论如何解决这个股权问题。”奥芬说。

“他们都迫切需要这些订单，因为如果这些订单交易失败了，他们也将出现巨大的问题。所以我们一起讨论并提出解决方案。”

最后，奥芬同意签下这些订单。“这些船得接着造，尤其因为他们都有着非常好的长期租约，最长可到 2027 年。并且，从商业角度来看，我们需要建造新船来维持租约。”

奥芬同意提供部分资金来完成这些订单。绝大部分资金是以船厂提供的长期卖方信贷来筹措的，所以奥芬可以在船舶完工后全部接收他订购的 42 艘船。奥芬承认他们很好地克服了金融危机带来的困难。“可惜的是，我的许多同行因为无法集中资金而导致船舶的交付被再三延迟。”

在经济周期的低谷中成长

2010 年上半年，航运市场已经稳定了下来，货运量正在逐步恢复。私募股权公司和对冲基金的新“赌资”的注入增加了乐观情绪：最坏的情况已经过去了，市场和全球经济将恢复到雷曼兄弟倒闭前的水平。私募股权公司和对冲基金开始与像奥芬这样的同业者一起订购船舶。

“在雷曼兄弟倒闭之前，市场每年增长 12% 或者 14%。”奥芬说，“业内人士分析指出，如果这种增长量得以恢复，那么船舶市场将会供不应求，所以订单量会再次上升。”

但是经济增长并没有达到预期。全球化和集装箱化从来没有恢复到危机前的水平。“我们的增长率远不及 12%，而只有 2%、3%、4%。因此除了新船订单过剩外，所有人都在抢占市场份额。造船价格急剧下跌，所以订购船舶变得更加有吸引力，所以零利率的资金遍地都是，订单就这样堆积起来了。”

廉价资金和廉价船舶造成了航运业前所未有的供过于求的局面。到 2015 年底，市场意识到了严重的产能过剩，新造船不得不被闲置，还有大量的船舶以降低 80% 的租金在运营。“2016 年和 2017 年，几乎没有新的订单，但是仍然有过多的船舶尚未交付。”奥芬说。

尽管航运业面临着挑战，奥芬的公司还是不断壮大。他意识到需要有一个更好的组织架构来运营他的流动资产。“我们有大量的集装箱船、油轮和散货船，”他说，“所以我们决定把每个独立的公司集中在一起，并把我拥有的子公司都分离开。重组之后，我就有了不同的管理团队来经营每个分支。曾经的控股公司——CPO 控股——现在成为了母公司，我作为母公司总裁，已不再管理任何子公司。这是我们向前迈进的一大步，使我们能够进入国际金融市场。”

奥芬敢于冒险抓住机遇的动力源自他在体育运动中的竞争意识。“我年轻时踢过足球，也经常打网球。我还打过锦标赛，水平相当不错，但是后来我在打网球的时候伤了膝盖，我的半月板被完全切除了，因而终结了我的网球生涯。”

球鞋和球拍被束之高阁之后，奥芬转而开始一项新的运动来满足他对竞争的渴望和对水的激情：帆船航行。二十年前作为一种爱好开始的帆船航行，现在已经变成他一个成功的副业。奥芬是一个敏锐的驾驶员，他拥有一艘 Y3K 沃利赛艇（Wally Yacht），曾经在地中海完成了超级帆船赛（Maxi Events）。“就像航运业一样，关键在于组建合适的团队；为了共同的夺冠目标，我把赛艇船员召集起来、团结一致。”

奥芬选船员时看重的品质跟选择航运管理团队时所看重的品质相似。“你需要顶尖的人才，而且他们必须能够独立作决策，不管是为了公司，还是在赛艇上。”

这些领导才能也为奥芬的赛艇队伍带来了成功。他和他的队员们赢得了 2005 年、2009 年、2010 年和 2011 年的劳力士超级帆船杯（the Maxi Yacht Rolex Cup）冠军。从 2006 年开始，他便一直担任国际超级帆船协会（IMA）的主席。

德国并购

任何一个行业建立之时，强大的领导力都是必备条件。德国航运的兴衰史可以追溯到 19 世纪初，当时凯撒·威廉二世（Kaiser Wilhelm II）着手把德国打造成世界领先的航运强国。自那以后，德国航运业经历了几度沉浮。

雷曼兄弟破产后的吨位过剩蔓延到了集装箱领域。2014 年到 2016 年，20 家最大的集装箱船运营商缩减为约 12 家。急剧下跌的运费率和 2017 年韩国韩进海运公司的破产，给这个行业带来了一场风暴，也令德国的银行和投资者困扰不已。据德国船东协会统计，他们大约拥有世界上 21% 的集装箱船队。[1]

尽管行业面临挑战并出现了航运精英沦为危机受害者的头条新闻，但这反而激发了奥芬的企业家精神。“危机中总会有人遭受损失，但危机也提供了一个开启新业务或扩张的机遇。我决定，就在此时扩张我的企业。”他说。

2017 年 3 月 9 日，奥芬的私人公司——奥芬集团，宣布收购总部位于慕尼黑的康蒂集团（Conti Group）计划。“它是德国经营良好的公司之一，也是一家运营稳健的公司。这是一家大公司，同时，这也是为我们未来创造更广阔基础而向前迈进的一大步。”

奥芬表示，他们的航运收购狂潮还没有结束。这表明他们还在考虑其他的几家公司以进一步扩大其市场份额。

康蒂集团收购案向市场发出了信号，那预示着德国航运业的整合才刚刚开始。即使伴随着货运量的反弹以及正面的复苏迹象，但是亚洲到欧洲贸易的运费率依然保持在盈亏平衡水平，这也加剧了行业的压力。2017 年 5 月 23 日宣布并购康蒂集团之后，赫伯罗特公司（Hapag-Lloyd）和阿拉伯联合航运公司（USAC）也宣布合并。赫伯罗特告诉华尔街分析师，合并后将裁减 12% 的陆上雇员，已经缩减的海上雇员也将再次遭受裁员。

航运业不景气的浪潮持续到了 2017 年 6 月，给业界造成了巨大冲击。2017 年 6 月 2 日，德国第三大航运公司瑞克麦斯控股公司申请破产。“瑞克麦斯被视为航运业的王室贵族，”纽约卡拉察斯海事咨询公司的首席执行官巴西勒·卡拉察斯（Basil Karatzas）说，“看到他们申请破产就像看到国王被废黜一样。”[2]

这个头条新闻使航运市场弥漫着压抑的情绪，但是对奥芬来说，却激发了他收购的欲望。“这种整合将会持续，这是一个充满机遇的时刻。”他强调说，“我的同行中没有多少人有足够的财力来进行合并或者收购。大多数人都承受着很大的压力。所以我正在努力利用好这种现状。我们目前相当宽裕，并且我们正努力在这段时间内壮大公司，有望在危机后变得更加强大。”

奥芬继续说道，壮大一家公司时，时机是非常重要的。“收购康蒂集团之后，我们在集装箱船租赁规模方面重回世界第二，仅次于西斯班公司（Seaspan）。在这个领域，我感到如鱼得水。”他说，“现在的时机对我来说非常好。我们在 2015 年 8 月以每艘 1900 万美元的价格卖出了两艘船，那是从价值约 4000 万美元或 5000 万美元跌到这个地步的时候卖的。尽管跌到了 1900 万美元，但是它们曾经签订了比较合适的租约，所以我们还是以微薄的利润卖出。相比于以 4000 万美元或 5000 万美元的价格出售，我们确实损失了利润，但是我感觉我们还没有走到尽头。你不知道何时会触底，你也不知道何时会登顶。我们相信自己对所在领域市场的了解，那会让我对所作的决定感到开心。”

为下一次危机制定战略

“在我们这个市场，危机会带来许多机会。”奥芬说，“所以目前我专注于看到的机会，因为我感觉下一次危机即将浮出水面。可能会有一段短暂的复苏期，但现在断言这是长期的复苏或只是短暂的调整还为时尚早。”

奥芬迎接下一次危机的部分策略就是当下以低廉的价格购买二手船。“只要你得到比较新的船舶，比如 10 年船龄的船，这可能是个好的投资机会，因为这些船舶的技术寿命可以达到 20 年甚至 30 年。此时订购新船，我会说，仍然是个巨大的风险，除非你有长期租约在手，但这是不容易得到的。”

金融危机以来，奥芬说他很少看到承租人签订 10 年或 15 年的长期租约。

相反，大公司更专注于自己为船舶融资，或通过中国的融资租赁公司、或者远东融资基金，来获得廉价而有效的融资。美国和欧洲的银行融资量已急剧减少，因为它们无法与亚洲银行的残酷融资条款相竞争。这巨额的风险使他们无法签下合约。

“我不确定航运市场的形势是否会恢复到雷曼危机之前的水平，但我认为我们需要为如何成长提出新的想法。也许我们必须做 40 年前做过的事情：廉价购买旧船，持有一段时间，然后在盈利时卖掉。但这绝对没有保障——很可能会亏本卖。购买廉价船只并不总是意味着你会赚钱，因为如果市场进一步下跌，看似低廉的价格可能仍然太高。”奥芬说。

“没有人会告诉你这是买船的好时候，也没有人会告诉你这是卖船的好时候，这使得船东的生活变得十分有趣。你需要具备很多关于国际市场的知识和经验，是的，但是你要有胆量说出来这正是买船或卖船的好时机，或者这正是我想买或卖的船。”

传承

“自 1971 年成立以来，我就一直在发展这家公司，并且我也将会一直专注于公司的发展。这就好比逆水行舟，不进则退。”奥芬以富有感染力的激情说道，“这就是为什么我现在还在做这件事情，这也是为什么我至少在接下来的两三年内都不打算退休的原因。”

奥芬承认有一天他会把公司移交给他的继任者，他说他明白继任者可能会比自己更加谨慎。“企业家是驱动公司的主要引擎。用自己的钱总比用别人的钱要容易得多，因为你不想让他们蒙受损失，但是我认为机遇总是意味着承担风险。”

回想起自己的职业生涯时，他面带灿烂的微笑向前倾身，一声浅浅的叹息后，一个温柔的微笑出现了。“我这辈子很幸运，”他若有所思地说着，“有时候，帮助运气不那么好的人是做好事。所以，我一直想着去帮助别人。只要我可以，我就会去做。我认为如果你跟我一样幸运的话，你也需要将一部分好运赠予其他人。”

[1] 德国船东协会。http://www.reederverband.de。

[2] William Wilkes and Costas Paris, “German Shipping Firm Rickmers Files for Bankruptcy,” The Wall Street Journal, June 4, 2017.

Chapter 7

将不可能变为可能

赵锡成博士与女儿赵安吉

赵锡成博士（Dr. James S.C. Chao）

赵锡成在中国大陆学习航运，于1949年完成了大学课程，后迁往台湾。直到29岁那年，他成为了一名远洋船长。而后在1958年他以历史最高分通过了甲级船长特种考试，因此得到了去美国深造的机会。1964年，他在纽约成立了福茂集团，至今依然担任着集团的荣誉主席。长期以来，他提倡将环保设计与技术应用于现代船舶。2004年他在美国入选联合国国际海事名人录。此外，几十年来，他还受聘于美国圣约翰大学董事会，担任顾问、客座教授及校董，以及交通大学在美洲的校友会和美国校友基金会理事长。

赵锡成因其专业成就以及对社会作出的杰出贡献获得的业界认可和诸多奖项不胜枚举，其中包括：奥尔杰杰出美国人奖、圣约翰荣誉勋章、尼亚加拉大学法学荣誉博士学位、尼雅克学院文学荣誉博士学位，以及其他中美各类机构因认可其个人及其妻子和家庭所作出的突出贡献而授予的诸多终身成就奖。同时，赵锡成担任赵氏家族基金会理事长，他与其已故的夫人赵朱木兰女士（Ruth Mu-Lan Chu Chao）曾为成千上万在美国和中国的莘莘学子提供奖学金资助。

赵安吉（Angela Chao）

赵安吉除了是国际交通航运企业福茂集团的董事长兼执行总裁外，还是一位活跃的慈善家，同时也是赵氏家族慈善机构之一福茂基金的理事长、多个国际机构的董事会成员。她仅用了三年时间就以优异的成绩获得了哈佛大学经济学极优等学士学位。毕业后，赵安吉进入投资银行业，在史密丝邦尼（Smith Barney，现为摩根士丹利美邦）从事并购业务。她出版的图书和撰写的论文涉及经济学、国际贸易、金融，以及教育。

牢记自己能够掌控什么，有益于自己在经历航运周期的任何阶段时保持洞察力。

对人要彬彬有礼。携荣誉与尊重生活，生活终将给予你回报。

混乱的战争时期，人们面临着生死攸关的选择：要么让自己的精神屈服并坠入毁灭；要么不断超越，用充满希望、爱的精神鼓励自己并打破战争的枷锁，自在翱翔。这些拥有不朽精神的幸存者以永恒不变、全新、感恩的目光注视着人生，总是在寻找方法使世界变得比他们所发现的更美好，而不是为了追名逐利。

赵锡成博士是美国福茂集团（Foremost Group）的名誉董事长，经历过列强入侵中国、第二次世界大战和中国内战时期，赵锡成从他的父母，即曾任某学校校长的赵以仁和赵许月琴那里认识到，良好的教育十分必要，他将其称为“生活的工具箱”。

学生时代，赵锡成在初、高中阶段，以及在上海最好的大学之一读书期间，均获得过奖学金。赵锡成不仅在学业中表现优异，还是一位校运动员并担任校篮球和足球队的队长。他尤其喜爱打乒乓球。“我在上海读书期间曾夺得了三年的校乒乓球冠军。由于中美两国是通过乒乓球开始建立的新外交关系，现在每个人都知道了乒乓球。战争期间，我们失去了一切，”他解释说，“但我们仍然可以打乒乓球，因为你只需要一个球和球拍。我们在街头打乒乓球。这是项简单的运动。这也是乒乓球会如此受欢迎的原因。”

在几十年的战争对国家造成破坏前，赵锡成出生在一个繁荣的农村。他们一家人居住在种植着水稻、小麦和棉花的村庄里。战争中，他们唯一能种植的作物就是马铃薯，因为马铃薯生长在最贫瘠的土地里。“相对而言，我的家庭比其他人过得好，”赵锡成说，“我的祖父是一名医生，所以他的病人有时会给他一些大米作为报酬。我们对此都很感激。但即便如此，我们家也并不是每天都有粮食。有时候我们吃了午饭，就不知道是否会有晚饭。我们会喝很多粥。因为加了水，一碗米饭就能煮成三碗粥。值得庆幸的是，我们还有盐。这是我们食物的主要调味料。”

战争导致卫生系统被毁坏，流行病爆发。病魔带走了曾和他一起玩耍的同伴们的生命——他们分别是 7 岁和 13 岁。“这令人非常难过，”赵锡成轻声说，“我们幸存下来是因为我们有很棒的父母，他们教导我们要充满希望相信明天会更好，”他强调说，“他们重视教育。无论生活多么艰难——食物匮乏、炸弹轰炸以及疾病侵袭——我们不曾也不会忘记教育的重要性。”

赵锡成的父亲赵以仁是一名教师，他为农村地区的孩子们提供教育。1940 年，赵以仁秉持“以教育救国”的理想，他把私人住宅作为教室，创办了一所私立学校——立丰村小学，并担任校长。

为了能在更大的城市上学，赵锡成参加了大学入学考试，最终考入了上海的学校。这得益于他父亲的指导。

赵锡成记得晚上学习的时候，仅仅依靠一盏放着一根燃烧着的灯芯的油灯散发的微弱而摇曳的光来阅读课本。冬天天气严寒，蘸毛笔的墨水就会结冰。夏天，在他学习时，蚊子总围绕在他周围试图叮咬他。他尤其感激那些能够在他学习的时候提供光亮的月圆之夜。

几经努力，赵锡成通过了考试并就读于上海交通大学。在这段时间里，许多富有的家庭为躲避内战搬至上海。流离失所的少女朱木兰（Ruth Mu-Lan Chu）也在其中。“我们第一次见面时，她很害羞。她假装不知道我是谁，但是我知道她认识我。因为她的朋友告诉她，我在学校是一个有名的乒乓球运动员，”赵博士笑着说，“我和她说话的时候，她会脸红。因为在那个年代，年轻男女在没有父母监督的情况下进行社交活动是不寻常的。”他笑了起来，“朱小姐是一个端庄的姑娘。她也很漂亮。当她和你讲话的时候，她会让你感觉到她很特别。我不想和其他姑娘约会或结婚，我只想和她在一起。”

赵锡成担心他们不同的社会背景会成为他追求朱小姐的阻碍。“我是个农村小伙子，而朱小姐则来自一个富裕的城市家庭，”他说，“我知道我必须先完成学业，然后找一份好工作，这样她的父母才会以我为豪。我知道航海专业毕业生的前途是光明的，因为那时中国总体上是贫穷的，而所有海员均按国际标准赚取薪金。”他解释道，“这极具吸引力。”

赵锡成对航运业并不陌生。他的血液里流淌着航运基因。“我的两个叔叔都是船长，”他说，“他们从未出过事故，我的叔叔赵以忠（Yi Chun Chao）在海上度过了五十多年的岁月！我为他感到骄傲，并且由此对航运产生了兴趣。航运业真是一个令人激动人心的行业。我想这就是我的动力所在。”

航运也给这个在小村庄里长大的赵锡成带来了一个难得的机会：看看这个世界。“相对而言，在我那个年代，经济压力很大，特别是在远东地区，许多企业仍不成熟。在航海时，你便有机会乘船去许多有趣的地方旅行。”

因此，赵锡成在上海交通大学决意攻读航海专业的本科学位。“为了拿到毕业证书，我必须登船航行，从而积累一些航海经验，”他回忆道，“我在 1949 年 5 月底离开上海。我父亲从农村赶到码头为我送行。我想两周后就能够见到他。但我根本不知道那会是我最后一次见他。”

赵锡成在海上时，政权发生了改变。赵锡成的船转而向台湾航行，他人生的新篇章即将展开。

千里之行，始于足下。

——中国谚语

“当我到达台湾时，那里一片混乱，”赵锡成说，“数百万的大陆人来到这个岛上。住房、食物和工作都很缺乏，同时我也在寻找我的第一份工作。我发现我唯一能找到的工作就是做一些人们不愿意做的事情，那个时候，没有人想要从事航运。你要去的港口可能在战区，这很危险，”他解释道，“但我想，如果我有机会表现出自己愿意作出牺牲，我就能得到工作。”

这一策略得到了回报。赵锡成被雇用在一艘商船上做见习驾驶员，并且很快晋升为二副。“我愿意牺牲，但另一方面，我仍在努力让自己有所作为。”赵锡成的职位不断提升，在他 29 岁生日的时候，他成为了船长——是当时全球最年轻的远洋船长之一。

赵锡成不出海时，就一直在寻找他“一生的挚爱”——朱木兰小姐。他的船被炸弹毁坏后送进干船坞修理，在那特殊的四个月里，他在台湾到处寻找她。经过两年的寻找，他终于找到了朱小姐。“我很高兴，”他回忆道，脸上带着温暖的微笑，“我生命中的空白终于被填补了。”1951 年 11 月 12 日，他和朱小姐结婚了。

赵锡成的事业蒸蒸日上。“虽然船东信任我、喜欢我，并且任命我为船长，但我的薪水比大副还要低，”赵锡成说，“在 20 世纪 50 年代，船长的月薪约 400 美元。在中国，400 美元是一大笔钱。但是船东只给了我 180 美元。”但是赵锡成并不介意得到低于正常工资一半的薪水；他很高兴有机会证明自己。

尽管赵锡成取得了种种成功，但他却有更高的期望：1958 年，在他 30 岁时参加了船长考试。“那时，成绩在报纸上刊登。这是一份公告。谢天谢地，我正打算看我是否通过考试时，我发现我的名字列在名单的首位。”赵锡成还发现，他的成绩是至今为止最高的 —— 这一纪录尚未被打破。

赵锡成以优异的船长考试成绩，得到了去美国留学的机会。那时，他和朱木兰已有两个女儿，赵小兰（Elaine）和赵小琴（Jeanette），并且正盼望着第三个孩子的到来。这是一次追求职业生涯又一春的机会，可以使他的家庭过上更好的生活。然而，每年允许进入美国的中国移民的配额限制意味着他的家人无法和他一起去。对年轻的赵家来说，这是一个艰难的决定。朱木兰鼓励他前往美国，那时她怀着 7 个月的身孕。“木兰是我的支柱，”赵锡成深情回忆道，“她是不断支撑着我的力量源泉。”

“我的父亲带着他的梦想只身前往美国，”赵锡成六个女儿中最小的一个，赵安吉说，“他想要建立自己的事业和生活，这样他就能把母亲和姐姐们一起带去美国。”

“当我到达美国时，我满怀激情，”赵锡成回忆道，“我听说美国非常慷慨，有很好的工作机会。我来的时候没有钱，但这并不能阻止我。”他说，“我必须生存下来”。木兰每天写信鼓励并且安慰他。“她告诉我，我的果断、决心、创造力以及勤奋，会使不可能变为可能。”赵锡成说。

“中国有句谚语，”他补充道，“有志者事竟成。也就是说，如果你有信心，如果你努力，老天是不会辜负你的，你会达成你的目标。我想这就是福茂集团的故事。”

美国的生活

赵锡成知道，如果他有更高的学历，找工作会更容易。然而，由于他在美国无法取得在上海交通大学的成绩单，不得不重修许多本科课程。但是赵锡成并没有浪费那些年的时间，而把它看成是更多了解自己新家园的机会。

“被迫重修许多本科课程巩固了我的基础知识，”赵锡成解释说，“我学习了普通法。我了解了美国政府。这便于我接触到我需要接触的人，也更容易了解为了我的事业发展而需要接触的政府机构。事实上，”他回忆道，“我的生意正是从与美国政府的合同开始的。”

1961 年，赵锡成在美国纽约皇后区的圣约翰大学攻读管理学硕士。同年，他和他的家人在分别了近三年后重聚；这是他第一次见到他两岁半的女儿赵小美（May）。

“我很清楚地记得在美国见到父亲时的情景，”赵小美回忆道，“我当时觉得他是一个特别随和的人，他让我的母亲非常开心，眉眼之间满是笑意。”

1964 年，赵锡成从圣约翰大学毕业，创立了美国福茂集团（Foremost Group）。当时，纽约市有一百多家航运公司。福茂集团当时规模小，但是并没有阻碍赵锡成进行竞争。“由于航运公司数量众多，电话公司专门为航运业制作了一本电话簿！”他说，“我试图在其中找到福茂，但却没有。我检查了第二版电话簿，我们集团仍不在其列。”

后来，赵锡成的女儿赵小甫（Christine）在还很小的时候问他，福茂该如何脱颖而出。“我告诉她，‘你要有决心和信心摆脱困境。你必须相信你会成功’，”赵锡成说，“如今在纽约只有一两家航运公司。大多数已经消失或迁往康涅狄格州。福茂却依旧在纽约。”

这些年，随着赵小甫、赵小亭（Grace）、赵安吉（Angela）的出生，赵氏家族和福茂集团一起成长壮大。每个女儿在她们大学毕业或从商学院毕业后，都会进入福茂工作，看看自己是否有兴趣接手家族企业。“航运是个非常辛苦的行业，我想你必须要感兴趣才能在这个行业工作并应对挑战，”赵锡成说，“我不会强迫我的任何一个女儿去追求这份事业。我让她们自由地选择自己的道路，并且我认为这是一个很好的决定，因为她们每个人都取得了自己的成就。她们享受着自己的生活，也都做得很好。”赵锡成说道，声音里饱含着身为父亲的自豪感。

“我和我最小的女儿赵安吉开玩笑说，”赵锡成回忆道，“她是家里最小的女儿，就必须认真地考虑在福茂工作。”他停顿了一下，若有所思地补充道，“安吉小时候就对航运很感兴趣。她十分善良，她觉得应该帮助父母。”

赵安吉会在学校放假的时候陪着赵锡成去工作，亲眼目睹企业的内部运作。她很快就接受并理解了父母对福茂的愿景：成为世界领先的、值得信赖的服务供应商，并且成为全球贸易不可或缺的一部分。

撇开商业哲学不谈，赵安吉从她父亲那里学到的最重要的领导力经验之一不是在董事会，而是在家里。“在父亲所做的事情中，一个最令人不可思议的地方在于，”她说，“他总是将这一切归功于我母亲的爱与支持。他说如果没有母亲的爱与支持，他不可能实现他的目标。母亲没有和父亲一起上班，”她继续道，“但我的父亲总告诉我们，我母亲是他完全平等的伴侣。她是他的代言人，他的顾问。作为年轻的女儿，我们也渴望成为企业的一分子，并担负起这一宝贵的遗产。”

赵安吉在哈佛大学学习经济学，仅用了三年时间就以优异的成绩于 2001 年从哈佛商学院毕业，获得 MBA 学位。如今她是福茂集团的董事长兼首席执行官。在这个仍由男性主导的行业里，赵安吉将从父亲那里学到的经验牢记于心，书写出家族企业的新篇章。

> 所谓疯狂，就是反复地做同一件事情，却期待不同的结果。
>
> —— 阿尔伯特·爱因斯坦（Albert Einstein）

五十多年来，福茂集团经受了无数次航运周期的考验。企业在每个周期中所犯的最大错误之一就是误读了需求，订购了过多的新造船。在《海上帝国：缔造并扩

注：基于 1947 年至 1963 年的挪威航运新闻不定斯指数和 1964 年至 2016 年的美国海湾—日本谷物货运。每宗货物大小从 20 世纪 50 年代初的 10000 载重吨增加到 21 世纪的 55000 载重吨

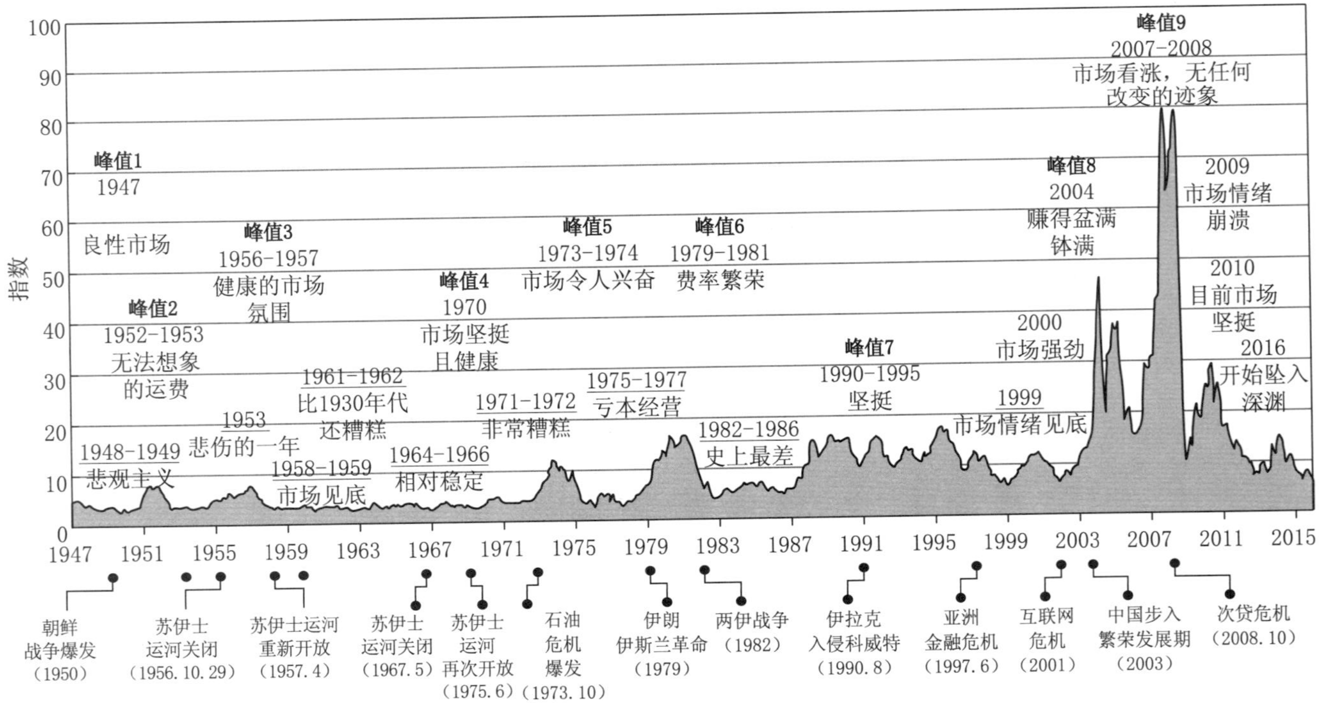

图 7-1 航运的兴衰周期

大自由贸易时代的船东和金融家们》一书中，德国交通信贷银行的达格芬·伦德（Dagfinn Lunde）认为不同的人会犯相同的错误，因为他们都以为自己比那些第一次犯这个错误的人更聪明。赵安吉极力避免自己也重蹈覆辙。

“在2016年经济低迷期，”赵安吉说，“我们看到无论是高收益债券、公共资金还是私募股权或对冲基金，都在以不同的方式犯着同一个错误。但也有许多所谓的‘来路不明的钱’流入，而航运不是一项资产融资业务，”她强调，“航运是关于人的，作为一名领导者，你必须有你自己的团队，了解团队、个人以及公司背后的人。是的，你必须表现自己，但也必须有人一直为你的产品和表现提供支持。”

自1964年创办福茂集团以来，该行业经历了许多繁荣与萧条的周期，新的资金不断进出这个行业。上图借用了马丁·斯托普福德为本书所作的后记中的内容，以说明福茂集团所经历的航运周期。

“每个航运周期都有其独特的特点，”赵锡成说，“我把它们分为3年、6年和9年。但现在我认为，这些周期发生得更快、影响也更深远。”

航运逆行者

赵锡成解释说，福茂集团成功的秘诀就是抓住了市场萧条时的机会。“当市场下跌，没有人想进入的时候，就是我们开始发展和扩张的时候。”他说，“在市场行

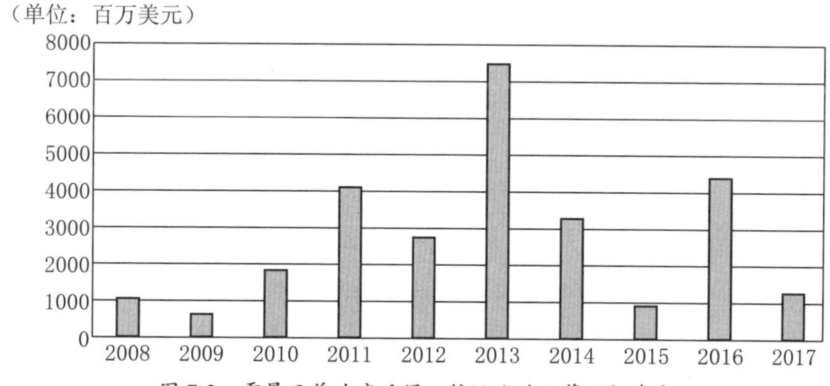

图7-2　雷曼兄弟破产后涌入航运业的私募股权资金

（来源：《海事金融》）

情好的时候，我们尽量保守。我们总是很明智地利用资金，从不投机。没有租约在手，我们是不会订船的。”

2008 年雷曼兄弟破产，引发了全球的抛售潮。之后，来自私募股权和对冲基金的新资金开始涌入航运业，以寻求投资回报。

“我们对此有很多担忧，因为对冲基金和私募股权并非长期参与者，”赵安吉说，“这些人没有决心去经历周期性衰退。航运不是那种你今天投资进去五年之后退出，赚到了钱然后就可以离开的行业，”她强调，“我们为全世界提供服务。这需要长期的眼光，因为这意味着当市场下行时，你必须要在那里。”

扼住命运的咽喉

福茂集团的战略计划一般是 5 年到 10 年，但这并不意味着不灵活。“如果有必要，可以每 6 个月修正一次，以解决当前环境下的问题，并提供方案以指导我们应对挑战，”赵安吉说，“你应该在低迷期而不是在高点的时候为了未来而成长。”

每个计划中都包含着处理贸易中断的策略。从天气到经济事件，很多中断都超出了行业的控制范围。但是通过采用适当的策略，公司可以帮助减轻这些中断所造成的影响。

福茂集团为了掌控自己的命运，策略之一就是建造自己的船舶。“人们总是去造船厂，讨价还价。我们建造自己的船舶，这样我们就可以定制它们，而不必把钱浪费在无谓的设计上。”赵锡成解释说。

福茂集团的船队载重量大约为 500 万载重吨，而且船龄都很小，平均船龄不超过 5 年。“一旦船舶到了一定的船龄之后，我们就按现状出售，”赵锡成说，“而且这样船舶就总是处于非常好的状态。”

这些船舶也因环保管理而闻名。赵锡成已经获得了许多奖项，以表彰他与福茂公司将环境友好型设计融入到船舶中所作出的贡献。他们很乐意带头与造船厂合作，设计出对环境敏感的功能。如果其他的船东认为福茂集团的设计起了作用，他们就会愿意在自己的船舶上也增加这些功能。

把握市场时机是一种愚蠢的游戏，但在市场中，时间就是你最大的自然优势。

——尼克·默里（Nick Murray）

自 1985 年波罗的海干散货运价指数（Baltic Dry Index，BDI）推出以来，就指出经济大幅下滑的趋势，从黑色星期一到互联网泡沫的破裂，再到 2008 年金融危机和美国大萧条。BDI 指数就像谚语中的“煤矿坑里的金丝雀”，它一直是全球贸易扩张和收缩的主要经济指标。不过，赵氏家族在经济衰退下规划他们的路线时，并不会指望经济数据和预测。“没有人可以掌控市场，我们也从不在市场上投机。”赵锡成强调。

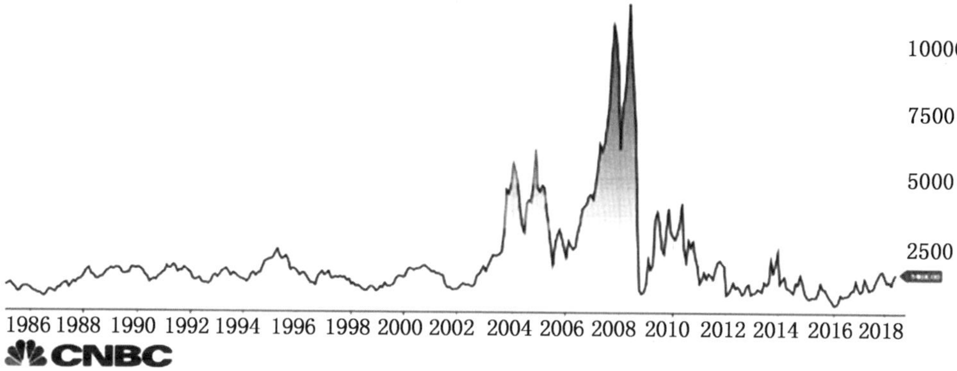

图 7-3 波罗的海干散货运价指数 1986—2018

（来源：CNBC）

“我们会进行对冲或者使用‘三脚凳法’（a three-legged stool approach）：即表现（以良好的船舶设计为后盾）、管理和技术来尝试降低风险。”赵安吉补充道。

福茂集团第一级别的租约分布在 5 年到 10 年之间。由于这种时效性，赵锡成解释说，交易对手的风险是公司面临的最大风险之一。降低这种风险的一种方法便是提高福茂集团合作伙伴的标准，并同租船合同错开。“有些是固定的，有些是浮动的，”赵锡成说道，“在整个船队范围内，我们通过租船合同管理市场风险。”

同任何周期一样，经济衰退会引发一波合并浪潮。赵安吉认为造船厂的减少是一种重新平衡并重塑造船业及其服务高标准、高质量的方法。“我认为这对该行业是有利的，”她说道，“有一些不符合标准的参与者就会被淘汰出局。”

在停滞时期，上市公司将利润视为资产负债表紧缩的结果。但是，一家公司无法单靠削减开支实现增长。计划需要始终就位并随时准备执行，以便公司在周期性的低谷中进行资本化。福茂一直坚持这样的策略。

“现在不是偷工减料的时候，也不是在船员开支或在船舶维护方面省钱的时候，”赵安吉说道，“实际上，这正是我们加倍下注的时候。我们投资船员，因为我们现在能够以更高的比率留住船员。我们可以让船舶长时间待在干船坞，因为机会成本较低，所以我们可以对所有的货舱喷砂。这样需要更多的钱，但正是在这样的艰难时期，我们才能为未来投资。这就是为什么我们还有一个可观的新造船订单簿的原因，这些新造船将在未来 2 年到 3 年内完工。”

对于赵锡成来说，牢记自己能够掌控什么，有益于自己在经历航运周期的任何阶段时刻保持洞察力。“我们总是扪心自问，我们真正能够控制的事有多少？老实说，答案是什么都没有。但有一件事情我们可以控制，那就是我们如何维持一支年轻而健康的船队，”他解释道，“我们可以增长得更快，但我们更愿意与一流的租船公司合作，如大型、信誉良好的粮食公司、矿业公司等，并以适当的速度增长，反映出我们对管理一个成功、负责任的船队的重视。”

福茂集团的一些租约可以追溯到 20 世纪 60 年代公司成立之初。这些长期合同中不乏一些世界顶级的一流租船公司，如商船三井（MOL）和邦吉（Bunge）公司。

“我们也会投资船员，”赵锡成说，“我们有非常完备且强大的船员发展计划。我们将他们从实习生培养为高级船员，直至船长。他们对公司极为忠诚。我们有些船员与我们一起共事超过 25 年。没有其他公司有过这样的历史。也没有人能与之抗衡。”

在公司成立 50 周年之际，为了感谢那些在公司工作了 10 年、15 年以及 20 年以上的员工，赵锡成给他们颁发了印有金制 FMC 标志的胸针，与他在自己翻领上戴的那枚一样。赵锡成和赵安吉为超过 200 名普通船员以及高级船员颁奖，以感谢他们长期以来的服务。

在一次简短的交流中，赵锡成和赵安吉阐述了“人力资本”的重要性。

“我们的普通船员和高级船员的培养是强化基础设施建设的一部分，以确保我们客户的货物得到及时妥善的处理和交付。”赵锡成说道。

“这需要几十年的管理关系，”赵安吉补充道，“例如，我们一直视为十年计划的船员政策，一位硕士毕业生在没有至少十年的培训和工作经验的情况下，你不能指望他在你的公司担任船长。”

紧接着，赵锡成补充道：“最重要的是，当一艘船进港时，无论是在远东地区还是在西半球，我们总会让我们的工作人员登船去看望船员，与他们交谈，了解他们的需求并帮助他们。赵安吉拜访一艘船时不只是打个招呼后就离开。她会像任何其他员工一样至少在船上留宿一晚，以确保所有的事情都能得到解决。”

“当父亲上船时，他就像一个摇滚明星，”赵安吉继续热情地说道，“全体船员列队向他致敬。我们没有要求他们这样做，但他就像一个活生生的传奇人物，他们只是想见见他并与他握手，”她自豪地说，“例如，我父亲的家乡——上海嘉定，有一道非常有名的豆腐料理。如果我们有一个来自嘉定的大厨，他会多做一些豆腐料理给我父亲带回家。我的意思是，这是我们船员自发的行为。他们真的很棒，所以你可以想象他们对待船会有多尽心。”

全球化：航运业的燃料

由于90%的世界贸易都是由国际航运业运输的，福茂集团是这个错综复杂网络的一部分，这个网络有超过50000艘在世界范围内运输货物和商品的商船和近17000艘运送煤炭、铁矿石和谷物的散货船，这些是一个国家为实现经济增长和繁荣的必需品。

> 一项好的贸易协定能让更多人受益而不是受伤害，并能够采取措施去限制这些伤害带来的负面影响。而一项糟糕的贸易协定则会让每个人都变得更穷，同时也会为好的贸易协定埋下祸根。
>
> ——伊恩·布雷默（Ian Bremmer），欧亚集团（Eurasia Group）总裁

《跨大西洋贸易与投资伙伴关系协定》(TTIP)和《跨太平洋伙伴关系协定》(TPP)的贸易协定对集装箱船的影响，要大于对福茂集团运输的诸如铁矿石、煤炭和谷物等大宗干散货的影响。不过，赵安吉强调，良好的贸易协定对世界经济的健康发展和增长至关重要。“我们并非生活在一个你可以成为孤立主义者的世界里。我们生活在一个相互联系、全球化的世界中，我们需要在前进的过程中接受这一点。航运显然与全球贸易息息相关——它就是全球贸易。”

“全球贸易离不开航运，航运亦推动着全球贸易的发展，”赵安吉继续说道，“通过贸易协定在各国之间架起桥梁，有助于促进不同文化、不同语言和不同人之间的理解。而贸易有助于增进理解并减少冲突。”

政治风险是一个现实问题。2016 年英国脱欧公投震惊世界。结果出炉后，全球市场暴跌。由于不清楚英国将如何应对，这在投资者和商界领袖中引发了一阵恐慌。

“我们生活在一个非常令人惊奇的时代，”赵安吉说，“由于航运是一项基本的国际业务，英国脱欧确实影响到了每个人。因为绝大部分航运业务适用英国法，并且英国在海运和海事传统上的地位举足轻重。”

“当你遇到类似英国脱欧这样的事件时，”她继续说，“你的租船合同或者保单之类的文件需要仔细审查。这也取决于你的船只在哪里进行交易，以及他们运载的货物是什么。”

赵安吉强调，世界正在发生变化，航运需要有足够的灵活性来应对这种变化。“看看哥伦比亚和平进程的影响吧，”她说，“现在，我们的船只又进入哥伦比亚开展贸易，煤炭从该国运出。看到诸如此类的进展真是令人兴奋。”

“通过研究一个国家的公共政策、贸易协定以及政府行为，你可以了解到不同地区的经济活动和增长情况。”赵锡成补充道。

学以致用

随着赵氏家族在美国的发展，他们愈加凸显其作为积极志愿者和慷慨捐助者的角色。赵锡成是交通大学校友会和交通大学美国校友基金会的理事长。“母亲在世时，她是父亲慈善事业的搭档，”这对夫妇的第五个女儿赵小亭说，“他们进行匿名捐赠，因为他们是谦逊的人，功成不居。”2007 年 8 月 2 日，朱木兰去世之后，赵锡成开始公开自己的慈善活动，以纪念妻子的一生和她的遗赠。

几年来，这个家族完成了多项慈善捐助，包括上海海事大学最先进的木兰航运仿真纪念中心和上海交通大学的赵朱木兰纪念馆。2016 年，哈佛大学设立了赵朱木兰中心，这是该校建校 380 年历史上第一座以女性和亚裔美国人名字命名的建筑。

赵锡成真正的财富来自他对家庭的忠诚且富有成就的爱（用哈佛大学对他的评价来讲：“这是最有成就和最杰出的亚裔美国家庭。”）；来自朋友和同龄人的敬重；来自他自身极好的名声以及他在 1964 年所创立的公司的卓越声誉。

“木兰是我一生的挚爱，”赵锡成说，“一切都归功于她。她相信我、鼓励我。有她在身边，我觉得我能够做任何事。我期望像她一样充满希望、乐观和信任的精神，能够成为激励未来的世界领袖。”

赵安吉说是父母的建议以及他们的生活方式帮助她和姐姐们成为了如今在各自领域的领导者。“当我父亲刚到美国时，他有浓重的中国口音。他是一个身无分文的移民者。他谁也不认识。为了找到工作，他通常都要比别人做得更好并且比别人更廉价。这就是为什么在我们小的时候，他会告诉我们两件事：第一，你必须成为有用的人。如果你是有用的人，你会形成自我的满足感和生产力。第二，如果有人给你工作，要心存感激。他们把这项工作托付给你，这意味着你有义务把工作做好。”

“我是在儒家哲学的熏陶下长大的，”赵锡成说，“对人要彬彬有礼。携荣誉与尊重生活，生活终将给予你回报。这就是我如何抚养我的女儿以及建立我的公司的。”

“我们现在确实需要更多这样的品格，”赵安吉补充道，“我们正遭受着这个世界上最根本的信任缺失。我相信这对每个人来说都是很好的建议。”

Chapter 8

自由贸易的捍卫者

格雷·迈特兰

格雷·迈特兰（Clay Maitland）

自1968年法学院毕业后，格雷·迈特兰就进入航运领域开始他的职业生涯。1969年至1974年，他被授予纽约州律师资格并在海事律师事务所执业。经历了在联合碳化物公司（Union Carbide Corporation）作为海事法律顾问的短暂任职之后，他于1976年加入了国际船舶登记股份有限公司（International Registries, Inc.，缩写为IRI）。当时，IRI公司管理着利比里亚船舶登记，而利比里亚是当时世界上船舶总吨位数量最大的国家。2000年前后，IRI与利比里亚分道扬镳，并开始管理马绍尔群岛船舶登记，目前已成为世界第三大注册处。现在，格雷·迈特兰不仅是IRI的董事兼所有者，同时也是纽约州立大学海事学院福特斯凯勒海事博物馆、美国商船学院的金斯波因特海事博物馆及海洋研究基金的董事，其中，海洋研究基金还兼顾着运营考察船“鹦鹉螺号”（Nautilus）。除此之外，他还担任着多个国际海事会议的代表，包括联合国海洋法会议和国际海事组织。格雷·迈特兰于2006年获得了纽约州立大学海事学院的文学荣誉博士学位，2010年被授予美国海岸警卫队杰出公共服务奖。此外，他还为进入航运业的学生捐赠了两项奖学金。

下个拐角处，时刻都是未知。

当前路坎坷时，坚强并坚持走下去。

每个行业总有那么一批人，他们的知识、成就和魅力远超其他人。在航运业，就有这样一位大师：国际船舶登记公司的管理合伙人格雷·迈特兰（Guy E.C. "Clay" Maitland），他在全球两大船舶登记公司工作过，为保障船员的权利和安全奔走，也为扩大和支持自由贸易发声，这些都为他赢得了无数美誉。如果你向健谈的迈特兰抛出一个简单的问题后坐下来，他会用他的回答为你开启一段有趣的旅程。

迈特兰于 1942 年 12 月 28 日出生于英格兰。他的母亲来自纽约，父亲是英国人，同时也是皇家空军轰炸机司令部的一名飞行员。1943 年 3 月，他的父亲连同他的 B-25 米切尔轰炸机一起失踪。"我在英格兰的童年记忆之一就是我 3 岁的时候和叔叔一起玩。他在萨里的韦布里奇用一台老式的割草机修剪家里的草坪。他会开玩笑地威胁着要撞倒我。"迈特兰笑着说，"当你很小的时候，也就只能记住这些片段。"

那段时间，就像所有在英格兰长大的孩子一样，战争中断了童年的简单快乐。"我依稀记得当我跑进我们家的防空洞时，磕破了头。当时，每家每户都有这样的防空洞，"迈特兰说道，"当时防空洞里竖着一把铁锹，而我直接撞了过去。因为那时我才 3 岁，个头不高，所以当我跑过去时，铁锹靠在墙上的位置恰好与我额头等高。从那以后，我的额头上就一直有个伤疤。"

当可以安全出行时，迈特兰和母亲于 1946 年乘坐"伊丽莎白女王号"邮轮前往美国。迈特兰说这艘船当时被漆成灰色，令人联想到第二次世界大战期间运送美国军队的"灰色鬼魂号"。"我在船上庆祝了我的第四个生日，那是我第一次吃冰激凌。"他回忆道，"战争时期的英国，冰激凌是吃不到的，也没有新鲜水果。我已经不记得那个冰激凌的口味了，只知道特别好吃。我们还在船上结识了一些有趣的人。"

初抵美国，迈特兰和母亲在她的家乡纽约州安顿下来。1950 年，她再婚嫁给了华尔特·萨克斯，并搬到纽黑文东部康涅狄格州的吉尔福德。"我的祖母教会我读书写字，”迈特兰说道，“虽然我没有在课堂上学习过，但当我在康涅狄格州开始上学时，我已经领先同学们大概两年的时间。”

1964年，迈特兰从哥伦比亚大学毕业，并获得学士学位，随后进入纽约大学法学院并于1968年毕业。他说他从事海商法相关的工作完全是一个意外。“我继父是高盛的合伙人，他对我说，不要进入华尔街。你既没有兴趣也没有资格。”

相反，他的继父引导他从事法律工作。“他在纽约的律师事务所里有一些朋友。于是他写了一封信给一个当时已经80岁左右的男人。他叫查尔斯·伯林厄姆，是海事律师事务所的一名合伙人。这家律师事务所位于百老汇25号，正对着华尔街大铜牛的位置。”

这家律师事务所因在“泰坦尼克号”案件中代理白星轮船公司而声名大震。

“我递交了申请，并不知道接下来会做什么，他们给了我一份工作。我后来发现那个给我工作的人曾和我继父一起在教堂的唱诗班唱歌，算是有些家庭渊源。”

不管是否有家庭渊源，迈特兰都没有不思进取，也没期望好运会降临到他头上。六年的时间里，他代理了多起货损案件的诉讼。“我为世界各地的船东辩护。”他说道，“海商法的应用范围很广。包括合同、货物、人身伤害、船舶登记，凡是你能想到的，海商法都会涉及。”当时的迈特兰还不知道，事务所的一家长期客户为他的未来开启了一扇门。

这家客户就是利比里亚船舶登记机构。“早在20世纪40年代，曾担任罗斯福国务卿的爱德华·斯特蒂纽斯（Edward Reilly Stettinius，Jr.）来到公司，要求他们为利比里亚起草海商法。公司完成了起草，并被利比里亚立法机构通过。从那时起，利比里亚船舶登记机构就成为了海事律师事务所的忠实客户。”

利比里亚船舶登记机构于1948年在利比里亚总统威廉·杜伯曼（William V.S. Tubman）的领导以及斯特蒂纽斯的指引下成立。1949年3月11日，第一艘商船“世界和平号”（World Peace）完成登记。

在迈特兰加入这家律师事务所的时候，利比里亚开放船舶登记监管的入籍船舶将近7500万总吨位，是世界上船舶总吨数最大的登记机构。[1]

“最终，我在利比里亚船舶登记机构工作，但当他们1974年给我提供工作时，我拒绝了。”

迈特兰离开海事律师事务所后，加入联合碳化物公司（因切尔诺贝利出名），成为一名海事法律顾问，但他待在这家公司的时间很短。“联合碳化物公司搬去了康涅狄格州的丹伯里市，因为我不想去那里。所以我辞职了。”

1976 年的一天，迈特兰与一位来自海事律师事务所的好友坐地铁上班。“他的名字叫法兰克·威斯沃尔（Frank Wiswall），”他回忆道，“他的岳父曾经直接为弗雷德·雷汀戈尔（Fred Leidinger）工作，后者是第二次世界大战期间斯特蒂纽斯的首席军事助理，现在负责管理利比里亚船舶登记机构。法兰克希望我去和雷汀戈尔谈谈。他会为他们工作，并说我也应该一起，于是我同意去见他。”

他仍然对这场会面记忆犹新。“那是在白宫对面的 Hay-Adams 酒店，”迈特兰说道，“雷汀戈尔给了我一份工作，让我做他的助理。后来事实证明，这段经历中，几乎所有的事情我都能接触到一些。”

20 世纪 70 年代后期，迈特兰担任纽约州的共和党代表，并在福特的总统竞选中表现活跃，但福特败给了吉米·卡特。随后在 1980 年，迈特兰又积极参与了里根的总统竞选。“他们确实邀请我到政府工作，但是是在海事管理机构。而我并不热衷于服务挂美国旗的商船队，也对公务员或政务官这类模式化工作不感兴趣。”

迈特兰拒绝了这个工作机会，专注于利比里亚船舶登记机构的工作。

1989 年，利比里亚第一次内战爆发。在这段时间，利比里亚严重依赖其海事基金的资金，这些资金占政府收入的 70%。[2]当内战的报道占据了报纸头条，迈特兰解释道，为消除恐惧并防止利比里亚银行（同属他们管理）挤兑，开展良好的公共关系活动就变得非常重要。

“我们希望在那里树立起更多的信心。这就是所谓的舒适度，”迈特兰说道，“如果你既不出名，也不显眼，那么你可能在信任危机面前不堪一击。如果你的客户看不到你，他们就不会认识你。如果你想拥有高度的信任和信心，你就需要去沟通。我们必须让每个人都了解在利比里亚发生的所有事情，另外我们不会关闭在利比里亚蒙罗维亚的商业银行。内战期间它会一直对外开放。”

除了战争因素之外，利比里亚还被来自巴拿马和洪都拉斯的开放登记机构夺走了部分市场份额，由此，利比里亚排名降至第二位。

“巴拿马的主要优势集中在日本、韩国和中国，”迈特兰解释道，“利比里亚却在那里失利。很大程度上是因为利比里亚在发展登记业务方面效率低下。巴拿马提供的服务快捷高效。如果你想在巴拿马注册一艘船，你可以来迈阿密起草文书。他们的法律可以快速修改以满足客户的需求。然而，按照利比里亚的操作方式，你必须通过政府，而这是一个大问题，因为利比里亚的议会几乎不开会。因此，为了满足潜在航运客户的需求而通过或修订新法律将耗时很多年。”

在利比里亚的动荡之外，迈特兰和他的同事们还看到了机会。1990 年，他们成立了国际船舶登记公司。很快，国际船舶登记公司就被新的联合国成员马绍尔群岛聘用，为其开发一项新的海事和企业项目。

马绍尔群岛的一大亮点是《自由联盟契约》。“这代表了马绍尔群岛有内政、外交自主权。”迈特兰说道，“我们喜欢马绍尔群岛是因为虽然它完全处于美国的控制之下，但它却是一个独立的国家。那里政务透明，因此也杜绝了腐败的滋生，它还是世界上唯一拥有美国邮政编码的海外国家！”

十年来，国际船舶登记公司同时管理着两个注册机构。“最后，出于多种原因，我们认识到无法继续开展利比里亚业务。因为我们开展登记业务的模式是：合同项下我方提供登记方的待付资金，并且我方负责运营登记机构。而利比里亚政府并不认同这一模式，它们想要自己运营，”迈特兰说道，“这是一个问题，因为在航运业，人们都想与认识的人打交道。”由于多年内战和政府的不稳定性，他继续说道：“我们凭直觉意识到，如果他们想要自己运营登记机构，我们就会因违反美国政府颁布的《反海外腐败法》(the Foreign Corrupt Practices Act) 而不得安宁。所以我们撤离了该地区，并把所有精力投入到马绍尔群岛上。”

利用马绍尔群岛的政务透明及其与贸易路线的契合度，国际船舶登记公司将马绍尔群岛登记处发展成为世界上按总吨数计最大的开放登记处。“约翰·弗雷德里克森 (John Fredriksen) 这样的业内人士对贸易路线感兴趣，”迈特兰说道，“他们一直都在寻求更为有利的诱导方式。他们需要对外界更为敏感。从我作为律师的角度来看，我可以说，你会希望通过船舶登记机构来实现法律的定期修订，以反映贷方需求。我们必须修改马绍尔群岛海事法规，以便我们可以实现这一点。效率非常关键。满足潜在客户需求的灵活性是我们获得竞争优势的原因。”

开放注册管理机构的捍卫者

马绍尔群岛登记处后期发展显著。虽然这对自由贸易有利，但当时有可能不会有如此大的发展。20 世纪 80 年代中期，当方便旗成为联合国贸易和发展会议（UNCTAD）及经济合作与发展组织（OECD）的攻击对象时，开放登记处也遭到抨击。“他们希望摆脱开放登记机构，以便他们可以建立自己的航运代理机构，并从中获益，”迈特兰说道，“但他们不知道的是，我们拥有英国和美国的支持，他们理解我们对全球贸易体系的价值和贡献。”

当时在日内瓦，美国总统罗纳德·里根和英国首相玛格丽特·撒切尔停止了对联合国贸易和发展会议的资助。

“我们对废除开放登记制度所持的反对立场得到了联合国大会的支持，所以这场角逐实际上一部分是在纽约进行的，”迈特兰说道，“对于安理会试图取消开放登记制度，美国和英国投票否决。这场政治角逐不仅仅在联合国大厅内进行，也在媒体上进行着。我们与媒体接触，接受了许多采访。你无法通过甜言蜜语让人们转变思维接受你的观点，而应向他们解释清楚他们的经济利益是否受到损害。我们的主要对手是欧洲国家和学者，他们希望通过建立一个联合国层面的超级机构，来管理国际航运事务，以获得更多的就业机会。他们会说方便旗是西方帝国主义的工具、西方统治的工具，”他继续说道，“如果他们成功了，方便旗被取消，等待他们的将是一败涂地，因为如此一来，运营开支将特别巨大。他们不了解开放登记处的商业效益。”

全球贸易的扩张以及地缘政治格局的演变

迈特兰很高兴地看到，在此后的十几年间，美国能源生产的进步创造了很多航运机遇。2017 年 6 月，特朗普政府的副新闻秘书萨拉·赫卡比·桑德斯（Sarah Huckabee Sanders）宣布，美国向北欧和中欧交付了第一批液化天然气。

“液化天然气的生产和出口改变了游戏规则，”迈特兰说道，“这意味着美国实现了节能，不再依赖石油输出国组织。由于琼斯法案（Jones Act）规定，挂美国旗的船只必须运输大宗商品或货物，因此沿海运输液化天然气对该类商船非常有利。我们正在逐渐培育我们的出口能力，为我们的欧洲贸易伙伴提供更多产品选择。如今，除了俄罗斯以外，他们有了新的液化天然气购买的渠道。”

美国液化天然气产量的增长以及水力压裂法的发明被誉为“美国能源独立的最大助力”。美国大陆资源公司董事长兼首席执行官哈罗德·哈姆等石油生产商称其为“地缘政治变革者”。

“事实上，目前尚不存在足以支持大规模迅速出口液化天然气的基础设施，”2014 年 3 月 26 日哈姆面对众议院外交事务委员会如是说，“如果我们想对如今的全球能源格局产生较快影响，我们可以立马开始出口原油，因为原油不像液化天然气那样对基础设施有诸多限制。”

如今，在特朗普总统的任期内，有两位拥有丰富航运知识和经验的内阁成员：商务部长威尔伯·罗斯（Wilbur Ross）和运输部长赵小兰（赵小兰家族坐拥散货船巨头福茂集团公司，而罗斯投资了液化天然气运输公司：导航控股有限责任公司，海事散货控股公司和钻石航运集团）。基于此，能源市场对未来出口液化天然气和美国石油所需的基础设施建设持乐观态度。

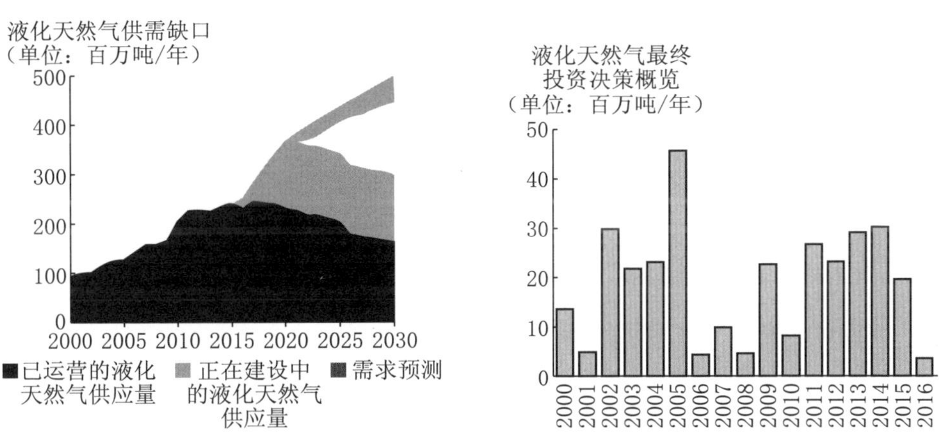

图 8-1　为满足 2020 年后需求增长所需的新一轮的液化天然气供给项目的最终投资决策（FIDs）

（来源：壳牌公司对伍德·麦肯兹 2016 年第四季度报告的解读）

（HIS、Poten、Gas Strategies 和 PFC）

液化天然气需求的前景呈上升趋势。根据壳牌的首份液化天然气展望报告，预计液化天然气的需求量每年将增长 4% 至 5%。

迈特兰大力支持挂美国旗的商船，认为该类船队的扩张具有渗透效应，并对自由贸易大有裨益。“我认为美国将生产大量天然气，并且也相信我们将拥有更多的岸上装置可以将天然气液化，并最终实现出口。我希望看到我们出口更多的液化天然气，我也希望看到这些液化天然气是通过挂美国旗的船舶进行出口。但我是一个现实主义者，做到这些尚需时日。美国政府多年来一直忽视我们的航运基础设施建设。液化天然气更便宜、更清洁，一旦我们拥有了基础设施，我想我们要尽力把它输送出去。”

2017 年 5 月，特朗普总统宣布与中国国家主席习近平达成一项贸易协定，双方将谈判签订长期合同，实现从美国进口液化天然气、牛肉和禽肉，这出乎市场预期。此前的贸易协定不允许液化天然气开发商直接接触中国企业。能源咨询公司伍德麦肯兹（Wood Mackenzie）估计，随着中国逐步淘汰煤炭的使用，到 2030 年中国对液化天然气的需求量将增加 3 倍，达到 7500 万吨，涉及金额将达到每年 260 亿美元。

“我们无从得知特朗普总统的这一待办事项会持续多久，但无论是否有特朗普总统，这项议程都可能会持续比较长的时间。他所偏好的事项与极左翼经济合作与发展组织所偏好的完全相反。我在自由贸易上与他没有分歧。最具讽刺意味的是，如今他一直谈论设置贸易壁垒，但我认为最终贸易壁垒会消除！”

战争与繁荣、萧条交替的航运周期

迈特兰和他在国际船舶登记处的合作伙伴都是美国海事学术机构的重要财政支持者。虽然他们对全球贸易扩张、美国能源独立，以及这些因素对挂美国旗商船所带来的帮助感到兴奋不已，但他们也担心这些船舶面对战争是否有足够的抗风险能力。“我们希望看到这些商船实现复兴，船只漆成灰色，具有足够的运输能力，”迈特兰说道，“我们需要军事海运能力，我们需要更多的美国海员。我们需要挂美国旗的船只，运输各种货物到远东地区，乃至世界其他地方。但所有这一切都被忽视了，并且任由其走向消亡。”

展望未来 5 年和 20 年，迈特兰表示，包括对冲基金和私募股权等新的资金参与方在内的整个行业都必须认识到，航运业繁荣与萧条周期中的大繁荣景象通常与战争有关。“无论是阿以冲突、第二次世界大战，还是发生在1740年英国与西班牙之间的詹金斯耳朵的战争，贸易都受到了影响，进而影响了航运，”他说道，“首先运费会暴涨，然后繁荣凸显。所以未来还会繁荣并且创造出巨额财富吗？答案是肯定的。”

事实与虚构

迈特兰将航运业描述为一个充满乐观主义者的行业。“我们一直相信我们会赚钱，明天的生意会比今天更好，”他笑着说，“正因为这种乐观态度，我们建造了太多船舶，有时也雇用了太多人。”

他继续说道，航运业不像其他行业。“与硅谷不同，硅谷的业务是以研究和计划为基础，而航运业仅仅依赖于它的信念。我们不做计划，我们认为没有必要为未来做任何准备。我们很少考虑下个月、下一年，甚至之后几年的事情。”

迈特兰说，航运业的基础不是未来会被发现和应用的技术，而是那些在船上工作的人。“对于我们马绍尔群岛船舶登记公司的人而言，我们的工作都是围绕海员展开。我们致力于保护他们的生命、安全和生活条件，提高他们的工资水平。”

海员的生活质量是国际船舶登记机构（IR）优先考虑的事情。“是的，我们的船只更安全，”他说道，“但是我们专注于我们船员的心理健康。目前，我们正在进行有关海上自杀事件的研究——一年里，有多少海员在海上或岸上自杀以及背后的原因是什么。很少有国家会这样做，我们却做了。积极主动并从根源上解决问题非常重要。”

迈特兰指出：海员们面临的一大问题是卫星通信技术的发展。虽然它有助于提高行业效率，但仍有一个弱点。“现在大多数海员与他们的家庭保持联系，当有不好的消息时，他们会很快地获知，再加上海洋的隔绝效应，坏消息会对船员产生非常不好的影响。比如你在一艘20—25人的船上工作，一年里的大部分时间都在外面。任何从事这个行业的人都会告诉你，这就是海上职业最大的缺点。”

和赵安吉一样，迈特兰对行业寻觅人才也有隐忧。“除了找到符合条件的人才之外，海事院校招募学生，也非常困难。不仅在美国，在全世界都存在同样的问题。人们都想待在家里，”迈特兰说，“他们想和家人在一起。你可能见过某些人出海后没几年就上岸了。寂寞孤独是其中的一部分原因，但肯定还存在其他问题。另外，对于来自福特斯凯勒（Fort Schuyler）和金斯波因特（Kings Point）的女性来说，在这个男性主导的环境中生存还面临着其他障碍。海上性骚扰是一个真正令人担忧的问题。这是毫无疑问的。”

航运业未来还面临资金问题。“多年来，美国政府对海运业的支持越来越少，”迈特兰说道，“一个例子是缅因州的海事学院。它几乎完全是由缅因州资助的！联邦政府提供的财政支持很少，几乎可以忽略。这是需要改变的事情。”

经验教训

迈特兰承认，他的人生道路以及他对世界的影响并没有经过精心计划。他自豪地说，他生命中的一切都是建立在巧合之上的。“如果想象自己是毕业典礼的演讲者，我会提这样的建议：不要提前计划太多，因为你最终从事的职业很可能是由机遇、巧合和运气所决定的——特别是运气，”他说道，“但这并不意味着你不用努力工作，或者不去培养专业的资历，就可以领先于别人。只是有时候你会发现和我一样，做了你原本无意去做或根本没想过要以此为追求的事情。这不是一件坏事。这只是在正确的时间出现在正确的地点。”

带领团队度过了动荡和数个航运周期之后，迈特兰认为，一位优秀的领导者应该认识到，未来是不可预知的。“下个拐角处，时刻都是未知。即使是现在，在我这个年纪，也有很多我从未想过的事情在发生，还有很多我没预料到的优势出现在我面前。大多数优秀的人之所以出色，是因为他们的坚持。他们不会放弃或变得沮丧。”他说道。

“当前路坎坷时，你要坚强并坚持走下去。你不能让生活打败你。这听起来是一个非常老套乏味的毕业演讲，但道理是对的。”

[1] GlobalSecurity.org.

[2] GlobalSecurity.org.

Chapter 9

没有什么可以替代辛勤工作

肖尔·拉万西

肖尔·拉万西（Kishore Rajvanshy）

肖尔·拉万西在印度孟买的印度航运公司开始了其海事职业生涯。1971 年至 1978 年，他将大部分时间都奉献给了海洋，一路成为轮机长。1978 年上岸后，他晋升为主管。随后从 1979 年开始的十五年间，他在香港尤尼海运公司工作，从主管到技术部经理，再到技术部主管，最后到总监和总经理。1994 年，他加入来宝集团，成立了 Fleet 船舶管理有限公司，担任总经理一职。如今，该公司已加入拓维集团。他几乎是所有主要船级社的技术与地区委员会成员，也是西英保赔协会主管。

拉万西一生中最宝贵的经验——没有什么可以替代辛勤工作。

曾有人告诉我，要成就伟业，不仅要有行动，还要有梦想；不仅要有计划，还要有信仰。

许多航运领导者与大海的关系可以追溯到他们的童年时代。但对于肖尔·拉万西（Kishore Rajvanshy）来说，在印度拉贾斯坦邦荒凉的塔尔沙漠地区长大的他，青年时期看到的唯一的船只就是沙漠之舟——骆驼。

“生活在一个小镇上，我很早就认识到没有什么可以替代辛勤工作，”拉万西说道，“我们家条件还不错，但并不是很有钱。我们拥有一切机会和健康的身体，但我们必须努力工作。我看到父母和兄弟姐妹都在努力工作。为了抓住机遇，你需要把职业道德和创造力结合起来。”

他所在学校的学生们面临着三条“职业路线”：工程学、医学和人文学科。基于拉万西的学术背景，他可以选择学习医学或工程学。由于他的家人都是工程师，他决定跟随他们的脚步。在皮拉尼（Pilani）小镇的博拉理工学院，他愉快地学习了三年的工程学。然后，在1968年，在他读大学的第四年，那时许多公司都在招聘工程师，他在全国各地游学时参观了这些公司，这期间他看到了人生中的第一艘船。

“我们正在参观孟买和金奈这两个城市，”拉万西回忆道，“我们绕道去了港口。这是我第一次看到海洋。我对这巨大而浩瀚的一切感到敬畏。看着这些船进港、装卸货物，然后驶向异国他乡，这令我着迷，”他继续说，“在那个年代，船只比现在小得多，但对我来说它们是巨大的。我无法想象这些大型钢结构是如何在海上漂浮并且航行世界的。”

拉万西对这些船舶上的不同机器很感兴趣，但从未想过他会从事航运业工作。毕业后他成为了一名工程师，就像之前他的亲戚一样。大约一年的时间，他都在拉贾斯坦邦（Rajasthan）的一家研究所愉快地工作，直到一位朋友的来访改变了他的职业道路，也改变了他的生活。

这位朋友正在为国有企业印度国家航运公司（Corporation of India，SCI）工作，他与拉万西畅谈了他在海上的经历。“他告诉我，船上的生活非常棒，”拉万西说道，“有很多东西需要学习，而且它让你有机会看到这个世界。他说，与岸上工作相比，这里的工资更高。”

这位朋友的来访给拉万西留下了深刻的印象。“他穿着花哨的衬衫，说是在新加坡买的，”他回忆道，“当时，印度是一个封闭的国家。任何不是印度制造的东西都被认为是很难买到的，而且价格昂贵——至少是原价的3—4倍。他告诉我，通过环游世界，你可以买到任何你喜欢的东西。他强烈建议我考虑一下。这是我第一次认真考虑将航运作为一种职业。”

拉万西给印度国家航运公司寄了一封信和他的简历，并没有期待会得到答复。几个月后，当他收到回信时，他已经忘记了他写过信。公司要求他前往孟买参加面试，但拉万西开始怀疑自己的申请。“我不确定我是否真的想要从事这份工作，”他说道，“那时，没有互联网可以搜索关于海上职业会的信息。所以我去找了我的一位大学教授，以及所有我认为可以提供更多海上职业信息的人。”在与居住在孟买、金奈和高知等沿海地区的亲戚朋友进行了多次沟通和实情调查的讨论后，拉万西决定去参加面试。“我认为参加面试没有什么坏处。”

经过1个小时45分钟的面试后，拉万西被告知录用为船上轮机部实习生。他需要在孟买参加一个为期6个月的海事培训班，之后还要继续在孟买待6个月。“我可以获得实践经验，然后通过笔试获得晋升，”他说道，“他们告诉我，大约10—15年后，我可以成为一名轮机长。”

当天，拉万西决定加入该公司，培训结束后，他以轮机部实习生的身份被分配到位于日本的一艘大型散货船上工作。他从孟买飞往福冈的一个港口去和同事们会合。“这段经历真的极为不同，”他说道，“环境、天气、船舶的横摇和纵摇以及船上的人，一切都是那么不同，那么势不可挡。起初的一两个星期，我会觉得我犯了一个错误。我究竟为什么要选择这个职业？”

尽管拉万西忙着向高级轮机员学习，闲暇时，他还是很难适应海上与世隔绝的生活。“你不知道自己身在何处，”他解释道，“围绕着你的都是一望无际的海洋，你感觉你的船与任何人都没有联系。你不能拨打电话。那时，你在海上无法进行通信。只能和船长交流，而且是通过摩尔斯电码。”

拉万西在海上花了大约 1 个月的时间才开始接受他的新生活，并意识到有许多他可以利用的机会。“航运领域涵盖很多不同的职业种类，”他说道，“从船舶建造到验船、调试、修理，甚至运营和投保。机会是无穷无尽的！”他努力工作的斗志被激发出来了。

因抱有雄心壮志，拉万西很快参加了考试并且每年都得到晋升。在最后三年的海上生涯中，他成为了轮机长。“大多数人在十年内完成的事情，我在六年内就实现了，”拉万西自豪地说道，“我努力工作，并且得到了回报。”

尽管在海上度过了漫长的时间，拉万西还是抽出时间谈起了恋爱，结识了他后来的妻子沙希（Shashi）。他们于 1977 年结婚，在婚后第一年，他们乘坐“安得拉邦号”（Andhra）轮船完成了两次往返航行。

图 9-1　肖尔·拉万西，轮机长，在印度国家航运公司的“安得拉邦号”轮船上。

夫妇俩的第一次航行是从孟买出发前往新加坡、中国香港和中国台湾的港口。第二次旅行中，这对新婚夫妇航行至北美洲西海岸，前往塔科马、西雅图、温哥华和阿拉斯加的港口。“虽然这是我妻子体验海上生活的好机会，但她不喜欢，因为恶劣的天气会使她晕船。因此当公司向我提供一份岸上工作时，我欣然接受了。”

1978 年，在海上工作了七年之后，拉万西回到岸上位于孟买的公司办事处担任船舶技术主管。在那里，他管理着四艘船舶，跟踪它们的性能，并保持其适航状态。

在岸上工作中，拉万西很快就意识到公司是建立在庞大的组织架构上的。“我们有一个团体，公司要求每个岗位都必须是一个团队，所以某个职位上不是只有一个人，而是有四个人。”拉万西解释道，“这里有多层的管理。即使我是一名主管，也有许多不同的人是我的下属，我还是受到了很大的庇护。当遇到问题时，我可以寻求许多人的指导。”

然而，他在印度国家航运公司陆上职位工作的时间是短暂的。一年后，他接受了香港尤尼海运公司（Univan Ship Management）的船舶管理岗位。“我们为船东管理船舶。因为他们希望船管公司帮助他们管理船员，处理船舶的技术问题并进行操作准备。”

加入尤尼海运公司是拉万西职业生涯中的一个关键性时刻。“尤尼海运公司是一家小而精的公司，”他说道，“他们公司老板对员工有非常严苛的管理制度，是非常讨厌的家伙。他们希望你能做四个人的工作。这非常困难，但也给了我机会去了解这个行业的门道。”

拉万西解释说，由于员工承受了巨大的压力，因此公司离职率很高。他没有被压垮，而是将压力重重的环境看作是机会的源泉。他接受了新的挑战，学习了各个方面的船舶运营管理。“我会与船东和保险公司见面，”他说，“我会因修理船舶出现在造船厂，也会出现在挑选船员的地方。当发生事故时，我会前往调查并与当局合作。我接触的层面非常广泛，因为通过努力工作我才能够扩展业务。”

拉万西接受了这种艰苦的工作文化，十年来他茁壮成长并获得了回报。“因为老板很高兴，公司也经营得非常好，我在公司得到了一些利润分红。十五年来，我承担了越来越多的责任；而在过去的五年里，我几乎是独自经营着这家公司。”拉万西说，那五年里，公司的规模翻了两番，从大约 20 艘船增加到 80 艘船。

尤尼海运公司的扩张正值香港的历史性动荡。当时，由英国控制的香港在 1983 年遭遇台风艾伦的侵袭，中英对香港的谈判也开始了。“香港和深圳在中国的经济发展中极具战略地位，”拉万西说，“船舶管理也越来越受到重视。1994 年底，我同尤尼海运公司的老板发生了一些分歧，并决定辞职。我认为我对船舶管理了如指掌，所以我想寻找新的选择。当时来宝集团（Noble Group）在香港新成立了一家船舶管理公司。我联系了他们，然后在 1994 年 11 月加入了来宝集团，建立了 Fleet 船舶管理有限公司（Fleet Management Limited）。”

驱散疑云

在 Fleet 公司正式成立的第一年，由于担心 1997 年香港回归中国带来的影响，那些在本地经营的公司笼罩着一层疑云。“许多人担心香港将成为一个共产主义的中国城市，一切都将由国家控制，因此许多公司决定转移他们的总部和业务，”拉万西说道，“其中有许多公司迁往新加坡和澳大利亚，更有甚者远至加拿大温哥华。”

与拉万西曾经工作过的其他公司相比，Fleet 公司规模很小。由于只有七名员工，从香港迁往别处并不困难，所以他们决定留下来看看香港回归会带来什么转变。“在这段时间里，中国进一步对外开放，”拉万西说，“邓小平为中国改革开放付出了巨大的努力。中国打开了大门，香港的航运公司从中受益匪浅，因为需要更多的船只将商品和货物运往中国。那是一个高速增长的时期，因为船舶的投资者需要船舶管理公司来管理他们的船只。”

在扩张时期，一家公司从无到有成长起来听起来很容易，但拉万西说他不想重蹈前任雇主的覆辙。尽管尤尼海运公司取得了很高的成就，拉万西表示这家公司缺乏人情味。“如果你要求你的员工表现出色，你应该给他们你真正的关心。高薪固然重要，但他们需要体会到自己是组织的一部分。他们需要感觉到被重视。他们还需要知道，如果他们遇到困难，你总会在背后帮助他们。”

为了管理来宝集团的三艘船舶，Fleet 公司必须建立一个系统，并编写自己的工作流程和手册。因为航运是受监管的，所以每件事都必须记录下来。在三个月的时间里，Fleet 公司接管了它的第一艘船，65785 载重吨的巴拿马型散货船 Min Noble。

“起初的理解是，来宝集团会购买更多的船只，但他们当时并没有这么做，”拉

图 9-2　Fleet 公司管理的第一艘船舶，“Min Noble”轮

万西说，“因其财务模式，他们决定租船。我们为此感到失望，认为这是一种退步，因为我们的成立就是为了管理那些来宝集团原本会购买的船舶。”

接下来至少两年的时间里，来宝集团都没有再购买船只，随之而来的是 Fleet 公司的危机。管理少量船只是行不通的。公司的前景看起来是个未知数。为了维持经营，拉万西和他的团队决定未来的方向是尝试发展第三方管理业务。

图 9-3　“安得拉邦号”轮船靠岸停泊

拉万西对于这种形式的业务并不陌生，他将以一种类似于尤尼海运公司的运作方式来经营 Fleet 公司。利用他在尤尼海运所积累的人脉，拉万西前往欧洲拜访了荷兰和斯堪的纳维亚的潜在客户，推广 Fleet 公司的服务。在他的领导下，Fleet 公司很快将其管理的船舶数量提升到 35 艘。荷兰的 Vroon 航运公司（Vroon Shipping）和挪威的 Spar 航运公司（Spar Shipping）便是该公司最早的一批客户。前景似乎更加光明了。在来宝集团的控制下，Fleet 公司在鼎盛时期管理着 220 艘船舶和船员。

在黑暗时刻的领导

2007 年 11 月 7 日上午，大雾笼罩，Fleet 公司的一艘船，“中远釜山号”（Cosco Busan）撞上了旧金山海湾大桥。美国国家运输安全委员会的调查人员认为，驾驶该集装箱船的持照引航员约翰·科塔（John Cota）存在“因使用有损害性的处方药而导致其认知能力降低”的情况，并一直在超速航行。这次撞击造成船舶左舷划开了一个 150 英尺长、12 英尺高的裂缝，并刺穿了船舶的两个燃油舱；53569 加仑的船用重油泄漏进海湾。

“事故发生时，由于漏油量还没有被量化，所以看上去并不令人特别担忧，”拉万西说，“但在得知具体漏油量之后，我们就极为担心，于是调动了所有的资源来应对这场噩梦。”

这次事故使 Fleet 公司受到了不必要的关注，但公司并没有回避。很显然，拉万西对那段日子印象深刻。“你会听到很多评论，但这些评论不是基于危机本身，而是基于你对于危机的反应，”他说道，“这很难做到。比这次事件更严重的情况几乎不会发生。但令我大受鼓舞的是，我们的团队以及那些与我们合作的人，从海滩清理到配合官方调查程序，均负责任、可靠、透明。即使在最黑暗的时刻，我也希望我们成为这样的人。”

虽然 Fleet 公司承认违反 1990 年《石油污染法案》(Oil Pollution Act of 1990, OPA-90)，而且公司的一个船队主管也承认为伪造文件而作了虚假陈述，但这起事故与任何重大海上事故一样，对管理层的考验达到了极致。华盛顿就美国海岸警卫队未来的作用、旧金山湾区对环境的强烈敏感程度以及地方官员的雄心壮志展开了最为公开的政治辩论。

2011年9月，公司同意支付1000万美元罚款，并进行了一系列培训和航程计划的改革。[1]当时，这是自《石油污染法案》通过以来美国同类漏油案件中赔偿金额最高的一起事故。[2]“中远釜山号”的船舶所有人皇石公司（Regal Stone Ltd.）以及Fleet公司同意支付4400万美元来解决这起民事案件。持照的引航员约翰·科塔被判在美国联邦监狱服刑10个月。

对于拉万西和他的团队来说，这次事故是一次惨痛的经历。每天他们的首要目标是让他们管理的船只安全航行、照顾好船员以及保护环境。“这就是客户依赖我们的原因，”拉万西说道，“当事故发生时，我们有义务挺身而出承担责任。有一些事情伤了我们的心，但谢天谢地没有人受到身体上的伤害。我们履行了所有的责任、付出了代价，最终社会看到我们不是什么离岸公司，而是真正有血肉之躯、对事故感到惊骇的人。这种经历使我们更加强大。那天在场的每个人永远都不会忘记。”

在此期间，Fleet公司的母公司来宝集团正在进行重组。除了“越大越好”的口号之外，该公司正从运输商品转向生产商品。2011年，来宝集团决定出售Fleet公司，然后拉万西以及来宝集团前董事长哈里·邦加（Harry Banga）共同收购了该公司。“哈里持有多数股权，而我持有少数股权。当时还没有拓维集团（Caravel）。”拉万西说道，他指的是邦加在2013年成立的贸易和海事集团，Fleet公司将成为该集团中的三个垂直公司之一。

2017年，Fleet公司快速发展并已跻身成为全球第三大船舶管理公司，管理着近450艘船舶。

人生中最宝贵的经验

回顾Fleet公司的创立，以及他和同事们经历的起起伏伏，拉万西说，如果不是因为努力工作打下的坚实基础和客户的不懈支持，Fleet公司就不会有今天的成就。

拉万西一生中最宝贵的经验——没有什么可以替代辛勤工作——作为他动力的主要来源。这正是他灌输给他两个儿子的理念，现在，一个在微软公司工作，另一个在伦敦从事金融工作。“当我在尤尼海运公司工作的时候，我知道承担更多的责任并非易事，”拉万西回忆道，“只有你花费大量时间在办公室里并且非常努力地工作时，你才能做到这一点。我的孩子们在香港长大，他们明白这个道理，也看到了随之而来的回报。我的孩子们已经接受了我的理念，他们都非常努力地工作。”

2017 年，拉万西获得了劳氏亚太终身成就奖（Lloyd’s List Asia Pacific Lifetime Achievement Award）。在公布的 13 位获奖者的新闻稿中，《劳氏日报》称赞拉万西在没有合并或收购的帮助下，逐步发展 Fleet 公司的能力——这在当今的经济时代是一种罕见的商业策略。邦加称该奖项不仅是对拉万西辛勤工作和公司承诺的“真实证明”，也是他对全球航运行业贡献的证明。“曾经有人告诉我，要成就伟业，不仅要有行动，还要有梦想；不仅要有计划，还要有信仰。拉万西，这句话与你职业生涯中所取得的成就相呼应。”

拉万西对此表示荣幸，他强调，团队合作是 Fleet 公司取得成就的基础。

“当时与我共事的人都知道，创办这家公司并不是一件容易的事。需要做很多艰苦的工作。Fleet 公司能够取得成功最重要的一点就是聘请行业顶尖人才，并用包容来回报他们的辛勤工作，”拉万西说道，“如果你能很好地奖励员工并在工作中培养出归属感，那么他们就会更努力地工作。他们觉得自己是组织的一部分。这就是营造一种鼓励员工勤奋工作，以及全面发展的企业文化的秘诀。结果如何？当然是成功。”

[1] 美利坚合众国诉科塔（Cota）等人案，编号 08-00160，美国加利福尼亚北区联邦地区法院。由 Keesal，Young & Logan 作为 Fleet 公司代表。

[2] 伊格纳西亚·莫雷诺，司法部环境与自然资源事务局局长。（Ignacia Moreno，head of the Justice Department’s Environmental and Natural Resources Division.）

Chapter 10

商机大师

罗德·琼斯

罗德·琼斯（Rod Jones）

巴哈马拿骚的童年经历让罗德·琼斯从小就沉浸在航运世界中。大学时，他用了三个夏天的时间为克利夫兰-克里夫斯自然资源公司（Cleveland-Cliffs）和奥格尔贝·诺顿公司（Oglebay Norton）工作，作为自卸船水手在五大湖地区航行。大学毕业后，他进入美国海军军官预备学校。经过了四年海军生涯，他开始在航运业谋求商业机会，并加入了纳维奥斯集团，在纽约当了两年船舶经营人。随后，他去商学院深造，对细分市场商业模型有了更深入的了解。1985 年，他开始在加拿大轮船运输公司工作。在接下来的三十年里，他致力于将这家曾经专注于五大湖的航运公司转变为世界上最大的自卸船船东和运营公司，将经营版图从加拿大和美洲扩展到澳洲、亚洲和欧洲。2008 年，罗德·琼斯成为加拿大轮船运输公司集团总裁兼首席执行官，并一直履职，直到 2017 年退休。就在退休前不久，他凭借对多元化、安全性和环境所表现出的坚定的道德准则和价值观，以及包容的领导风格，被国际女性航运与贸易组织评选为年度风云人物之一。

我们的战略是永远保持耐心并寻找下一个增长点。

我们就像一个希腊航运王朝，只是没有继承任何船舶。我们对这个行业只有爱，而继承这份热忱比任何船舶都更有价值！

航运及其体系的发展可以追溯到公元前 4 世纪的埃及，那时的船还是黏土与木制的船筏。远古文明，依水而建。随着人类征服世界的欲望达到顶峰，用以满足这份热情的新技术得以被创造。技术的进步，诸如罗盘，抑或用动物为船提供动力，使得人类能够实现发掘新世界与新文明的抱负，贸易也随之诞生了。终于，以化石燃料为动力的船舶促进了贸易的流通，使其达到了我们今天所认知的水平。

随着贸易的扩张，一些运营商专注于经营特定的业务，从而成为他们所在细分市场的行家。对于很多凭信息与科技来获取商机从而塑造整个航运业的个体来说，航运世界就是他们施展才华的地方。"咖啡侠"爱德华·劳埃德（Edward Lloyd）就是早期的商机大师之一。劳埃德于 17 世纪在伦敦拥有并经营一间咖啡屋，而这里便成了很多商人与承销商开会的地点。他发现了在店里交换信息的价值，认为有必要把这些信息分享给航运业里的其他人。在 17 世纪末，劳埃德创办了一份周报，这个周报便是《劳氏日报》(*Lloyd's List*）的前身，《劳氏日报》是仅次于《伦敦公报》(London Gazette）的目前世界上第二古老并持续发行的报纸，于 1665 年 11 月 16 日首次发行。直至今日，劳埃德的刊物依然是业内人士的必读之物。

单纯地认识到对专业化的需求并创造一个利基市场（Niche）不能保证成功。从定义上来看，利基市场并非面向广大群众，而是需要我们关注市场中的一个特定领域，并且决心在这个领域比任何人都做得更好。世界上最大的自卸船船东及运营商加拿大轮船运输公司（CSL Group）的前董事长兼执行总裁罗德·琼斯，深知在航运利基市场中建立并维持领先地位所需要的工作量。

加拿大轮船运输公司没有发明重力喂料式的自卸船，但作为五大湖地区最主要的运输商之一，这家公司已经经营这些特种船舶将近 100 年。高效率重力喂料式自卸船在很长一段时间里在五大湖地区被用来运输散装货。（事实上，琼斯大概在 50

年前便作为船旗国为美国的自卸船的甲板水手在五大湖地区航行。）在这个独特的航运市场中，货物流通的体量大并且距离短，因此与传统散货贸易相比，对效率的要求会更高。到了 20 世纪 60 年代，自卸船已成为五大湖地区海上运输的主导形式。然而，20 世纪 80 年代之前，重力喂料式自卸船在五大湖地区之外鲜有使用，因为这些船舶的优势在长距离的远洋贸易中不容易体现出来。但到了 20 世纪 80 年代初期，五大湖地区的业务增长逐渐减少，船舶的运输量也开始下降。当保罗 · 马丁（Paul Martin）在 1981 年买下加拿大轮船运输公司时，他意识到公司需要放眼其核心市场以外的地方来实现增长。

琼斯曾是加拿大轮船运输公司在进入国际重力喂料式自卸船利基市场时的早期开拓者之一。这些特种船舶侧身倾斜，以便于诸如煤炭、谷物、矿石、盐、肥料等货物，或其他可移动聚合物等可以凭靠重力通过船舱底部的特殊通道流动。随后货物将掉落至传送带系统，由传送带将货物从船舱底部运送至主甲板，然后通过长卸料臂（长度可达 76 米）将货物存放于客户的接收装置或者直接送至码头的货物堆场。

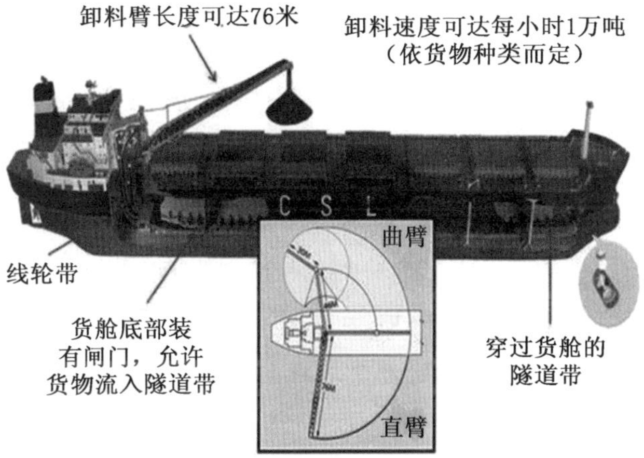

图 10-1　自卸船

（来源：加拿大轮船运输公司）

大多数散货船的卸货速度约为 500 吨每小时，然而重力喂料式自卸船通常可达到 6000 吨每小时，并且不需要使用昂贵的岸上卸货装备和雇用码头装卸工人。它们特别适合那些没有岸上卸货装置、卸货成本较高，或者由于高效卸货而节约的时间占总航次时间比例较高的贸易路线。

“如果不能提升收益，没有客户会用自卸船运输货物，”琼斯解释道，“收益提升的方式是减少货物运输的总交付成本。自卸船卸货的速度更快，并只需要较少的岸上设备。我们仅仅是发现了谁可以从中获益最多，并将他们作为我们的目标客户。我们学习客户的贸易模式，直到像客户一样了解这些贸易模式，然后向他们展示我们将如何为他们省钱。我们不会把时间浪费在那些并不能从自卸船中获益的人，”他接着说，“世界上 99.9% 的航运运输对我们的船舶都没什么意义，我们只需要尝试搞清楚剩下的可以从中获益的 0.1% 并专注于此。”

但就算仅以这 0.1% 的航运业务为目标，加拿大轮船运输公司将其量化之后，发现自卸船这一利基市场是一个价值 10 亿美元的生意机会。

进入这个市场还需经过深思熟虑。自卸船的建造成本要比传统散货船多 50%，并且运营成本也更高。另外，这种船相比于常规散货船，载货量更少，所以建造此类船以及后期没有足够增值性货源的风险会很高。“在普通的散货贸易中使用自卸船从来都行不通，”琼斯说，“对于大部分的船东来说，进入这个新市场的风险实在太高。我们专注于那些对我们而言合理的小众商机，然后迅速进入并抢占强有力的市场地位。我们同其他船东共用资源以扩大我们的船队规模，从而提升效率，帮助我们更快地占据领导地位。”

德国奥登道夫公司（Oldendorff Carriers）、马博斯航运公司（Marbulk Shipping Inc.）、阿尔戈马中央公司（Algoma Central Corporation）以及托瓦尔德克拉维斯集团（Torvald Klaveness）都曾为加拿大轮船运输公司国际联营伙伴的一员。加拿大轮船运输公司也借助一系列的收购扩大其在此利基市场的足迹：在 1999 年，加拿大轮船运输公司买入了澳大利亚国家航运公司（Australia National Line）的自卸船船队，并在 2011 年继续购买了欧洲捷成集团（Jebsen Group）的自卸船船队。

由于共享资源，加拿大轮船运输公司在管理其船队的贸易模式上变得高效。“我们的货物流通四通八达，”琼斯说，“当一艘船完成了一次石料货物的卸载，我们很有可能会应需去装载附近的石膏、盐、煤矿和铁矿石。1990 年到 2014 年前后我们成长得非常迅速。我们每年都在为这些船舶发掘新市场。记得在某次为期 2 个月的航程中，只有共计 12 个小时的船舶空载期。”

然而在过去几年里，市场冷却了下来。在 2014 年，干散货航运市场正经历自 20 世纪 80 年代中期以来最严重的衰退。客户受到了巨大的冲击，而加拿大轮船运输公司的发展也趋于平缓。“我们面临着多重打击，”琼斯说，“总体来看，干散货船市场处在低谷，铁矿石运输的蓬勃发展已趋于平稳，全球经济依然处在极其缓慢的恢复期，且大西洋煤矿运输处在长期的下滑中，主要是因为煤炭已被更便宜和更清洁的天然气所替代。基本上，散货船入不敷出，更是给自卸船带来了巨大的压力，”他解释道，“这降低了我们在某些贸易中的竞争力，更使我们的发展变得缓慢。所以，就目前的情况来讲，重点是裁员。”

由于加拿大轮船运输公司是非上市企业，它并没有面临着以满足投资者为了发展而发展的压力。“我们不用花费所有的时间与华尔街分析师沟通就能作长期决定，”琼斯说，“我们不需要为长期发展而作季度决定。我们所作的每一个投资决定都需经过董事会，但实际上是 CEO 和他的团队在运营具体的业务。只要我们可以明确地阐明长期投资逻辑，通常都能够得到董事会的支持，尽管航运业总体存在周期性。”

琼斯解释说加拿大轮船运输公司的部分战略是以更长远、更严格的眼光来看待其船队。“我们基本上缩减了某些船队的规模。拥有老、中、新船的优势在于，若市场不复存在，那么拆解或者闲置一些老龄船也没那么麻烦，”他说，“我们或许已经到达瓶颈期了，很难讲在多大程度上归因于全球经济的走低，在多大程度上可能是由于市场的结构变化，但是当我们再次等到市场好转的时候，我期待会有更大的发展。我们依然有计可施，并且我们的战略是永远保持耐心寻找下一个增长点。我们可不会满足现状维持着现有的业务，加拿大轮船运输公司永远都在发掘新的商机。”

叛逆期

琼斯在航运业的职业生涯并非如其他航运领导者一般顺利。他的父亲罗杰·琼斯（Roger Jones），是一名航运顾问，被誉为业界权威之一。琼斯在巴哈马拿骚长大，他记忆中留存的是父亲在天还没亮时阅读的那些堆积如山的海事杂志与期刊。他父亲的著作被广泛传播，全世界很多业内以及商品贸易公司都向他寻求建议。琼斯的弟弟斯考特（Scott Jones）因父亲渊博的学识，亲切地称他为“航运业的谷歌”。

“总有一群来自希腊、挪威、加拿大、美国和中国香港的航运领军人物，到拿骚来与我父亲的航运咨询公司琼斯·巴德梅尔有限公司（Jones Bardelmeier and Co., Ltd.）探讨问题，”琼斯回忆道，“我们曾有一个很棒的后院，夜晚时我父亲会在那里招待他们。而在那时我对这些有些排斥，因为我对那些并不感兴趣。”

在科尔比学院读本科时，琼斯作为自卸船甲板水手为克利夫兰-克里夫斯自然资源公司（Cleveland-Cliffs）和奥格尔贝·诺顿公司（Oglebay Norton Corporation）在五大湖地区工作了三个夏天，一边赚钱一边玩乐。然而当他以生物学学士毕业时，他的成绩并不理想，不能继续去医学院深造，他便在波士顿的酒吧里做了一段时间的调酒师。但是他很快发现，他需要向前看，继续他的职业规划，所以他申请并最终被美国海军军官预备学校录取了。

在海军服役期间，琼斯意识到了他对船舶的喜爱以及自己作为机电主管的优异表现。“21 岁那年，在我所属的部门里有 76 名人员直接向我汇报工作，”他说，“当你领导别人时你会对自己有更清晰的认识，尤其是在危急时刻。”

一个特别的危急时刻帮助琼斯意识到了他想成为怎样的领导者。“我记得我对我的船长十分失望，因为他总是缺乏自信，也不信任别人，”他说，“他担心如果别人开船就会导致不好的事情发生。所以，当船处于手动操作时他从不委派别人指挥驾驶。而所有初级军官都想要获得实际的驾驶经验。但由于他的不信任，他根本不允许他们这么做。我们那时在从圣地亚哥到西太平洋的路上，”琼斯回忆道，“当船长在驾驶台里突发中风被直升机送走时，一位中队参谋长乘直升机降落。这位参谋长是一名有经验的老手，懂得他在做什么，而他说的第一件事便是，‘好了，谁来开船去夏威夷？’这真是让我开了眼界。对比那些极度自信、历经磨砺，且不需证明任何事情的人，和那些由于缺乏自信而害怕赋权给他人的人，我真的看到了巨大的差距。参谋长准备让我们提升自我。这样的领导者才是我想成为的人。”他强调。

“成为一名领导者并非要亲自拍板每一个决定，”琼斯解释道，“当你是领导者时你也是团队的一员，你需要给予别人向前迈步和闪光的机会。你需要拥有这样的勇气。有时事情会没有定数，或者你不能百分之百地肯定这件事可行，但你必须坚强起来。我的海军经历帮助我看到了其中的价值，也给了我这份自信。”

在海军服役四年后，琼斯开始在航运业寻找商业机会，“当我在海军服役时，我真的开始明白为什么说一艘船便是一座漂浮的城市，既有污水和淡水系统，也有制热和空调；既是一家餐厅也是一个旅馆，有通信中心还有安保；更不要提所有的货物装卸系统与导航系统。当我从海军退役时，我不再反感父亲对航运的热情，并承认自己和他一样热爱这个行业。我对船情有独钟，并且想要从事这一行”。

得益于他的海军关系和他父亲的人脉，琼斯与不同的航运业内人士进行了一系列会面。他最终在纳维奥斯集团（Navios Corporation）得到了一份工作，在纽约做了两年的船舶运营。他迅速地意识到他的生物学学位对于一份海事事业还远远不够。“我不能理解会计、财务报表，或者一般的经济学，”他说，“所以我决定读一个 MBA。”

琼斯入读新罕布什尔州达特茅斯大学的阿摩司塔克商学院。虽然在读书期间，他把学习更多地看作是一项业余爱好而非工作，但琼斯在阿摩司塔克商学院十分努力，并且作为爱德华塔克学者拿到了极高的荣誉学位。

在商学院中，琼斯受到了哈佛商业领袖迈克尔·波特（Michael Porter）的深厚影响，“他有一个理论，就是只有当你建立并能维系长期的竞争优势时，才能获取长期的成功，”琼斯解释道，“单单赶上好时机不一定是长期的竞争优势。”

毕业之后，琼斯的很多朋友都被那些更赚钱的行业所吸引，比如投资银行、咨询公司和基金管理。然而对于华尔街闪耀的金融魅力，琼斯却并不为之所动。他认为自己对发展航运业务更感兴趣，而非局限于任何一个航运细分市场。琼斯想要为一家具有长期导向且战略成功的公司工作。

“当我环视整个航运业后，意识到迈克尔·波特的长期竞争优势理念在大部分航运领域中都难以实现，因为无论在哪个细分市场，干散货船、油轮还是集装箱船，它们基本上都靠货物运作，”他解释道，“一艘散货船上的一吨空间和其他船上的一吨空间在价值上没什么不同。这些业务能取得战略上的成功基本上都靠成本管理以及时机的把握（或许还有发掘更有利的市场信息）。所以我决定我要进入航运中的利基市场，为一家我认为可以建立并能长期维持其利基市场地位的公司工作。”

在其他利基市场中，琼斯研究了重大件货物运输、油轮和琼斯法案集装箱运输市场（Jones Act container shipping）。那时他以六家在各自专业领域中处于领导地位的公司为目标。“但有一个利基市场我是有经验的，那便是在五大湖地区的自卸船，”他说道，“我的父亲也是自卸船的坚定支持者。我相信五大湖地区广泛应用的自卸船技术可以扩展到大西洋，甚至更远。我认为建立并发展这个利基市场是可行的。加拿大轮船运输公司曾是世界上最顶尖的自卸船运营商之一，而且我知道这家公司对进军全球业务十分感兴趣，所以我选择了加拿大轮船运输公司。”

在 1981 年 6 月 7 日，加拿大轮船运输公司的董事长兼执行总裁保罗・马丁（Paul Martin）和他的朋友，加拿大 Fednav 公司的所有人劳伦斯・佩西（Lawrence Pathy）达成了杠杆收购加拿大轮船运输公司的协议。没过多久，马丁宣布了扩张发展加拿大轮船运输公司的计划，将其业务扩展至五大湖及圣劳伦斯河之外的地区，并继续专注于自卸船。

马丁认为这次扩张对加拿大轮船运输公司的未来发展是十分必要的。“铁锈地带”* 在一点点萎缩，五大湖地区散货流通的需求也随之下降。马丁开拓全球市场的热情驱动琼斯联系了加拿大轮船运输公司。“从塔克毕业后，我写信给加拿大轮船运输公司并陈述了我想参与市场扩张的想法，”他回忆道，“我相信这个机会，而且我觉得这是一个未经开发、成长快速的市场，这个市场的主要参与者最终将拥有非常强大的市场地位。”

当琼斯加入加拿大轮船运输公司时，公司仅有 3 艘可在大西洋中航行的大湖型自卸船。它们在最初设计时，便是为了可以在湖中航行 9 个月，而到了湖面冰冻时可以在外面继续航行一年之中剩余的 3 个月。马丁想要通过进入远洋运输领域来扩

* 铁锈地带：Rust Belt，指美国等已陷入经济困境的老工业区。——译者注

张并强化加拿大轮船运输公司的市场份额。琼斯在加拿大轮船运输公司的30余年里，帮助引领公司发展，将其国际自卸船数量增至40艘以上，现今大约占公司营业利润的三分之二。

当加拿大轮船运输公司于1992年决定设立加拿大国际轮船运输公司作为一个独立运营的公司时，琼斯被聘为董事长，在2007年以前他一直担任该职位，随后成为集团的执行总裁。

利基市场的战略优势

在琼斯的航运职业生涯中，他见证了这个行业在经济波动中的跌宕起伏。“身处于大宗散货运输中不可能不受到冲击，”琼斯说，“但有了我们的利基市场战略，在其他航运细分市场面临更陡峭的周期高点与低谷时，我们得以浮沉于较为温和的浪潮之中。”

加拿大轮船运输公司的工业客户通常都签有长期合约，而公司则通常避免不定期租船的发生。琼斯承认引领公司度过这些周期的最好方式便是专注于那些他可以控制的事，其中一项便是多样化。“加拿大轮船运输公司一直以来都在尝试寻找使我们业务基础多样化的方式，使公司运营顺利，”他说，“我们曾是五大湖地区的航运公司，所以我们的存亡与美国及加拿大的钢铁行业是否健康息息相关。而后我们把业务扩张到了远洋运输领域，在这一领域我们成为了美国建造业和某些煤炭运输的参与者。向澳洲继续扩张曾是我们的下一步计划，而现在成为了加拿大轮船运输公司大约三分之一的业务。不久之前我们收购了一家欧洲小型自卸船公司，从而为我们在欧洲地区的发展占据了有利的市场位置。”

在2008年，航运业面临着自大萧条以来最严重的危机。由于各国都争抢着市场试图保持各自金融系统完好无损，世界贸易的总量与价值都大幅崩塌，导致大多数西方经济体都出现了一段时间的经济衰退。

“当2008年那场灾难发生时，我想我们有大约28艘自卸船运营我们的国际业务，”琼斯回忆道，“对自卸船的需求迅速下跌至20艘。在一年的时间里，我们得以调配这些船去亚洲、非洲和澳洲。我们的澳洲扩张战略使我们免受全球金融危机

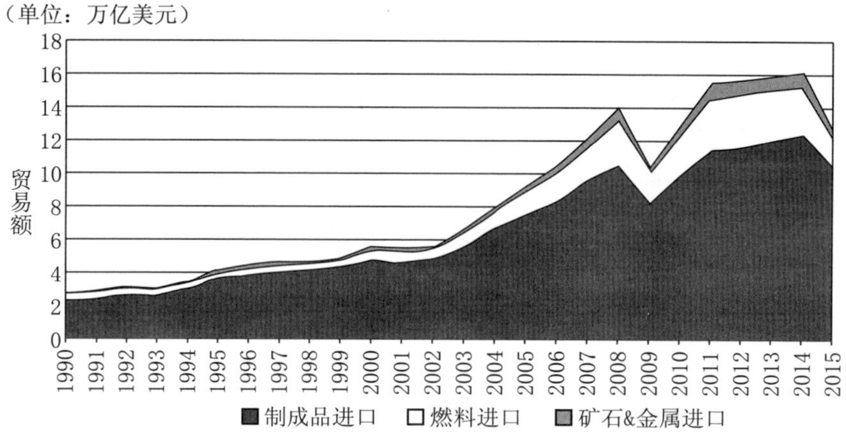

图 10-2　1990 年至 2015 年全球贸易量

（来源：世界银行）

的影响，得益于它们当时服务的对象，那时中国与亚洲其他国家经济还依然强势。”

加拿大轮船运输公司将原本在西方国家运输货物的自卸船调遣至加拿大和澳洲、非洲以及南美洲的国家去运送铁矿石。“我们及时调整以避免遭受行业的巨大冲击。我们的多样化战略使部分业务可以在一定程度上达到逆周期效果。”

经过金融危机缓慢的恢复期后，航运业迎来了新的参与者。市场触底反弹的乐观情绪及新节能型船舶的最低价吸引了很多私募股权和对冲基金投资者。资金的涌入导致数以百计的环保型船舶被订造。“那是愚蠢的，”琼斯直截了当地说道，“所有这些新船都将进入市场，而大多数的老船依然还在。从 2012 年到 2014 年小小的造船潮致使危机延续了至少 3—4 年。虽然在我的职业生涯期间航运业发生了很多改变，但每个时期其面临的很多问题依然是相同的。其中最大的问题便是经济繁荣与萧条的周期循环。我也没那么天真，以为这将会在短期内有所改变。然而，未来行业的领导者必须努力寻找方法，让航运业及其所经营的航运企业能够得到可持续的发展。”

航运和商品的爱恨交织

对大部分货物来讲，航运是其主要运输途径。唐纳德 · 特朗普总统的能源计划支撑之一便是煤炭。特朗普对煤炭的支持帮助他赢得了 2016 年在美国“铁锈地带”

的选举，而在 2017 年 3 月他签署了一项行政命令，开始取消奥巴马政府关于气候变化的立法，特朗普称之为“奥巴马政府发起的煤炭战争”。但即使有放松能源监管的行政命令及特朗普总统退出《巴黎协议》的决定，琼斯对煤炭的未来依然不乐观。

在十年以前，加拿大轮船运输公司有 4 艘船舶专用于运输煤炭，它们穿过伊利湖到达位于安大略省的发电站。在安大略政府的绿色能源计划下，所有这些燃煤电站都关闭了。这种趋势正在世界上的其他地方重演，而琼斯相信这将会继续，并且，事实上，不管特朗普对其支持者作出过怎样的政治承诺，这一趋势都将加速发生。

“我相信未来煤炭作为一种重要的能源来源的地位会不断下降，”他说，“在欧洲已经基本不使用了，而我们过去曾从南美运送大量的煤炭到美国。这项运输业务目前近乎消失，美国的发电站已转为使用天然气或直接关闭。对任何人来说，很难作出依赖于煤炭的长期投资决定。”

琼斯解释道，煤炭下滑的轨道是一个缓慢却持续的过程。“当然，我们可能依然会看到一些小波动，起起落落，但它永远不会大幅上涨。我们仍然运输大量的煤炭，尤其是钢铁工业的炼焦煤，但在我们的战略计划中，我们认为煤炭运输量将长期保持递减。”

虽然加拿大轮船运输公司的货物运输量中煤炭所占比重呈下降趋势，但琼斯讲到中国进口的铁矿石的增长一直以来是个亮点。虽然增长率在过去几年下降了不少，但中国每年依然进口更多的铁矿石，而这便是大多数全球航运运输的引擎。加拿大轮船运输公司没有参与出口至中国的这个巨大的、长途的铁矿石运输业务，因为这项业务不适用于自卸船。然而，加拿大轮船运输公司找到了一个新的利基市场，即用自卸船将铁矿石从浅吃水装载港口转运至大型海岬型船舶。

谈到这些近期的发展时，琼斯想起了 20 世纪 80 年代的日本。“当我最开始进入航运领域时，真正驱动航运市场的是日本对铁矿石的需求。那时，如果他们仅仅进口 1 亿吨，那么这对于航运市场便是个不济的年份；如果他们进口 1.1 亿吨，那么便是繁荣的一年。现在看看这些数据！澳洲出口量达 6.5 亿吨，大部分出口到中国，这还只是一年的出口量！这个需求量简直是不可思议！”

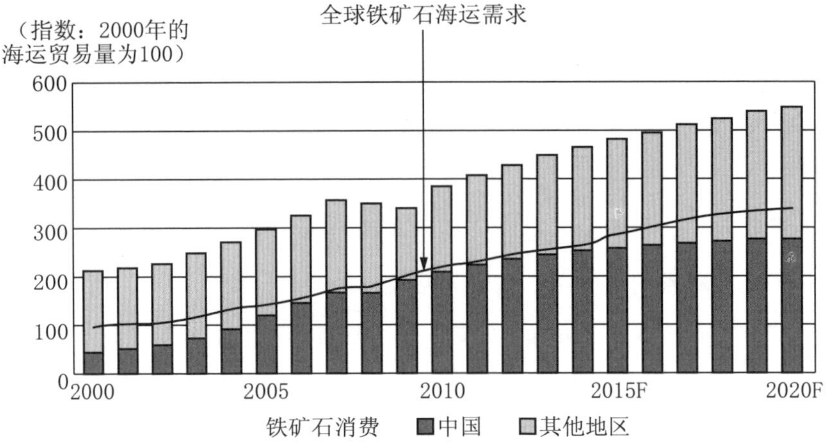

图 10-3 铁矿石总消费量与海运需求的对比

（来源：必和必拓公司）

随着中国对铁矿石的需求量越来越大，尽管增速有所放缓，但中国的国内生产总值正在减速增长，而在此前的十年间这个增速绝大多数时间达到两位数。“中国能否成功实现出口型经济向消费型经济的转型，以及能否处理好信贷危机，这些不确定性极有可能对未来的航运市场形成巨大影响，”琼斯预测道，“如果他们成功转型，那么航运业将可能在之后几年顺利地脱离低谷；若不成功，那么航运业将可能长期处于危机之中。尽管亚洲仍有其他国家经济发展迅速，但如果中国陷入困境，没有任何一个经济引擎能取代它的强大贸易需求。”

琼斯的遗产

在航运市场奋斗近四十载，琼斯希望为后人留下两项遗产：他为应承担的环保责任所作的努力，以及增加员工多样化。在他的领导下，加拿大轮船运输公司在 2014 年发布了第一份企业可持续发展报告，报告详细列举了公司 2013 年的表现及其向设定目标所实现的进步。公司的第一份环境报告发布于 2008 年，而这份报告算是环境报告的“远亲”。“加拿大轮船运输公司认为成为一个良好的企业意味着要超越正常的监管合规，更好地为客户服务，并为建立更健康的世界作出贡献，”琼斯说，“自 2000 年起，我们便记录我们所有的环境足迹，包括碳、氮氧化物、硫氧化物和废物的排放。我们相信不论是在美国、加拿大，或者澳洲、欧洲的国家，还是任何一个角落，想要上得台面并被监管部门严肃对待，企业必须诚信可靠。不能只是否决行业为环境治理所作的努力，而要为行业治理的问题努力想出合理的解决办法。加拿大轮船运输公司认真履行环境保护的责任，我们的目标是成为一个可持续发展的公司，我们已经在环保上取得了巨大的进步，并且对我们在绿色航运领域的领导地位感到非常骄傲。”

琼斯提到加拿大轮船运输公司积极主动的立场对公司很有帮助。“因为我们做了正确的事，所以我们在所服务的大部分市场中都拥有良好的声誉。但我们也相信需要明智的监管。”在 2014 年 4 月，琼斯针对那时的新规在众议院运输委员会宣称，该新规要求所有在距离北美海岸线 200 海里以内航行的船舶必须使用高成本的超低硫燃料，这个范围被设定为排放控制区。在其证言中，琼斯告知委员会成员，燃料新规所造成的加拿大轮船运输公司船舶运营成本的增加将是环境保护署估值的十倍。这些成本将抬高航运运输价格，而客户将被迫选择更不环保的陆运方式，例如货车和铁路运输。琼斯连同其他当时发言的 CEO 们希望国会能将此政策从 200 海里调整至 50 海里。

截至目前，200 海里的限制还在生效。“这是一个一刀切原则的例子，而事实上这对环境是有害的，”琼斯强调道，“航运是目前为止最高效最环保的大宗商品运输方式。这条规定旨在强制大型、大马力船舶在跨洋航行的最后一天转为使用低硫燃料，但无意间殃及了沿海运输船队。加拿大轮船运输公司大约有 20 艘船主要航行于北美沿岸，它们在运输石料、石膏和盐上相比于货车和铁路运输更加高效，仅 1 艘巴拿马型船可承载的货物量就相当于 1923 辆货车或 819 辆火车的承载量，航运节省燃料，降低温室气体排放，并避免造成道路和城市交通堵塞。我们提供的科学研究表明，对于引擎较小的船舶，船舶在 200 海里甚至 50 海里的范围内航行对岸上空气质量的影响没有任何区别。不幸的是，虽然我们的论据同有些国会议员产生了共鸣，但目前我们这个不太起眼的问题还没有吸引足够的目光来使其通过复杂的会议程序。”

虽然对环境政策的推行并不能总是以“全垒打”的方式结束，琼斯依然为他扮演的角色感到骄傲：在这个有史以来男性为主导的行业中，他为女性开拓了一条道路。“当我加入加拿大轮船运输公司时，许多员工都为女性，但绝大多数都担任秘书职务。看起来像是大多数男性主管都有一位女秘书为他们工作，这有点类似于《广告狂人》的工作环境。”

琼斯说，自那时起加拿大轮船运输公司取得了很大的进步。加拿大轮船运输公司在 2011 年选出了第一位女性董事会成员并于 2009 年提拔了第一位女性高管。“我觉得现在我们的高级管理人员中 30% 为女性，而这一比例在中级管理层中接近 50%。我们一直都对雇用和提拔女性持开放态度。”加拿大轮船运输公司的实习计划及女性招募是琼斯帮助建设的两大平台，目的是为加拿大轮船运输公司员工多样化作出努力。

然而，这个行业所面临的最大的多样化难题则是他无法改变的，即船上的生活方式。“我们依然难以留住女性员工，使其在船上工作足够久的时间以达到高级船员职务。船上的生活方式也许与之有些关系，这就是为什么我们需要更好地理解这些障碍并努力找出解决办法。”

着眼于业内其他方面，琼斯谈到虽然仍有很长一段路要走，但他们已不再拥有发球权了。“我认为我们可能处在九轮发球中的第四或第五轮，其组成与倾向都正在发生变化。”琼斯为他的儿子和两个女儿感到十分高兴，他们在航运业的职业前景光明。随着那些像他一样在婴儿潮中降生的人即将退休，年轻的一代将有可能获得极好的职业发展机会。“我们这些年老有经验的船长靠边站的时候到了，让这些年轻一代，无论男女，指挥掌舵。沿途他们也许会撞上一两个码头，但他们将会引领这个行业走向即将到来的数字时代。”

在 2016 年 11 月，琼斯被国际女性航运与贸易组织评选为年度风云人物。“我深深地相信追求任何形式的多样化不仅是正确的事，还有利于企业发展。”琼斯说。

家庭

拥有一个传奇的父亲，两个在航运业中担任高级管理职位的兄弟，以及在下一代中，八位都任职于航运或相关企业，琼斯家族一直都被誉为航运王朝。但琼斯迅速地指出其王朝不仅仅建立于船队上，而是其他更为重要的东西。“我曾说过很多次：我们像一个希腊航运王朝，只是没有继承任何船舶。我们对这个行业只有爱，而继承这份热忱比任何船舶都更有价值！”

在琼斯的家庭中，热情是任何事情的根基，在其家庭生活中他的父母培养并鼓励这份热情。这个家族在加拿大安大略省的一个小岛上有一间木屋，没有通电。在那里，孩子们会同父母探讨人生的方向、希望和梦想，而这些令他们感到幸福。他们明白航运对他们而言并不是一条强制性的道路。琼斯记得这些谈话，这鼓励了他去追寻他真正热爱的事业。

现在他自己的三个孩子也同样投身于这个行业中，他发现自己在重复讲着很多年前他从父亲那里听来的建议。“我父亲告诉我要确保自己做真正喜爱的事情。那不仅是份工作，那是你的人生，所以一定要确保你每天做的事情是你所爱。如果每天没有怀着激动的心情醒来，那么你可能没有处在正确的工作轨道中。”

Chapter 11

动荡中茁壮成长

保罗·莱德、彼得·沙夫和吉姆·多尔芬

保罗·莱德（Paul Leand）

在1998年加入AMA之前，保罗·莱德曾在马里兰第一国家银行工作。2004年，他被任命为AMA的首席执行官，并一直任职至今。在AMA，他主导公司重组业务，参与了一系列高回报的重组项目，其中包括金海洋集团有限公司、大西洋集装箱航运公司、全球海洋公司、飞马航运公司和美国海天航运有限责任公司。在海工方面，他领导AMA实施了对PetroMENA ASA、塞旺海事公司、瑞美蒂公司和赤道公司的重组。他还参与了许多并购业务，包括金海洋集团有限公司、船舶金融国际公司、泰科运输公司，并领导了该公司在化学品油轮公司、PLM金融服务公司和劳埃德基金股份公司的私募投资。目前，他是鹰散航运、格拉尔液化天然气有限公司、劳埃德基金股份公司、北大西洋钻井有限公司、海上钻井有限公司和船舶金融国际有限公司的董事。

彼得·沙夫（Peter Shaerf）

彼得·沙夫在航运业工作了40多年，包括在他创立的英联邦集团中担任集装箱船和干货船的船舶经纪人。他在一家英国船东公司工作时还经营加勒比小型班轮服务，并在船舶估值方面有着丰富的经验。在2002年加入AMA之前，他是一家专门从事海运业务的小型公司波塞冬资本的联合创始人。在AMA，他主要为对冲基金和投资人提供一系列航运领域股权和不良债权方面的投资建议，并积极参与交易项目的发起。如今，沙夫是西斯班公司副董事长、私人控股的互联航运公司董事，也是纽约海事协会的名誉主席。

吉姆·多尔芬（Jim Dolphin）

吉姆·多尔芬在博思艾伦汉密尔顿控股公司领导全球海事管理咨询业务，此后于2001年加入AMA资本合伙公司。在AMA，他一直积极参与公司重要投资、企业并购和重组工作。他最近主导了AMA在法国达飞海运集团、挪威艾岑化学品船公司、奈克瑟斯浮式采油、以星综合航运有限公司、台湾海陆运输集团、马斯特海运和Marine Subsea公司等相关项目的重组工作。多尔芬还大力参与开发大洋洲新的邮轮线路。在AMA的基金业务中，多尔芬主导了对四艘2500 TEU的集装箱船的投资，同时积极监督公司对其投资组合中化学品油轮公司的融资情况。如今，他担任金科航运贸易有限公司的董事。

动荡中反而孕育着很多机会，并且能被最精明的谈判者用作最得力的武器。

你需要认清自己在市场中的位置。保持对目标的专注，并在受市场影响之前作出反应非常重要，即使不得不作出取舍。

航运业对危机和随之而来的动荡并不陌生。破坏可能是暂时的，但是动荡所带来的影响却可以持续好几年。那些从事航运交易的人并不认为这种动荡是一种搅局。与之相反，如果能够利用得当，动荡中反而孕育着很多机会，并且能被最精明的谈判者用作最得力的武器。

对能源交通运输商业银行 AMA 来说，充分利用动荡中的机会是其开展业务中自然而然的事情。公司 CEO 兼董事总经理保罗·莱德（Paul Leand Jr.）从 20 世纪早期就与另外两位合伙人吉姆·多尔芬（Jim Dolphin）和彼得·沙夫（Peter Shaerf）合作。他们共同收购了费恩利航运持有的美国海事咨询公司的股权并将其更名为 AMA 资本合伙公司。很多人认为 AMA 是连接实业和金融的桥梁，不仅见证了航运各细分版块融资方式的发展变化，还见证了新的金融同业者的入场。

三个人诠释了危机有利的一面和他们的经商之道。

“航运一直是一个会发生创造性毁灭的行业，”多尔芬解释说，“市场总是供大于求。已存在的同业者陷入困境，经营受挫。资产价格重新估值，然后新的玩家入场。过去，行业周期仅限于船东和航运金融家的圈子，但是现在专业投资者已经开始大规模入场，这是过往这些年里发生的最大变化。”

沙夫补充道：“这就意味着动荡往往给航运业带来好处。想想苏伊士运河的封航，或者海湾战争，就能知道贸易通道的暂时中断和大规模的石油储备推动了短期运费上涨。”

多尔芬插话说：“尽管经济衰退和贸易战从来不是好事，但是当世界局势紧张时，不确定性可能会积极地推动航运业发展。”

“你需要认清自己在市场中的位置，”莱德强调说，“保持对目标的专注，并在受市场影响之前作出反应非常重要，即使不得不作出取舍。”

多尔芬、莱德和沙夫在多个上市公司董事会供职，因此对于航运各个细分市场的动态都了如指掌，这些上市公司包括：鹰散航运公司、金科航运贸易有限公司、格拉尔液化天然气有限公司、劳埃德基金股份公司、北大西洋钻井有限公司、海上钻井有限公司、西斯班公司和船舶金融国际有限公司。此前，三人还担任美国海外船舶控股集团公司、大洋洲邮轮公司、美国天宝轮船公司、通用海事公司和 MC 航运公司的董事会成员。其他参与的私人企业董事会包括互联航运公司、海洋保护服务公司和赫尔姆国际公司。

“我们一直努力给客户中肯的建议。”沙夫说，“我们只想促成好的交易，所以很多时候我们都提醒客户，‘你知道吗，你不应该这样做’。”

那么，什么才是好的交易呢？经过大量的研究与分析，需要获得认可的最后一个勾选项是：他们会把自己的钱投到这笔交易中去吗？在很多情况下，这不是一个假设性的问题。“长期以来，我们承担风险并把自己的钱投到交易中，所以我们会把所做的每一件事情都按照这个标准仔细检验一番。”多尔芬说，“如果因为我们提出客户不应该做这桩生意，而导致我们无法获得报酬，或者因为我们无法提供有效帮助而使客户改道选择其他方式，这对我们来说都没什么关系。”他解释道，“我们一贯如此。我们仔细查看资产负债表来分析各种方案，并且总是告诉客户我们的最佳方案是什么。”

沙夫非常赞同。“很多时候我们告诉潜在客户，我们不会考虑推荐某种特定的投资项目，尽管这个项目最终可能会成功。我们放弃这样的机会，没关系。在很多情况下，我们都试图劝说客户不要做某件事情，而不是说服他们要做某件事情。”

重组初期

重组是应对动荡局面所必需的措施。在残骸里找到价值被低估的珠宝是需要专业技术的。1999 年和 2000 年航运业的高收益债务危机对 AMA 来说是一个关键时点。高收益债券，又称垃圾债券，是行业内新出现的金融工具。19 世纪 90 年代有 35 只高收益债券发行。在 1997 年到 1999 年之间，这类债券投资达到 65 亿美元。但不幸的是，这 35 只债券中的绝大部分都在运价疲软、债券市场周期性和其他经济逆势的共同影响下以失败告终。环境恶化，许多公司无法正常偿付债务。大约有40亿美元最终被减记或者坏账损失，其中部分债券甚至一次利息都没有支付过。在一次行业会议上，沙夫听取了普遍想法后说："我们原以为市场已经到底，不料市场开始进一步下行。"

（单位：万美元）

阿尔法航运公司	17500
阿米尔冷藏船公司	10000
美国商业轮船公司	30000
塞纳戈公司	17500
恩特普赖斯船舶控股公司	17500
伊奎马船舶控股公司（无违约—赎回）	12400
艾米斯海事公司	15000
环球海洋运输公司	12600
金海洋集团有限公司	29100
赫韦德海运公司	30000
千禧年海洋运输公司	10000
导航气体运输公司	21700/8700
太平洋 & 大西洋公司（无违约，以 102.6% 的比例赎回）	12800
泛洋海运公司	10000
飞马航运公司	15000
超级邮轮公司	16000
美国天宝轮船公司	11000
特瑞科海运公司（无违约）	28000

图 11-1 违约 / 重组的航运债券

（来源：海事财经集团）

周期中的这个阶段给大多数人带来的教训是惨痛的。但是对处于特殊不良资产行业中的投资者来说，这是一次非常好的机会。AMA 意识到这些不良资产玩家是航运业的新手，他们对于收购的不良资产公司和资产还有很多需要了解的地方。这些投资者需要顾问。自 1987 年公司成立以来，AMA 第一次涉足这个领域。

“对冲基金和私募股权将航运业视为一种新的资产类别。航运业在其全部基金配置中只占很小比例，但是对于整个行业来说，这是很大一笔资金。”莱德说，“以往，航运业不曾是这类资金的配置标的。如今的情形完全背离了航运类银行一贯的做法。金融家们对该行业有着深刻理解的时代一去不复返了。这些新入场的玩家把航运业仅仅当作一种商品。这导致了更大的波动性。”

随着不稳定性的增长，AMA 逐渐壮大。1998 年到 2004 年间，莱德主导了 AMA 重组业务的发展，23 个正式重组项目中 AMA 参与了 16 个。债权人就是他们的客户。

改变行业的交易

专业投资者进入航运业的第一波浪潮很大程度上是由交易引发的。他们购买不良资产，然后通过重组解决问题。当时 AMA 最著名的交易之一就是将弗雷德·郑（Fred Cheng）的金海洋集团（Golden Ocean）的超大型油轮船队出售给约翰·弗雷德里克森（John Fredriksen），这项交易彻底改变了弗雷德里克森的前线航运公司（Frontline）。在这桩交易中，AMA 代表债券持有人，而莱德则用重组的方式促成了金海洋集团的资产出售。

“在那些早期的重组中，重要的是我们将债券持有人和船东置于平等地位，帮助推动问题得到实际解决。”莱德表示，“会谈从来都不容易，但是违约的船东们开始意识到，他们不能再凌驾于债券持有人之上了。如有必要，债券持有人能够并且将会强制行使他们的权利。”

AMA 在代表私募股权、对冲基金和专业的债权投资者这些新的参与者进行重组谈判方面有着丰富的经验。公司通过出售带来了投资回报，标的债券价值平均提升超过 100%。

在不良资产中寻找有价值的资产需要创造力。2001 年 9 月 11 日之后，AMA 发现了一项新的任务：为破产的复兴邮轮公司（Renaissance Cruises）所留下的 5 艘全新邮轮找到买家。“大型邮轮公司不想要这些船，每艘船报价不到造价 1.8 亿美元的一半。”多尔芬解释说，“我们与领头的法国农业信贷银行合作，提出新设一家邮轮公司的计划，使这些船发挥价值。”

AMA 选中了一个由豪华邮轮老手弗兰克·德尔·里奥（Frank Del Rio）领导的管理团队。德尔·里奥为该项目筹集了资金，于是大洋洲邮轮公司（Oceania Cruises）在 2002 年诞生了。在德尔·里奥的领导下，公司取得发展，并在高端豪华旅游的利基市场上占据主导地位。对冲基金阿波罗集团（Apollo Group Management）于

图 11-2 “里维埃拉号”，大洋洲邮轮公司

图 11-3 “玛丽娜号”，大洋洲邮轮公司

2007 年收购了大洋洲邮轮公司，并在收购丽晶七海邮轮（Regent Seven Seas Cruises）后进一步拓展邮轮业务。同时，阿波罗也是挪威邮轮控股公司（Norwegian Cruise Line Holdings）的主要股东，两家公司于 2014 年合并，德尔·里奥被任命为新公司的 CEO。

“绝大多数顾问，尤其是那些只关注过程的顾问，都会接受复兴邮轮公司破产的事实，并会亏本出售这些船舶。”多尔芬说，“而我们找到了利用那些船舶的方法，最终既得到了丰厚回报，又创造了一个利基市场。”

AMA 的自然发展

随着市场的复苏，并在 2000 年后开始加速回暖，AMA 的关注点也从不良资产投资扩展到并购交易和私募股权投资。“并购是我们重组业务的自然延伸，因为航运公司的重组往往导致资产出售。”沙夫解释道。

公司推动并购交易，帮助通用海事公司、美国海外船舶控股集团公司、挪威艾岑化学品船公司和丹麦帆船集团建立公司船队。公司还帮助私募股权投资者在美国购买 TECO 运输公司、出售丹麦诺登公司。2003 年到 2008 年，AMA 在世界各地完成的并购交易额超过 40 亿美元。

在私募股权投资中建立业务也是 AMA 的目标之一。2000 年，AMA 与 GATX，以及荷兰银行 NIB 资本（当时是 AMA 的小股东）共同设立了一个投资基金。这家由 AMA 管理的基金专注于亚洲金融危机后在韩国的投资机会，事后证明这个基金非常成功，回报率超过了 20%。

2005 年，AMA 成立了另一系列投资基金中的首期基金，这次是与对冲基金 Värde Partners 合作。Värde 是航运类不良资产高收益债券的活跃投资者，AMA 经常在债券违约之后的重组工作中为其提供顾问服务。从 2005 年到 2007 年，AMA 一直在寻找项目机会，这些项目的风险敞口和复杂性会使其他投资者知难而退，但是 AMA 认为能够应付自如。在此期间，AMA 进行了一系列对集装箱船、干散货船、油轮、有轨列车和飞机的投资。

“我们寻找资质优良但是在现有情况下可以按 75% 折价购买的资产。”莱德说，

“我们喜欢这类风险，而不仅仅是简单地做某一特定资产类别。”

早期的交易都带来了丰厚回报。2007 年初期，AMA 和 Värde，联合业内资深人士鲍勃·伯克（Bob Burke）共同收购了化学品油轮公司。化学品油轮公司的船队构成中，一部分是自有船舶，另外一部分是带有日元计价购买选择权的长期租用船舶。这样的复杂性正对 AMA 的投资胃口，AMA 努力推进这笔交易。“我们真的很喜欢这家公司和船队。”莱德说，“伯克接任了 CEO 一职，业内资深人士杰克·努楠（Jack Noonan）也加入了化学品油轮公司，带领公司成为受市场欢迎的服务提供商。随后，我们把重点放在了财务方面，并且购买了租用船舶，这样一来，公司不需要再支付租船费用，EBITDA[1]也提高了。”

多尔芬解释说，通过一些创造性的金融结构安排提高了化学品油轮公司的 EBITDA 后，AMA 能够引导化学品油轮公司更加有效地利用资本市场，获取那些在航运业中并不常见的贷款资金。AMA 帮助化学品油轮公司从机构市场上获得了低门槛贷款，和条款更为严格的传统资产抵押贷款相比，这种贷款在抵押、债务产生、收入水平和付款方式等方面的条款设置更加灵活。这种灵活性带来丰厚回报。“我们在 2007 年 8 月停止了再融资派息计划，因为当时全球大多数金融市场承压不小。”多尔芬说，“我相信我们做了市场上最后一笔低门槛贷款，也是为传统航运公司做的唯一一笔。”

“这笔低门槛贷款对我们来说至关重要，因为我们预计经济会下滑，所以需要相对稳健的财务状况。”莱德补充道，“这减轻了我们的压力，并且当 2007 年年底有买家向我们询价有意收购化学品油轮公司的时候，我们也拥有了一定的议价能力。”他们三人婉拒透露这笔投资到底获得了多少回报，但有消息称，这是当时最成功的交易之一。

从海工板块动荡中获利

始于 2007 年、爆发于 2008 年的全球金融危机给 AMA 带来了挑战和机遇。尽管很多行业受到严重冲击，但对航运业的直接影响却没那么严重，因为某些细分市场得到了中国基建刺激政策的支撑。

“我们见证了市场从 2004 年到 2008 年的一路涨势，简直无法相信我们现在所看到的一切。”多尔芬回忆道，“我们确实有投资的打算，但是却犹豫不决，除非能找到合适的交易机会。直到 2008 年、2009 年，我们意识到几乎所有航运业的细分市场都投资过度了。”

沙夫插话说：“我们很难对航运业感到兴奋。资产价格很高，需求不断下降，还有过量新船正在交付。短期内很难看到行业会有起色。”

莱德继续说：“早在 2006 年，我们认为自己的商业模式——结合金融知识和深耕的产业经验——可以应用到很多相关领域。那时候我们开始雇用具备相似技能但却在铁路、石油和天然气领域有着专业特长的人才。随着航运业的机会逐渐减少，我们显然需要重新聚焦。”

正如 20 世纪 90 年代末，一味追求收益拖累了航运业，这次投资者们继续涌入再次追逐高收益，而标的变成了海上石油钻井公司。在 2000 年，AMA 发现许多挪威债券投资一些新成立的或者资产较少、几乎没有过往经营业绩的公司。推动这场逐利的是人们相信原油价格会继续攀升，中国也会继续消耗能源。这些高收益债券

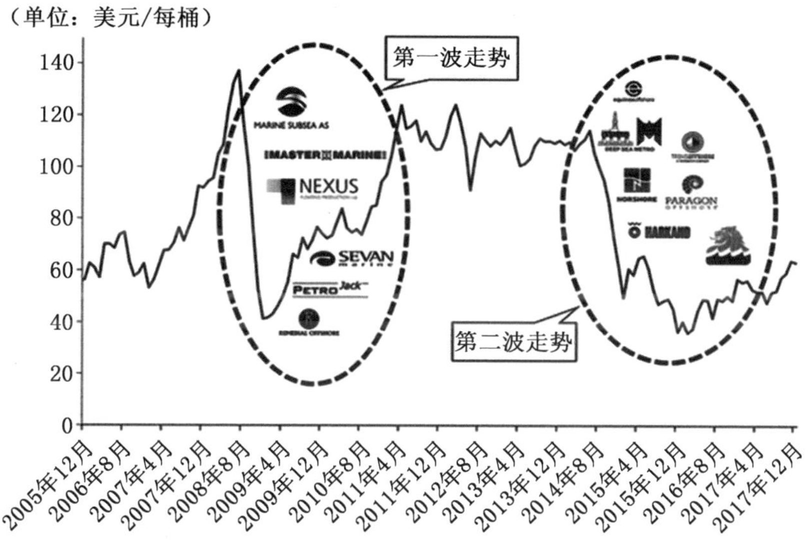

图 11-4　油价走势与 AMA 所管理的海工项目重组的对比

（来源：AMA 公司）

投资者们被现实狠狠地甩了一巴掌。原油价格骤然下跌，中国的能源需求也有所回落。高收益债券投资者们手中的债券变得一文不值。

海工市场之殇让全球哀鸿遍野，而对 AMA 来说，机遇再一次来敲门。行业需要 AMA 的重组业务。莱德想起了公司的第一个海工项目。“坦白说，债券持有者雇用我们是因为我们不是挪威公司。”他笑着说，“这些债券是一家挪威机构在挪威发行的。发行机构合作的挪威律师事务所和挪威顾问公司告诉那些债券持有人，唯一的办法就是大幅减持。但是债券持有人认为应该有更好的方式，于是找到了我们。”

从那以后，其他项目接踵而至。2009 年至 2013 年期间，AMA 完成了 15 笔重组交易中的 10 笔。这些债券持有人一直是他们的客户。

多尔芬说在海工市场动荡中获利对他们来说是很自然的事情。“我们所熟知的从事航运业务的银行和投资者也同样涉足海工领域。”多尔芬解释道。

将近三年的时间里，海工项目重组占据了 AMA 的大部分业务。直到 2010 年底，AMA 再一次参与了航运项目重组。

重组基础

“所有的重组本质上都是与信息、资产、文件和司法管辖权有关，对了，还有杠杆。”多尔芬说，“有了信息和关系，就可以创造出期权。通过运用杠杆，可以促使期权发挥最大作用。”

莱德解释说，对 AMA 而言，了解如何利用司法管辖权赢得优势是为企业与债券持有人建立公平商业环境的关键，如此才能保障各方利益，而不是蒙受损失。“航运业是一个真正意义上的全球性行业，其中公司、资产和运营都涉及多个国家。每个国家在如何对待债权人以及他们拥有哪些权利方面都有各自的规定。有一次，我们故意在船上放了一个集装箱，因为我们需要在某个国家扣押那艘船。只有在那个国家，我们才有权利这样做。”他解释道，“当船进入那个特定港口时，我们找到集装箱，扣押那艘船。”

尽管全球金融危机最糟糕的时刻在 2012 年结束，但是航运业和海工板块还是少见起色。银行要么撤出航运领域，要么大幅削减对航运业务的投资，导致行业资金匮乏。但是私募股权和对冲基金在看到2004年到2007年之间的巨额回报之后，仍对航运投资兴趣盎然。银行将迅速抛售大量航运债务的猜测并未实现。但是那并没有扼杀这些另类投资者们的希望。

沙夫回忆起他曾经与一位二级市场投资者的对话。“我问他，‘你现在为什么关注航运业呢?’然后他说，‘嗯，我们的有限合伙人希望我们对航运业投资。’几乎全世界的人都强烈渴望进入这类不良资产投资领域，他们没有看到也不知道之前失败者的尸体埋在哪里，也不知道是如何埋葬的。”

金融危机和经济低迷伊始进入航运市场的“新”资金，在投资方面受到了沉痛的教训。过去十年的新造船过剩压低了船价，但还没有到以往暴跌的程度。莱德解释说，过度膨胀的投资需求人为地给船价设置了下限，导致价值和现金流的不匹配。“市场一旦出现好转的信号，资金就大量涌入。而不是像我们在三四十年前看到的那样，行业呈现自然的波动。投资需求支撑资产价值，而不是现金流。”

近年来，很大一部分交易由这些另类投资者们完成，这使他们成为了资本市场上不可小看的竞争对手。“银行已经离场。对冲基金和私募股权是航运业重要的资金来源，并且不断有人向他们寻求投资机会。我们正在经历一个迥然不同的金融周期。”沙夫坦率地说。

这种变化导致银行重新调整自己的竞争方式。“我们都是成长在一个相对稳定的环境里，船东能够以投资等级的价格获得一笔非投资等级信用的银行贷款。”多

图 11-5　2008 年至 2017 年私募股权基金在航运业的投资额

（来源：海事财经集团）

尔芬说。“那种境况似乎已经一去不复返了，这种信贷的提供者似乎也已经不复存在。我的意思是，我不想说他们永远都不会回来了，但我还没有看到他们要回来的迹象。我们看到提供贷款的机构不增反减，尽管可以说现在是放贷的更好时机。但新的贷款机构不再是那些传统的银行。”

莱德同意这些说法。“航运公司自然想和那些提供资金的人或者他们认为可以提供资金的人联手。”他说，“在很多方面，我们都没有和在上一轮周期中希望做航运生意的对冲基金或私募股权公司竞争。”

相反，AMA 将注意力放在重组业务或私募股权投资上，努力寻找没有被其他人关注的资产，并将业务扩张到航运业之外。

新的航运生命周期

自从对冲基金和私募股权出现之后，人们对航运的预期出现了分歧。航运业对于几代人都从事航运业的家庭来说，这是个长期的事业，而对于私募股权投资而言却是以交易为导向。这些预期极大地改变了航运投资的生命周期。莱德说：“他们（对冲基金和私募股权）只关心这笔交易是否符合他们现今的目的。”

多尔芬插话说：“那些搞金融的人目的就是赚钱。哪怕不是在航运业，也会在别的行业。几代人都在做航运的家庭承担起了行业责任。一些家庭能接受较低的权益回报，因为他们认为这样能更好地进行风险管理。他们有着长远的考虑。”

“对家族企业来说，这更多的是一个情感问题。”沙夫说，“他们的员工为他们工作了多年，为了让他们的员工能一直有工作机会，他们更有可能购买更多的船只，或者继续运营一半满载量的船只。”

“最后，这是为了帮助他们作出正确的决定。”多尔芬总结说，“你必须明白他们的主要动机是什么。”

莱德解释说，AMA 刚成立的时候，航运周期是 7 年，而且相对而言可预测性较高。“你可以预见进入和退出的方式，并据此制定计划。现在你的周期是 6—18 个月长。它波动性更大。作为投资人可能面临的最糟糕的事情是，你错过了行情，市场崩溃了，而你却没有采取任何措施。这样你就处于不利的局面了。了解执行风险是非常重要的。你需要灵活应对，顺应形势。”

周期缩短、波动巨大和流动性匮乏，迫使AMA这样的投资人认真审视自己在周期中所处的位置。莱德、沙夫和多尔芬一致认为，AMA对当前市场情况的看法要谨慎得多。

对冲基金和私募股权的短视也已经影响到了投资生命周期。“总体来说，我们是行业的周期分析师，这有时会对我们的投资决策造成伤害。我们倾向于将行业看作运费和价值的均值回归。”

“船东主要通过买卖船舶，而不是通过运营船舶来赚钱。”多尔芬补充道，“但是现在很难卖出，不管实际数量如何。既没有买家，也没有融资渠道。如今你做任何投资，都需要说服自己以一个好价钱买进，但是同时也要考虑如何退出。”

但是缺乏买家并没有阻碍造船业的发展。2017年，日本将韩国挤出前二位，而中国仍然是世界第一的造船大国。多尔芬说，尽管衰退已使得造船放缓，造船本身与航运的脱节将永远存在。“对船厂有益的不一定会对航运公司有益。”

在描述他们称之为引导公司度过资本市场混乱周期的“儿童手套法”（a kid's-glove approach）时，莱德说，他们早就不是行业内落伍守旧的人了。“需要我们的人更多了。问题是，今天这些另类基金募集资金，并说服船东相信他们有专业技能和内部人员来帮助其度过行业周期。某些时候，他们做得还不错，但是有些时候就差强人意。”

“不管这是客户的目标，还是交易对手一方的目标，当你与人谈判时，需要理解双方的最终目标是什么。倾听是做生意的一个重要的部分。”沙夫强调说。

“我非常好奇接下来会发生什么。”多尔芬带着兴奋的神色说，“过去三十年来，我们多次调整我们的资源和工作重心，在动荡和行业进化中寻找机会。我们总是能灵活地处理不确定性，并能将其转化为机遇。我不知道前方是什么，但是我知道不管发生什么，我们都有信心会抓住机遇。”

[1] 税息折旧及摊销前利润。

Chapter 12

创新的家族

费利佩和里卡多

费利佩和里卡多（Felipe and Ricardo）

费利佩和里卡多在巴塔哥尼亚南部的航运氛围中长大，当时这个地方还只能通过水路达到。在父亲胡里奥的身边，里卡多的职业起步于智利航运国际有限公司，之后到了干散货运营的起源地布宜诺斯艾利斯。1974 年，费利佩加入了他父亲与兄弟所在的 Ultraocean-Casinomar-Ravenscroft 公司、SONAP 油轮公司及 LPG Interoceangas 公司。他接手的第一个任务是去监管一艘老旧的双层甲板船。两兄弟在工作中逐渐学习商业知识并一步步开始全面接管他们的家族企业。

1993 年，两兄弟决定在能源运输领域拓展家族业务，并开拓在南美不发达的河道中的油轮驳船业务。他们将这一业务的规模发展到覆盖 19 个港口的近 1000 条驳船。2000 年，他们与美国商业驳船航运公司成立了合资公司以进一步拓展他们的这项业务。他们的公司开拓了冷藏船业务并随后与石油公司赢腾培拓合资设立巴哈马超级石油海运公司。与此同时，随着监管要求趋严，两兄弟开始出售他们的干散货单体船，并在 2004 年完成出售。在这段时间内，两兄弟将他们的注意力转移到了成品油轮与支线型集装箱船上。

2006 年，雷文斯克罗夫特公司被超级石油海运公司收购，后者负责管理公司的海上供应、海洋运输和客运船。后来该公司在美国上市。八年后的 2014 年，这家公司被私募投资机构麻雀资产收购。2015 年底，干散货运价的暴跌孕育了新机会，因此俩兄弟与拉美合伙公司合作成立了远洋运输公司。2017 年间俩兄弟继续发展壮大公司，目前担任公司的联合首席执行官。

"外出猎兔时，最重要的是带着兔子回来"，这意味着我们永远不能忘记目标。

商业谈判时，人们经常会迷失在不重要的谈论之中，而丢失他们真正想要达成的目标。

在一个蓬勃发展的行业中，最大的驱动力之一就是创新，这是一家公司长盛不衰的基础，公司的继任者需要在此基础上继续发展，才能将公司发展壮大并保持竞争力。对于梅嫩德斯·罗斯家族来说，他们每一代人建立并开拓商机的眼光不仅拓展了他们的公司，也扩大了全球贸易的流通。

梅嫩德斯家族于 1874 年进入航运业，当时何塞·梅嫩德斯（José Menéndez）和他年轻的家族从布宜诺斯艾利斯搬到世界最南端的大城市：智利的彭塔阿雷纳斯。穿过麦哲伦海峡，何塞·梅嫩德斯公司带着绵羊从福克兰群岛，或称马尔维纳斯群岛来到智利巴塔哥尼亚地区的彭塔阿雷纳斯。

“我曾祖父创业时，从事的是小型船舶供应服务，”远洋运输公司（Interocean Transportation Inc.）的联合首席执行官费利佩·梅嫩德斯·罗斯（Felipe Menéndez Ross）说道，“他很幸运地了解到巴塔哥尼亚在养羊方面的潜力。在起步阶段极为艰难，但 1918 年去世时，他已经是世界上最大的羊毛生产商了。”

1894 年，何塞进军畜牧场经营，并前往阿根廷境内格兰德河以南的地方。两年后，他从阿根廷政府手中购买了 105169 英亩的土地，在阿根廷建立了第一个大牧场——Primera Argentina（如今这个农场以他的名字命名）。在 Primera Argentina 取得成功后，何塞创办了第二家畜牧企业（Segunda Argentina，后来以他的妻子 Maria Behety 的名字重新命名）。1897 年，他创建了阿根廷和智利公司何塞·梅嫩德斯公司，后来改名为梅嫩德斯·贝赫蒂畜牧业和商业股份有限公司。

为了提升家族在海上航运方面的表现，何塞最小的儿子胡里奥·梅嫩德斯·贝赫蒂（Julio Menéndez Behety）开始寻求一项能够创造附加值的收购。1930 年，梅嫩德斯·贝赫蒂收购了一家在巴塔哥尼亚经营班轮服务的航运公司——Braun & Blanchard。合并后的公司更名为智利航运国际有限公司[1]，胡里奥的儿子胡里

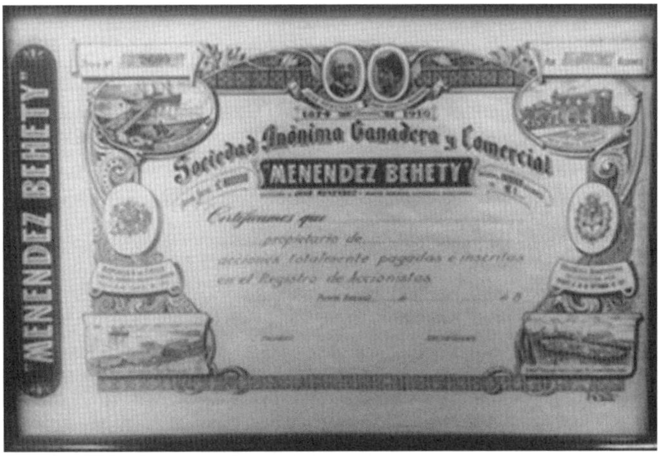

图 12-1　梅嫩德斯·贝赫蒂股权证书（1917）

奥·梅嫩德斯（Julio Menéndez）负责运营这个新成立的公司。

在 20 世纪 50 年代中期，年轻的胡里奥像他的父亲和祖父一样，看到了一个在航运领域扩展业务并创造新商机的机会。他对家族扩张的贡献是进军能源领域。胡里奥将液化石油气视为扩展公司业务的新选择。他成立了 SONAP 油轮公司，并与 Gazocean France 的创始人，油气航运的革新者，勒内·布德特（Renè Boudet）合作创办了 Interoceangas，这是南美洲第一家液化石油气运输公司。

这种伙伴关系推动了能源运输的发展。在梅嫩德斯和布德特的合资企业创立时，液化石油气在海事领域几乎不为人知。“他们开始一起运输天然气，安装储气罐，并在整个南美洲配送液化石油气，”费利佩说道，“他们带来了物资的流通，使得液化石油气被巴西、阿根廷、智利和其他一些国家的居民广泛使用。”

从那时起，梅嫩德斯能源在航运市场日益壮大。

无缝过渡埋下的种子

费利佩出生于智利，但他大部分时间都生活在阿根廷。作为何塞的曾孙和胡里奥的第三个也是最小的儿子，费利佩从小就对航运的方方面面耳濡目染。他的哥哥，远洋运输公司的联合首席执行官里卡多是他最好的朋友。“我们的成长经历非常丰富，”费利佩感激地说，“我们家族企业的发源地，南巴塔哥尼亚，是一个极其遥远的地方。当我还是个孩子的时候，到那里的唯一方法就是乘船。这是非常危险的航行之旅。”

“就连家庭度假，我们也会乘船，”费利佩继续说，“无论是到巴塔哥尼亚、里约热内卢还是欧洲，乘船都是唯一的出行方式，所以我们是真的在船上或与船舶接触中度过了童年。这对我们来说是一种非常自然的生活方式。我也从未想过会在除了航运之外的其他任何行业工作。”

费利佩在布宜诺斯艾利斯入读当地大学，学习工商管理和经济学。毕业后，他仍利用晚上的时间在法学院学习、上课。“年轻时，在学习所有这些知识的过程中，你不会意识到多少知识会成为你商业上的基础，”他说道，“经济学的研究为理解问题和建模提供了严谨的科学基础。法律的理论研究培养了你的纪律性。所有这些都是航运事业必须具备的基础。”

1974 年，费利佩加入家族企业，与他的哥哥里卡多及他们的父亲一起工作，那时他们的公司包括 Ultraocean、散货船公司 Casinomar Shipping 和 Ravenscroft Shipping，以及 SONAP 油轮公司和 Interoceangas。费利佩和里卡多表示，家族航运帝国控制权的过渡是微妙的。“我们真的从未注意到父亲在把责任过渡到我们身上，”费利佩解释道，“起初，我们提供建议，他告诉我们该怎么做。然后紧接着，我们开始负责公司的那个领域，进行决策，而他也会为我们提供建议。这是一种非常明智的方式，可以让我们在他逐渐淡出参与的情况下，做好管理公司的准备。这是一个渐进的过程，没有巨大的压力或突然的变化。我们也想以同样的方式将责任交给我们的儿子。”

费利佩的第一个任务是管理一艘名为“卡米尼托号”（Caminito）的老旧多层甲板船。这是他们的第一艘阿根廷干货船。费利佩负责运营这艘船、管理货运合同、雇用船员，以及船上物品消耗的所有事务。“那时，船舶在港口进行作业时，你必须学习许多关于船舶装卸的技术问题，”他说道，“‘卡米尼托号’就像一个小公司。正是在那段时间，我了解了船舶管理如何对整艘船产生影响，以及由此产生的管理责任。”

在他办公室的一个书柜上，陈列着一张“卡米尼托号”的照片，旁边是他祖父

图 12-2 “卡米尼托号”

曾工作过的帆船“亚历杭德里纳号”(Alejandrina)在英格兰的某个干船坞的照片。

费利佩停顿了一下并用轻快的声音说道，“我确实经常看‘卡米尼托号’的照片……但不是刻意的。那是一次很好的锻炼，我非常喜欢那艘船。它是一艘很棒的船。”

“卡米尼托号”最初被称为“蒂克斯伯里号”(Tewkesbury)，归海达兄弟有限公司(Houlder Brothers & Co.)所有。“它什么都运过，”费利佩回忆道，“它装载散装货物，而且作为一艘普通的多层甲板船，它也装运过一捆捆的棉花和纸张以及其他各式各样的产品。管理这艘船使我接触到航运业务的许多领域。我想我在船上学到了所有我需要了解的航运知识。”

图 12-3 帆船“亚历杭德里纳号”

费利佩的父亲鼓励他的儿子们从实践中学习。作为家族企业的领导者，实践经历对他们的发展至关重要。费利佩不是一名专业的工程师，但他在“卡米尼托号”上通过亲身实践学习了船舶工程，进而掌握了从内部发动机到驾驶台的各类机械问题。

费利佩说这次经历是无价的。“那时候的船构造很简单。没有电子设备，因此很容易从物理上了解到底发生了什么，”他解释说，“我认为里卡多的儿子，或者我的儿子不会有同样的经历，因为今天的一切都是高度电子化。如今很难去研究发动机的物理特性或工作原理。”

里卡多比费利佩更早开始从事航运业务，先是与他的父亲一起在智利航运国际有限公司短暂工作了一段时间，然后又转去布宜诺斯艾利斯最早的散货船公司工作。凭借其才华和企业家精神，他帮助创建了一家大型船东公司，经营干散货业务，在国际上拥有并运营着一支大型干散货船队。里卡多也是梅嫩德斯家族渔业公司的董事，该公司在 20 世纪 90 年代中期与其他两家竞争对手合并，成为全球最大的渔业公司之一。

从 1970 年到 1990 年，梅嫩德斯家族在里卡多的领导下，在伦敦和纽约经营名为 Casinomar 和 Ravenscroft 的大型国际散货船企业。随着 Forward Marine Lines 的成立，他们的货物运输范围进一步扩大，该公司经营巴西与美国之间的班轮服务，但后来被出售了。Ultraocean 还与日本公司 Nishiro 合作将业务扩展至冷藏船领域。

Ultraocean 后来与石油贸易公司赢腾培拓合资成立了巴哈马超级石油海运公司。该公司于 1992 年开始运营时只有一艘远洋船舶，而后成为一家上市公司，其资产在 22 年的时间里增长至接近 10 亿美元。

兄弟俩用与父亲一样的方式在公司中发挥他们的领导作用：他们共同指导他们所投资的每个公司，并通过互相商定作出所有的投资决策。

巴哈马超级石油海运公司是一家多元化的工业航运公司。在成立初期，它只拥有一艘油轮。在最初的十年中，费利佩和里卡多将他们的远洋业务发展成为一支由 13 艘远洋船只组成的船队，总载重量为 110 万载重吨。船队中大多数的船是 1990 年于日本建造的超巴拿马型（Post-Panamax）油轮的早期船型，这种船型专为日本的原油运输而设计。这些船舶吃水极浅，尤其适合南美洲吃水受限制的港口。随着这些船只船龄的增加，费利佩和里卡多开始整体出售其老龄化的单壳巴拿马型和阿芙拉型船队，这一过程在 2004 年年初完成。该公司随后专注于发展两种不同的远洋船队：一种是好望角型 / 石油、散货、矿石三用途船（OBO）船队，他们已经开始从嘉吉（Cargill）购买两艘 15 万载重吨的船舶；另一种是成品油轮船队。石油、散货、矿石三用途船最初作为苏伊士型油轮使用，当干散货市场在 2006 年暴涨时，这些船只经过清洗后作为好望角型干散货船使用，直至 2010 年能够在当时的干散货市场赚得高费率。该公司在 2008 年年初通过远期运费协议（FFA）确保了这些船舶的收益，因此在 2008 年到 2009 年的危机中一直享受较高的运费率。2010 年，好望角型船舶的庞大订单簿预示着干散货市场的危机，因此公司出售了 4 艘好望角型船舶。

那时公司的远洋业务主要集中在不断壮大的成品油轮船队上。2010 年，公司开始在南美洲经营支线集装箱运输服务，转运由世界主要的承运商从远东地区运来的集装箱货物。

就像他们的父亲、祖父和曾祖父一样，兄弟俩也渴望在航运业有所建树。1993 年，费利佩和里卡多决定扩大家族在能源运输领域的参与度——而不仅仅是在海洋运输上。取而代之的是该公司将业务扩展到南美欠发达河流的油轮驳船运营上。巴拉那水系流经阿根廷、巴西、巴拉圭和玻利维亚的腹地，全长超过 2200 英里，与密西西比河一样大。以 4 艘驳船和 1 艘推轮起步，他们的船队在 15 年里扩大至近千艘驳船，覆盖 19 个港口。

“驳船业务与其他航运企业的业务模式完全不同，”费利佩解释道，“它看起来更像是铁路，在管理上非常繁复，但却极为成功。我们有自己的装货港，有自己的卸货港，并且我们还建造了一个全自动化的船厂来建造驳船。”

2000 年 10 月，兄弟俩与当时全球最大的内河驳船公司美国商业驳船有限公司成立了一家合资企业 UABL，以扩大其内河业务。从 2000 年到 2004 年，他们将 UABL 发展为南美洲希多罗维亚地区领先的内河驳船公司。

在接下来的两年里，兄弟俩通过一系列信贷和股权交易获得融资，从而巩固了这一成功。这些融资帮助提供资金给公司的远洋、内河和离岸供应业务。

总部位于迈阿密的 Ravenscroft 航运公司（Ravenscroft Shipping）于 2006 年被并入巴拿马超级石油海运公司，之后开始负责管理该公司离岸供应和远洋业务的国际船队。鉴于其管理第三方船舶的专业能力，Ravenscroft 被银团委托管理两艘客船。在出色地使用和经营这些客船后，公司从银行购买了这些客船，并独立运营了一段时间。

预期风险

巴拿马超级石油海运公司在兄弟俩的领导下蓬勃发展，并且在经历四代人以来梅嫩德斯公司第一次不再由私人和家族控制。2006 年 10 月 13 日，费利佩和里卡多带着他们的儿女，在美国进行了巴拿马超级石油海运公司的上市。公司上市对兄弟俩来说是非常不同的体验，他们现在必须就公司的发展计划向股东和分析师群体作出答复。

“尽管我们早在 1998 年就在美国发行了公债，并遵守了美国证券交易委员会的所有规定，但 2006 年，从商业角度向公众投资者解释我们的发展战略极具挑战性。”费利佩说。

2008 年 12 月，费利佩和里卡多决定停止他们的客运业务，该业务最初是为银团船舶管理运营而启动，后来被银团适时地收购了。

在 2014 年大宗商品价格达到顶峰时，两兄弟一致认为是时候将他们在巴拿马超级石油海运公司的权益出售给私募投资机构麻雀资产（Sparrow Capital）。“我们非常幸运，因为我们在石油价格仍为 100 美元每桶、大宗商品价格蓬勃发展、公司利润非常可观的情况下出售了它。不幸的是，对于买家来说，收购后不久，石油和大宗商品价格以一种出乎意料的方式暴跌。”费利佩说道。

“过去的二十二年，我们有一种参与了一些非凡经历的不可思议的感觉，”他继续说，“从一家本土的油轮公司开始，到成为一家多元化的运输公司，它在很多方面改变了一个地区的前景：一方面，在这条河上，我们修建了港口，并且从以前没有人运送过的地方运载粮食货物；我们建造的港口，在运营的第一年就装卸了 1 万吨，并在十年后发展到 100 多万吨。另一方面，在里卡多的领导下，我们有机会在巴西海上勘探发展之初就成立海工部门，该部门在不到十年的时间里，产量从几乎为零增长到接近每天 200 万桶，”他大声说道，“而且我们在远洋运输方面有所发展的事实着实令人叹为观止！作为一家美国上市公司与经营私人家族企业的经历完全不同。这使我们有能力以不同的规模开展工作并发展运输项目，改变了一个地区的面貌。”

费利佩和里卡多退出航运的时间是普遍认为的最佳时机。出售仅一年之后，全球干散货行业就完全崩溃了。每日运费从原先的18.5万美元骤降到4000美元至6000美元。全球大宗商品订单都崩盘，主要参与者也是如此。企业被迫申请破产、剥离或报废其资产以维持生存。尽管该行业在低迷的市场环境中萎靡不振，但费利佩和里卡多却在大量待售的船舶中看到了机会。

“这个行业总是过剩，”费利佩说，“运费的崩溃是船舶订购过多造成的，在这种情况下，过剩的部分是极大的，因为中国在很长一段时间里经历了如此巨大的增长，以至于人们认为这种增长会永远持续下去，但是很显然情况并非如此。”

待出售的巴拿马型和超巴拿马型的船舶数量有所增加。现在是兄弟俩大显身手的时候了。这对兄弟在2015年年底与拉美合伙公司共同组建了远洋运输公司，并在低迷期开始挑选他们认为有价值的船舶。该公司的采购狂潮一直持续到2017年。

“我们试图购买可以满足未来需求的船只，并提高效率，这样当市场恢复到合理水平时，这些船舶的收益就会有很大的不同。”费利佩说。

为了向他们的曾祖父致敬，兄弟俩将两艘船用何塞·梅嫩德斯公司在一个世纪前运营的两艘船舶名字命名，“阿亨蒂诺号”（Argentino）和“阿斯图里亚斯号”（Asturiano），为遥远的巴塔哥尼亚提供集装箱支线运输服务。

满足未来的需求

自从接手家族航运事业以来，随着新市场的开放，费利佩和里卡多见证了这个行业的巨大变化。“在过去二三十年里，我们见证了南美商品生产的繁荣，”费利佩说道，“如今，由于中国对南美大宗商品进口的欲望，亚洲的需求正在蓬勃发展。它们可能不会像以前增长得那样快，但仍在增长。”

费利佩解释说，他收到了伦敦一家公司的报告，该报告加强了他对中国的看法。在那份报告中附有一张世界地图，上面环绕中国、印度和东南亚画了一个圆圈。

图 12-4　未来的干散货海运贸易

"如果是那样的话，这个圈子可能不超过全世界面积的 20%。但是，世界上有一半的人口居住在这个圈子里，75% 的干散货商品都是在这个范围内卸货的，"费利佩说，"现在，如果你观察二三十年前的同一个圈子，它会变得无足轻重。大宗商品的消费量可以忽略不计。但如今，仅中国就占所有主要大宗海运进口的 40% 以上。"

中国总体海运进口量从 0 到 40% 的稳步增长使得费利佩和里卡多都建议他们的儿子前往中国，了解中国正在发生的事情。"这简直太神奇了。他们在未来二三十年里所要做的一切，都将与中国有关。"费利佩说道。

费利佩解释说，在离家更近的地方，南美洲基础设施的缺乏将是他们儿子的机会来源。兄弟俩认为，按照过去二十年农产品出口的增长速度，我们将看到南美洲在未来十年中会引领农产品的供应，以满足亚洲爆炸性的需求，并且他们强调，由于预期货运量会显著增长，有必要强化这一基础设施体系。"这些体系完全过时了，"费利佩说，"我们在南美洲的整个物流体系比美国和欧洲落后一个世纪。在那里他们有很大的机会发展更强大的物流。就像巴拿马运河的扩建可以容纳更大的船舶一样，南美洲的港口和河流体系也需要为自己开辟蹊径。我们的孩子将会成为这次扩张的一分子。船舶也需要为这种扩张而重新设计。我们相信，超巴拿马型船舶将成为未来提高运输效率的主力，而运输效率是将货物从南美洲长途运至远东地区的关键。"

自 1914 年 8 月 15 日巴拿马运河开通以来，船舶不断演变并被设计在运河原有宽度 32.2 米左右的范围内。虽然这一耗资 50 亿美元的运河扩建计划于 2015 年完成，为大型船舶提供了通道，但费利佩表示，航运业并未崛起，也没有响应创新的呼声。“这个行业仍在建造船宽 32.2 米的船只！”费利佩说，“继续按照过时的规格建造船舶是荒谬的行为！我们正努力打造一支由巴拿马型和卡姆萨尔型以及超巴拿马型船（船宽 38 米）组成的船队，这样至少可以部分利用运河 45 米的新宽度。我们现有的船队一半是超巴拿马型船。这确实是唯一明智的做法。为了满足明天的需要，不仅需要节能型船舶，而且需要足够大的船舶来运载所需的大量货物。这种机会在二十年前是不存在的，但现在出现了。”

展望未来几十年，费利佩承认，他们的儿子将要踏入的航运世界将会联系更加紧密和开放，对资本市场的兴趣也将会增加。“我们的儿子以及航运业的下一代需要认识到，在这个他们将要踏入的世界里，会出现来自各方面的竞争。他们需要了解资本市场并知道如何正确使用他们，”费利佩说，“海事领域的成功不在于普通的船舶买卖。几年后，那将会消失。我们的孩子和未来的领导者需要了解有关资本市场的一切情况，并制定改进物流的对策。这将为他们带来长期的成功。”

费利佩说，这种长期专注紧密地交织在梅嫩德斯一族的基因中。“我们在成长以及学做业务时，”他说，“我父亲总是告诉我们，‘外出猎兔时，最重要的是带着兔子回来’，这意味着我们永远不能忘记目标。这也是我对我的孩子们说过的话。商业谈判时，人们经常会迷失在不重要的讨论之中，而丢失他们真正想要达成的目标。我告诉我的儿子们：永远不要忘记你的目标是什么。带着那只兔子回来。”

[1] 这与 2015 年出售给汉堡南美船务集团（Hamburg Süd）的是同一个实体，但梅嫩德斯家族在 1970 年便不再与该公司有任何关联。

Chapter 13

怀抱企业家精神

迈尔斯·库卢昆迪斯

迈尔斯 · 库卢昆迪斯（Miles Kulukundis）

迈尔斯 · 库卢昆迪斯于 1959 年开始了他在航运领域的职业生涯，当时他作为奥斯丁皮克斯吉尔造船厂的实习生开始参与家族业务。该公司位于桑德兰，隶属于伦敦海外货运公司（LOF）。他作为租船书记员在波罗的海交易所工作了三年，随后开始接手经营家族企业康第斯船舶管理公司，负责管理约 20 艘自由轮。他在伦敦海外货运公司担任非执行董事直到 1976 年，随后出任董事总经理并具体负责运营和租船工作。1990 年，他成为英国船东保赔协会主席；1994 年，他又出任国际独立油轮船东协会的主席。针对“埃克森 · 瓦尔迪兹号”油轮事故以及随后颁布的《石油污染法案》，鼓励迈克斯 • 库卢昆迪斯制定安全和信息透明准则，该事件促使其他 11 个海事组织效仿其做法。同时，他见证了伦敦海外货运公司历经市场的波动起伏和家族危机，于 1997 年将公司 51% 股权卖给了前线航运公司，后者反向合并到伦敦海外货运公司。

父亲经常对我说三句话：“大海会生病，但永远不会死亡”，“做任何事情都要适度”，以及“船舶不是轨道上的火车”。

在航运的盛衰周期中，人们犯了以往其他人已经犯下的错误，却希望得到不同的结果。

1929 年的夏天，大萧条席卷了美国。以往的萧条仅仅局限于一个国家，但是这次却对世界各国的经济都造成了严重破坏。国际贸易量急剧下降了 30%。美国工业产值下降了 47%，美国国内生产总值下降了 30%。

在这段时间里，人们对世界各国之间的互联互通感受明显。陷入困境的美国催收其第一次世界大战期间和战后向盟国提供的贷款，却遭到拒绝，因为这些国家无力偿还。美国的经济衰退很快蔓延到了全球。跨洋运输的货物量锐减，另外诸如 1930 年的《斯姆特-霍利关税法》(Smoot-Hawley Tariff Act) 新政进一步制约了贸易开展。

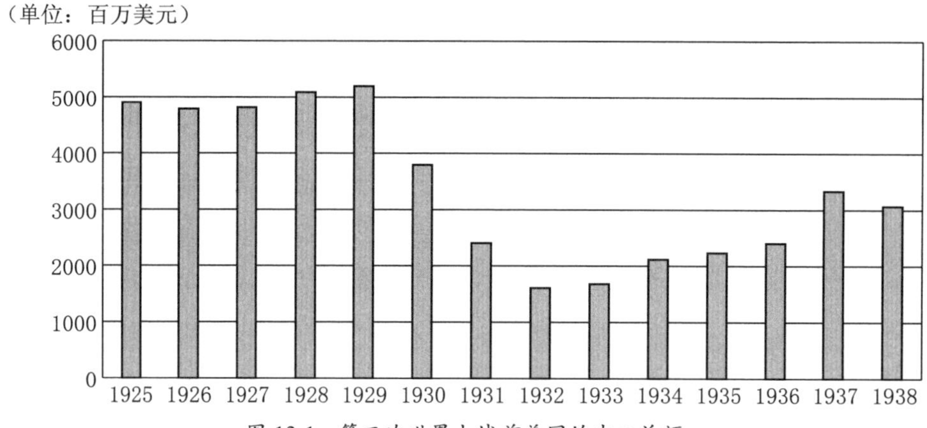

图 13-1　第二次世界大战前美国的出口总额

（来源：联合国历年贸易数据）

消费者手头拮据。全球约有 3000 万人失业。英国国内生产总值下降了 5%。全球其他地区的连锁反应打击了英国的出口，使其出口额缩减了一半。部分工业部门陷入萧条。截至 1930 年，失业率达到 20%，翻了一倍多。

尽管全球经济低迷，但怀抱着企业家精神的库卢昆迪斯、马弗鲁利昂（Mavroleon）以及雷特赖尼斯（Rethymnis）家族从中看到了机会。和许多希腊家族一样，他们在航运业根基深厚。一个多世纪以来，他们涉足地中海和黑海水域的航运业务。第一次世界大战后的 1919 年，曼纽尔·库卢昆迪斯（Manuel Kulukundis）和他的堂兄弟米纳斯·雷特赖尼斯（Minas Rethymnis）决定离开希腊前往伦敦，投身国际航运业的主流。

“曼纽尔叔叔、乔治叔叔和我的父亲尼古拉斯，以及他们的表兄弟米纳斯·雷特赖尼斯（Minas Rethymnis）和巴兹尔·马弗鲁利昂（Basil Mavroleon）共同开设了一个办事处，从事船舶管理和航运经纪，”伦敦海外货运公司前董事总经理迈尔斯·库卢昆迪斯（Miles Kulukundis）解释道，“那段时间，船舶交易价格极其低。我的家族，同其他许多希腊家族一样，捡了英国商船业遭受灭顶之灾的便宜。他们才是真正建造这些船舶的人。”

他们的船舶管理机构被命名为雷特赖尼斯和库卢昆迪斯有限公司。这家公司在过去几年里蓬勃发展，公司的成功吸引了来自其他希腊家族的人才，包括另外两位库卢昆迪斯兄弟：约翰和迈克尔。

一百多年来，库卢昆迪斯家族拥有的不定期航次的货船主要航行在地中海和黑海。现在，兄弟俩想要在英国复制这种成功。1939 年，他们购买了数艘英国船舶，并在英国开展贸易。这些船舶由一个新公司——康第斯船舶管理公司来管理。

船舶运营挂英国国旗的希腊家族并非只有库卢昆迪斯家族。帕帕扬尼斯家族（Papayannis）、斯巴达里萨家族（Spartalis）、斯齐里兹斯家族（Schilizzis）以及从事货物贸易的罗多卡纳希斯家族（Rodocanachis）都是当时希腊主要的航运家族，船舶运营挂英国国旗。

第二次世界大战后，库卢昆迪斯家族发现了一个新机遇：成立一家公司来建造和经营不定期航次的油轮，以满足日益增长的石油贸易需要。于是，1948 年 4 月 8 日，伦敦海外货运公司应运而生。这家公司拥有 9 艘二手干散货船舶。1951 年 3 月 20 日，库卢昆迪斯家族和马弗鲁利昂家族实现了伦敦海外货运公司在伦敦证券交易所的上市。自此公司以股票代码 LOF 在交易所进行交易。

当时，在伦敦证券交易所上市的航运公司为数不少，其中主要是英国公司，如里尔登·史密斯（Reardon Smith）、共同兄弟（Common Brothers）和罗普纳（Ropner），还有一些大型公司，比如铁行渣华集团（P&O）和远洋轮船公司（Ocean Steam）。

掌握诀窍

由于迈尔斯从小在美国长大，所以他对家族设在伦敦的航运业务极少接触。当还是个孩子的时候，他就参加了公司的新船下水仪式，这给他留下了深刻的印象。“这让我非常兴奋，”迈尔斯说，“我从小就渴望建造新船。当时的我觉得这代表着一个新实体的诞生。”

1959 年，迈尔斯以实习生的身份加入了家族企业，并在森德兰（Sunderland）的奥斯汀皮克斯吉尔造船厂工作了一年，该造船厂属于伦敦海外货运公司。

迈尔斯在一路晋升中了解到伦敦海外货运公司的方方面面。他在波罗的海航运交易所以租船书记员的身份工作了三年；而后，为了培养他的管理能力，他被授权接管康第斯船舶管理公司。在那期间，迈尔斯管理着大约 20 艘自由轮。“我的父亲让我亲身实践如何做生意，”迈尔斯说，“除了在重大问题上作最终决策外，他从不告诉我应该怎么做。我父亲让我通过小额交易来学习做生意。”

迈尔斯一直担任伦敦海外货运公司的非执行董事，直到 1976 年。此后，他的叔叔巴兹尔·马弗鲁利昂邀请他以联席董事总经理的身份加入伦敦海外货运公司，具体负责运营和租船。“我的父亲和叔叔巴兹尔·马弗鲁利昂都对我产生很大的影响。我父亲经常对我说三句话：‘大海会生病，但永不死亡’，‘做任何事情都要适度’，以及‘船舶不是轨道上的火车’。”迈尔斯回忆道。

“我的叔叔也给了我很多启发，”他继续说，“他是个很有个性的人，这使他在任何聚会场合都成为焦点人物。他对公司和行业的坚守是我一直钦佩的。在伦敦海外货运公司工作期间，我一直以他们为榜样。”

环境恶劣，力挽狂澜

在航运业，成功与失败只是一线之隔。第一次世界大战后，库卢昆迪斯家族利用航运世界动荡中产生的机会，建立了自己的航运企业，并在英国的航运中心蓬勃发展。在两次世界大战间隔期间，公司经历着起起落落，坚持不断地为其船舶寻找着有回报的业务。

经历了1957年的繁荣之后，和整个航运业的其他公司一样，伦敦海外货运公司因大量新造船而导致扩张过度。十年来，这家公司一直在苦苦挣扎。

1962年，公司与苏联签订了三到四年的租赁协议，以期提高盈利。但是不幸的是，根据美国的规定，这一协议与美国对古巴的禁运令相冲突，因当时苏联与古巴有业务往来。

伦敦海外货运公司辩称其并不直接与古巴发生业务往来——毕竟该协议是与苏联达成的。这一解释被美国政府接受，但并没有得到国际码头工人协会的认可。在古巴导弹危机期间，国际码头工人协会出台政策反对与古巴进行工程船交易、拒绝为与古巴有过贸易往来的船舶提供装卸服务，且在巴尔的摩抵制了伦敦海外货运公司的一艘干散货船。伦敦海外货运公司最终与国际码头工人协会达成了一项协议，同意在不载货的情况下将船开走，为该公司的其他船舶在美国贸易开辟了道路。

同国际码头工人协会打交道的困难只是该公司在19世纪60年代初所面临的诸多挑战之一。1962年3月，公司在历史上首次出现亏损，并影响了公司分红。未来形势一片黯淡。公司订购了六艘货船，并于同年6月接收了最后一艘油轮。油轮和船舶的订单是在1960年之前下的。五年来，公司持续亏损。并且随着超级油轮的

图13-2 “伦敦正直号”（1955）

图13-3 “伦敦市民号”（1965）

出现，伦敦海外货运公司已难以与之抗衡。

在第三次中东战争和1967年苏伊士运河封锁之前，伦敦海外货运公司一直面临着重重阻碍。运河的封锁掐断了一条重要航线，迫使油轮改道至更长的好望角航线。在这条较长的航线上，20多万载重吨的油轮运营效率更高，刺激了建造此类船舶的需求。运河的封闭使得伦敦海外货运公司繁荣发展。

行业萧条与个人得失

继1967年、1970年和1973年的繁荣后，随着船东过量订购新船，该行业，尤其是油轮行业，开始进入最严重的萧条期。除了部分小幅改善，交易状况整体非常低迷，这种情况一直持续到19世纪80年代末，并引发多起业内公司破产的情况。

“伦敦海外货运公司犯了和其他公司一样的错误，自身拥有的很多新船都没被使用，”迈尔斯说，“市场悲观情绪如此强烈，一些船东甚至开始拆解新船。伦敦海外货运公司面临着新船从造船厂出来后直接搁置的问题。这是我职业生涯中经历过的最严重的衰退。”

1977年，该公司的主要创始人兼董事长巴兹尔·马弗鲁利昂去世，彼时公司遭受迄今最大的亏损。随后的1988年，家族又失去了企业创始人曼纽尔·库卢昆迪斯。“我的叔叔曼纽尔总是随身带着一个小型水彩颜料盒，”迈尔斯回忆道，“他有一个习惯，就是在他参加的宴会上在菜单背面画图。他同时也是一个很有天赋的曼陀林演奏家。他对这个行业的深刻理解对我来说是一笔永恒的财富，”他补充说，“我的叔叔曼纽尔和巴兹尔对公司和行业的投入也是他们留给我的财富。”

就在家族仍沉浸在曼纽尔去世的悲痛中时，又一场悲剧降临。1988年，伦敦海外货运公司的首席财务官和董事米纳斯·库卢昆迪斯在泛美航空公司Pan Am 103航班爆炸中遇难，以外还有242名乘客遇难。当时，他正飞往美国参加他叔叔及教父尼古拉斯·库卢昆迪斯（Nicholas Kulukundis）船长的葬礼。

这些不幸的事件发生的同时，市场逐渐平稳改善。在日本住友公司的支持下，伦敦海外货运公司得以实现重组并为未来发展奠定基础。

油轮行业的决定性环境时刻：“埃克森·瓦尔迪兹号”油轮灾祸

1989 年 3 月 24 日的耶稣受难日，发生了航运历史上最严重的石油泄漏事件。“埃克森·瓦尔迪兹号”(Exxon Valdez) 在威廉王子湾的布莱暗礁触礁，1100 万到 3800 万加仑的石油流入海中。

这场影响巨大的人为环境灾祸是由于工作人员的操作失误以及没有应用本可以避免这种灾难的技术所造成的。“我不认为埃克森船舶作业本身不规范或者不好，”迈尔斯说，“但是不幸的是，船员们犯了错误，并造成了超出他们控制范围的重大事故。”

伦敦海外货运公司的董事会讨论了他们的最佳做法，并等待着政府出台新的监管规定。“我知道随着监管规定的出台，情况将会发生变化，”迈尔斯说，“但是变化将如何发生，我并不清楚。政府如何制定新的法规提升行业安全意识，取决于政府从这场事故中得到的经验教训。”

该漏油事件极具有历史意义，它推动国际海事组织（IMO）制定全面防止海洋污染的行业准则。国际海事组织成员国投票赞成对《国际防止船舶造成污染公约》(MARPOL) 进行修订，并且根据国际海事组织新颁布的《国际安全管理规则》(International Safety Management Rules)，所有成员国的船东在开展船舶经营时都必须秉持着“让船舶更安全，让海洋更洁净”的理念。1990 年，美国进一步通过了《石油污染法案》(Oil Pollution Act of 1990，OPA-90)。该法案的其中一个变化是油轮船东必须使用双壳船体，以符合 OPA-90 的规定。

“石油污染的显著减少证明了《国际防止船舶造成污染公约》的诞生是航运业的一大进步，而且是朝着正确的方向迈出的一步。”迈尔斯说。

“埃克森·瓦尔迪兹号”的灾祸给迈尔斯留下了深刻的印象。总有一天，他将帮助制定规章，以改变油轮行业处理环境安全问题的方式。

逆境中的伦敦海外货运公司重组

1988 年以前，伦敦海外货运公司对未来的发展满怀信心。1990 年，公司启动了一项新的造船计划，订购了一艘载重量为 15 万吨的油轮。

1992 年，董事会决定将伦敦海外货运公司的业务迁往百慕大。迈尔斯当时担任公司董事总经理一职，他对业内追随者表示，公司此举并不是出于降低税收的考虑。与此相反，这样做恰恰是为了扩大公司在资本市场的基础。“我们尝试作为一家英国公司筹集资金，但彻底失败了，”迈尔斯说，“国际投资者对英国企业不感兴趣。所以如果我们要扩大资本基础，就必须重新选址搬迁。”

其他油轮公司，如斯梅德维格油轮公司、帝凯海运公司和前线航运公司，总部设在免税地并成功从国际市场上融资。这引起了伦敦海外货运公司董事们的注意。这说明通过总部迁址提升融资能力是可行的。1993 年夏天，伦敦海外货运公司以每股 15 美元的价格发行了 500 万股新股。在这些股份中，纽约市场占 60%，伦敦市场占 40%。

揭开透明的面纱

公司转型期间，迈尔斯于 1990 年成为英国船东保赔协会的主席，该协会是当时规模最大的国际组织。1994 年，他还成为国际独立油轮船东协会的主席。在“埃克森 · 瓦尔迪兹号”油轮事故中，库卢昆迪斯亲眼目睹了一家公司的失误是怎样给整个行业打上烙印的。“该行业与保赔协会共同努力，阻止美国通过《石油污染法案》，”迈尔斯说，“这是我在国际独立油轮船东协会工作时遇到的最大阻碍。”

迈尔斯解释说石油污染监管的完善由以下几个主要的石油泄漏事故所推动：“托利 · 卡尼翁号”（Torrey Canyon）、“阿摩科 · 卡迪兹号”（Amoco Cadiz）以及“埃克森 · 瓦尔迪兹号”事故。

基于这些考虑，他开始着手制定新的规章和准则，用以考量油轮运营者的优劣，并尽可能避免过度监管。迈尔斯想要解决这个行业尚未解决的问题：不合格的油轮运营者有哪些特征？

在迈尔斯担任国际独立油轮船东协会主席并努力制定安全标准的过程中，透明度一直被置于首要地位。成员船东在协会历史上首次被要求公开安全认证，并拥有足额保险。“这个行业长期以来缺乏主动性，”迈尔斯说，“他们只做监管要求范围内的事情。老实说，即使到了今天，我也不觉得情况会有所改变。”他补充道。

这些强制性措施推动其他 11 个海事组织采用了类似的标准，这些组织包括：劳埃德船级社、挪威船级社和美国船级社等。这 11 个机构也是国际船级社协会的成员组织。国际船级社协会通过了与国际海事组织类似的决议。在 1994 年和 1995 年国际独立油轮船东协会年会上，规定所有国际独立油轮船东协会新老成员拥有的油轮都必须纳入国际船级社的成员单位中进行管理。“几乎所有的成员都遵守了这一规定。”迈尔斯说。

1995 年，艾德利帝客号油轮公司被协会除名，因为其不符合要求。据国际独立油轮船东协会称，在此之前，该协会已经悄悄清理过一批成员，但这是第一次公开向成员单位提出除名要求。

迈尔斯希望改善的另一个领域是该行业对公关媒体的应用。长期以来，航运业与媒体缺乏沟通。不幸的是，“埃克森·瓦尔迪兹号”油轮漏油事件和美国《石油污染法案》的通过进一步打击了航运业进行媒体推广的热情。迈尔斯想要改变这样的局面。

财务挑战

1995 年，伦敦海外货运公司的命运再次逆转。公司当年利润创下纪录：840 万美元。推动利润增长的主要是雪佛龙公司定期租用“伦敦精神号”（London Spirit）、“胜利号”（Victory）和“自豪号”（Pride）的租金收入。此外，当时在航运承租市场上交易的“伦敦企业号”（London Enterprise）已经将其每日租金从 1.35 万美元增加至 1.5 万美元。

另外，航运业对未来的石油消费保持乐观。石油输出国组织（OPEC）预计石油产量将会增加。伦敦海外货运公司的董事们认为，公司前景终于明朗了起来，现在是时候继续其扩张计划了。不幸的是，石油消费发生了变化。中东石油被运往远东地区，航次时间缩短，运输商品所需的油轮数量也减少了。油轮租赁市场的疲软导致约 1600 万吨的油轮运力被出售拆解。

1995 年 6 月，利润丰厚的雪佛龙公司租约到期。随着这家石油和天然气勘探公司关闭了两家炼油厂，雪佛龙公司已没有必要租用两艘油轮。由于当时油轮市场周期对雪佛龙公司有利，雪佛龙就“伦敦精神号”进行两年续约的谈判，但费率有所降低。

在此期间，集装箱和散货运输方面刮起了一阵合并浪潮。“当时，伦敦海外货运公司在纳斯达克上市交易，但不幸的是，成交量的不足导致股价因交易不活跃缺乏变动，”迈尔斯说，“1997 年，在与我们的一些主要机构投资人讨论后，我们决定将公司挂牌出售。”

当时，航运巨头约翰 · 弗雷德里克森（John Fredriksen）在媒体上宣称，这是油轮行业进行兼并的好时机。当年，一位伦敦经纪人说，“买公司比买油轮还便宜”。

1997 年，弗雷德里克森的前线航运公司取得了伦敦海外货运公司 51% 的控股权。“结局却是一场反向收购，因为前线航运公司成为伦敦海外货运公司的一部分，但其最终更名为前线航运公司，”迈尔斯解释说，“事实证明，这笔交易对伦敦海外货运公司的股东非常有益，他们以所持股份获得现金，而不是股票。到 1999 年，前线航运公司的股价已大幅下跌。”

图 13-4　伦敦海外货运公司于 1996 年召开的最后一届董事会

周期中的企业责任

迈尔斯说，在航运的盛衰周期中，人们犯了以往其他人已经犯下的错误，却希望得到不同的结果。“每个周期都是一样的，市场也都是一样的。你必须以低价买入资产，然后以高价卖出。要么按长期货物运输租约的形式将它们出售，要么把资产卖给别人，”他说，“不管是第二次世界大战、苏伊士运河危机还是20世纪70年代的石油危机都无关紧要。你需要为船舶找到有回报的业务来赚取利润。你会超买（overbuy）船舶资产。结果都是一样的。这就是你需要长期投资的原因。”

迈尔斯表示，对冲基金和私募股权的出现，以及它们在五年左右的时间就开始寻求投资回报的紧凑时间安排，都进一步拉长了行业低潮期。“他们把这个行业搞得一团糟。他们并不了解自身所从事的业务，并且急于寻求短期收益，这太荒谬了，”他说，“他们通过持有高价值资产、下新造船订单进入这个行业，这种方式是一贯错误的。你不会因此得到短期收益。我不反对建造新船，但这并不是必须采取的方法。”

图 13-5 迈尔斯·库卢昆迪斯
（来源：约翰尼·米尔蒂斯·库卢昆迪斯的原作）

迈尔斯说，造船厂急于从新造船中获利，根本不管是否会造成供过于求的局面。“对冲基金和私募股权公司把钱给船东，然后说，‘我能买这些船吗？’造船厂、对冲基金和私募股权公司都是造成过度乐观和过度新造的罪魁祸首。2008年和2012年，航运业遭受巨大损失，从某种意义上是由于私募股权公司把投资航运业视为可轻易获利的工具。”

作为企业责任和环境管理的坚定拥护者，迈尔斯说航运业与国际独立油轮船东协会合作无间，并取得了积极的成果。“如果对船舶运营进行严格监管，遵守各项规章制度，最终将会卓有成效。所以说，这些对环境的影响是积极的。”

如今，迈尔斯已经离开了航运业，他表示眼下环境管理方面已取得进展，但这将继续延续下去。“我父亲曾经对我说过，‘这是我们的遗产，我们必须坚持下去’。随着新法规的出台，我们也必须遵守新的规定。大海会生病，但永不死亡。”

Chapter 14

亲力亲为的航海者

理查德·杜·穆林

理查德·杜·穆林

理查德·杜·穆林在大学时期就加入了海军预备役军官训练营，并在毕业后服役了三年。之后他进入商学院并在夏天在摩尔麦考马克公司开始了第一份商业环境中的工作。1974年到1989年，他在奥格登航运公司工作，该公司就是后来的奥美公司。1989年，他创立了无畏航运公司（Intrepid Shipping），用于收购油轮。公司的第一笔交易是杠杆收购海上运输轮船公司（MTL）。1994年，他被选为国际独立油轮船东协会的副主席，与当时的主席迈尔斯·库卢昆迪斯共事。1996年，他正式成为协会主席，公开提倡注重安全和保护全球环境，一心倡导提高行业标准。无畏航运公司持续经营MTL公司，直至该公司在1998年与奥美公司（OMI）合并，并被拆分成悬挂美国船旗的相关业务与国际航线业务。无畏航运公司将悬挂美国船旗的相关业务保留在MTL公司，并在美国纳斯达克完成上市，直至2001年公司被克劳利航运公司收购。后来，杜·穆林与搭档马克·菲拉诺夫斯基以私营航运合作的方式重新创立了无畏航运公司，并一直经营至今。

杜·穆林在过去六年中一直担任海员教会学院理事长，目前已经成为该学院理事会成员。他同时也是美国航海协会海上安全委员会的成员。他被授予了美国海岸警卫队杰出服务奖章、康涅狄格州海事协会的海运统帅奖，以及行业工会的“海洋将军上将”称号。另外，他还是一名狂热的水手，曾参加过24场纽波特百慕大比赛、4场美洲杯比赛和5场跨大西洋比赛。

我的父亲有果断的手腕和一贯积极乐观的心态。他让下一代感受到了责任感、驾驶技术和尊重他人的重要性。

1918 年的西班牙大流感夺走了全世界 5000 万至 1 亿人的生命。在那可怕的 15 个月里，理查德·杜·穆林的祖父西奥多·杜·穆林（华尔街律师）和曾祖父查尔斯·伊萨尔在同一周内相继去世，只留下理查德的祖母阿黛尔独自抚养三个孩子朱莉娅、爱德华（理查德的父亲）和查尔斯。阿黛尔的远房表亲萨姆·劳特巴赫是帆船和滑雪的先驱，他搬过来帮助阿黛尔并成为这个家庭的一家之主。正是在那段时间，杜·穆林家族萌生了对航海的热情。

杜·穆林一家的孩子们在帆船上长大。他们第一次出海是在劳特巴赫的 45 英尺高的小帆船“托拉号”（Thora）上航行。除了在禁酒时期乘坐装满烈酒的船从布洛克岛航行到纽约，这三人还很享受观看美洲杯帆船赛，他们完全不知道爱德华和他的儿子理查德会在半个世纪后成为这项赛事的参赛者。

从法洛克卫高中毕业后，由于经济拮据无法上大学继续深造，爱德华（理查德父亲）开始为华尔街的巴琪公司工作，每周五美元。随后在 1941 年，26 岁的他加入了海岸警卫预备队。爱德华凭借驾驶帆船的经验成为“贝婷号”（Bettine），一艘 47 英尺机帆船的水手长的副手。他们的任务是在大西洋沿岸寻找德国 U 型潜水艇。在 1941 年至 1942 年的寒冬期间，因这艘圆舭船在海上的航行表现，船员们将这艘船形容为“起伏的贝婷号”。晕船成为在“贝婷号”上的生活常态。1942 年后，爱德华进入海岸警卫队学院，接受军官培训。

恩赛因·杜·穆林（Ensign du Moulin）成为一艘新型 83 英尺巡逻艇的指挥官。这艘船的主要用途是保护沿海油轮，攻击 U 型潜水艇，迫使它们潜入水中以便油轮可以脱困。被提升为中尉之后，爱德华被派到 327 英尺长的“英厄姆号”舰艇上，在北大西洋航行。战争结束后，他重新回到华尔街的巴琪公司工作。

1942 年，爱德华与埃莉诺·刘易斯结婚，并在二战后迎来了他们的两个孩子，理查德和凯茜。跟随劳特巴赫的脚步，爱德华与他的孩子们分享了他对航海的热爱。2 岁时，理查德开始与他的父亲以及他在第二次世界大战期间一同在北大西洋共事的伙伴们一起航行。“在我最早的记忆中，就有护卫船队、航海、海岸警卫队和海军的故事，”杜·穆林回忆说，“我喜欢这段历史。可以说航运可能本不属于我这个家庭，但这并不妨碍我的父亲向我灌输他对航海和海洋史的热爱。他在二战期间的船员中只有一个人还活着：汤姆·奥沙利文，1941 年，年仅 16 岁的他谎报年龄并成为一名海军艺术家。我每年仍会和汤姆一起吃几次饭。”

理查德·杜·穆林于 1964 年就读达特茅斯学院，并加入海军预备役军官训练营。这对他父亲而言是梦想成真了。“达特茅斯是我父亲在大萧条期间梦寐以求的大学殿堂，但那时他无力支付学费。”他说道，“我加入预备役军官训练营，想一边服军役，一边在一所优秀的文理学院学习。几乎我想要的东西都有了。”

在达特茅斯的那些年里，杜·穆林本应乘坐夏季邮轮登上海军的舰艇，但他因为美洲杯和横渡大西洋的帆船赛而错过了。“海军同意我这样做，”他说道，“因此，当 1969 年 6 月从工程学院毕业时，我仍需要补修海军军校学生的巡航之旅。做海军的第一天，我到了弗吉尼亚州的诺福克，并去了军官俱乐部酒吧，这个地方太疯狂了。感觉就像宇航员第一次踏上月球的那一刻！”他咯咯地笑着，“那是我在海军服役的第一个夜晚。”

杜·穆林服役了三年时间。他所在的船，运输登陆舰“泰勒伯恩区域号”（the LST Terrebonne Parish）已经被闲置，因为当时这些船正从越南返航。“我在 T-bone（我们对她的爱称）上度过了大约六个月的时间，然后被调配到海军学院，在那里我花了两年半的时间经营一个船厂。那个船厂保留着学院用于专业发展（导航、领导力、航海技术）的所有船只，从帆船到 110 英尺的训练船，甚至还有一艘潜艇。这样的管理经验是无价的。”

在那期间，杜·穆林的航海经验也得到了施展的机会。他执教过海军海洋赛艇队，同时教授过航海和导航技术。在 1972 年退伍后，他被任命为德库西·费尔斯委员会成员，并在长达 30 年的时间里，在航海、驾驶技术和导航方面为该学院的管理层提供建议。

初创时期

在离开海军之后，杜・穆林在百慕大和跨大西洋的比赛中驾驶海洋帆赛艇“卡里斯玛号”（Charisma）。随后，杜・穆林安顿下来，并于1972年入读哈佛商学院。在哈佛商学院两学年制的暑假里，他在摩尔麦考马克公司（Moore McCormack Lines）为吉姆・巴克尔（Jim Barker）和保罗・特里格萨（Paul Tregurtha）工作。“我真的很幸运能遇见这些人，他们给予我机会进入航运业工作。吉姆和保罗是了不起的人，同时也是杰出的商人，”他笑着说，“他们让我对航运感到非常兴奋。毕业后他们邀请我为他们工作，但我想入职一家更国际化的公司，所以去了奥格登航运公司（Ogden Marine）。”

1974年，杜・穆林开始为奥格登航运公司的创始人兼首席执行官迈克・科里班诺夫（Mike Klebanoff）工作。那是赎罪日战争和阿拉伯石油禁运之后的一年，全世界都处于动荡之中。油轮市场陷入崩溃，美国和苏联陷入冷战。这一年6—7月召开的莫斯科峰会因水门事件和理查德・尼克松总统的辞职而蒙上了阴影。作为一名退役军人，杜・穆林明白地缘政治所面临的紧张局势。

“当我在美国海军服役时，我们唯一的工作就是准备摧毁苏联海军。苏联是我们的主要对手。然而，迈克・科里班诺夫并没有特别担心苏联。迈克告诉我，‘理查德，不要担心苏联。苏联是如此低效，它将会走向崩溃。应当被视为下一个世界超级大国的是中国。’迈克在中国长大，”杜・穆林解释道，“他说，中国人是最高效、勤奋的人，一旦中国对外开放，他们将主宰世界。他能在20世纪70年代早期就意识到这一点真的非常有智慧！”

几年之后，伊朗革命震惊了航运界，此后不久杜・穆林的生活有了新的转变。1979年11月4日，在伊朗革命人质被捕的那一天，理查德与安・卡佩利结婚，他开玩笑地说：“我也被劫持为人质了。在接下来的四百多天里，沃尔特・克朗凯特（Walter Cronkite）每天都会在晚间新闻中告诉我，我结婚多久了。”

迈克于2017年去世。他受到杜・穆林和其他许多为他工作的人的敬重，例如现任康涅狄格州航运公司高管查理・塔马拉（Charlie Tammara）、凯西・海恩斯

（Kathy Haines）、罗伯特·布格比（Robert Bugbee）和克雷格·史蒂文森（Craig Stevenson）。迈克的父母在20世纪20年代的苏俄内战期间逃离了苏联。他们是犹太人，借助西伯利亚大铁路逃脱。迈克出生于铁路线末端的哈尔滨，并在上海的犹太社区长大。他的妻子安吉莉卡也曾与家人逃离苏联并前往中国定居。1948年，这对夫妇又离开中国并定居古巴，后又离开古巴并最终在纽约定居。

"因为成长环境的不同，迈克的背景令人惊叹，并且他有着与大多数人完全不同的世界观。他也是一位和蔼的导师，"杜·穆林充满敬意地说道，"为他工作是我一生中最棒的经历之一。他是一个没有拿破仑情结的矮个子。是的，他很自负，但完全是可控的。他给了我很大的空间去学习，当我寻求建议时，他也总会在那里。他从不会给我设限。我们公司的租船经纪人会非常用心地教我基本知识。后来我发现，迈克曾经告诉过他们，如果我犯错，他们就要负责！"

尽管杜·穆林在1989年离开公司单独发展，但他一直与迈克保持联系直到他去世。"在奥格登航运公司的时光很美好，但我真的很想做自己的事情，所以我最终还是离开了公司，并和马克·菲拉诺夫斯基（Mark Filanowski）以及前雷曼兄弟的投资银行家保罗·格瑞德利（Paul Gridley）一起组建了无畏航运公司（Intrepid Shipping）。我以当年参加美洲杯时驾驶的帆船名来命名这家公司。"

描绘新蓝图

无畏航运公司的主要业务是购买油轮。杜·穆林有一些在高盛的朋友想与他们一起投资合伙基金。1990年6月8日，就在他们正要达成协议时，"米格博格号"（Mega Borg）油船在休斯敦海岸爆炸了。高盛的银行家们打电话给杜·穆林为退出一事道歉。"我们没有预料到这些，所以当听说一家名为海上运输轮船（Marine Transport Lines，MTL）的上市航运公司已经进入这个领域时，我们决定收购它，"杜·穆林说道。

MTL是美国历史上最悠久的航运公司，由康涅狄格州米斯蒂克地区的马洛里家族于1816年创立。出人意料的是，这个家族的后裔，同时也是油轮经纪公司MJLF的合伙人的查尔斯·马洛里，是杜·穆林的密友。

为了收购MTL公司，杜·穆林和他的团队从各种渠道募集资金。挪威银行和克里斯蒂安尼亚银行给予融资，加拿大贝尔兹伯格（Belzberg）家族通过次级债务提供资金，加上另有三个合伙人和朋友们提供股权融资，总计1.44亿美元，这在1989年是笔巨额资金。即便如此，无畏航运公司还是发现自己陷入与强大买家的殊死搏斗中。另外三位竞标者分别是已退休的财政部部长查尔斯·西蒙、SEACOR公司的查尔斯·法布里甘特以及由MTL时任主席带领的小组。无畏航运公司勉强在这场搏斗中幸存下来，并在1989年的最后几周，狂热的20世纪80年代杠杆收购时代的末期，完成了收购。

"我们在收购时代的末期存活了下来，"杜·穆林说道，"但我们也面临严峻的挑战，客户对公司的延迟出售以及巨额债务感到不满。我们在市场高点时迅速将一艘阿芙拉型原油油轮出售，并且把其中一艘首批LR2型成品油轮的50%股权，以及持有的英国短途油轮公司的50%股权全数出售给了铁行渣华集团。由此，债务减少了60%。自那个时点以后，市场开始走低。我们勉强得以幸存。"

MTL最大的业务之一是运输化学品，而其最重要的业务关系是和联合碳化物公司达成的关于在一艘名为"化学先锋"的美国旗油轮上的合作。"我必须非常重视这个合作方，"杜·穆林说道，"我前往位于康涅狄格州丹伯里的联合碳化物公司总部，拜访公司董事长罗伯特·肯尼迪。他是化工安全领域的领导者，很有远见。"

在公司前任董事长的任期中，印度爆发了博帕尔天然气惨案，造成一千多人死亡。肯尼迪从这位不幸的前任手中接管了联合碳化物公司。"在肯尼迪的领导下，公司得到好转，他推动建立了更严格的安全标准，"杜·穆林说道，"他的观点是，规模最大的公司应该在安全方面发挥带头作用，并与规模较小的公司分享他们的做法。这很有道理。任何一个公司造成的灾难都会伤害到其他公司。"

从肯尼迪那里，杜·穆林吸取了关于如何制定和实施安全与环保的行业措施的所有经验教训。1994年，他被推选为代表油轮行业的国际组织：国际独立油轮船东协会的副主席，在迈尔斯·库卢昆迪斯主席的领导下供职。库卢昆迪斯和杜·穆林，以及新的执行董事达格芬·伦德（Dagfinn Lunde）推动国际独立油轮船东协会成为一个更加积极主动的组织。杜·穆林于1996年成为该机构的主席，在接下来的三年里，他一直公开提倡注重安全和保护全球环境。

在杜·穆林当选为主席时，他与肯尼迪常常共进午餐，于是两人成为了朋友。“鉴于肯尼迪在他所在行业提出的倡议，我会谈论我认为的油轮行业应采取的安全政策。我想确保每家公司都在安全运营。我不想看到有油轮触礁，导致国会通过会伤害到每个人的惩罚性法律，”杜·穆林说道，“作为国际独立油轮船东协会主席，我的目标就是提高我们的行业标准。”

但让所有成员参与进来并不容易。国际独立油轮船东协会成员中最大的抱团阵营是希腊船东和运营商。他们对新颁布的法规以及被描绘成公敌非常不满，还对行业领导地位持怀疑态度。因此，杜·穆林专程飞往希腊说服他们相信更严格的新标准符合他们的最大利益。“埃莱森公司的埃里克·克特西科夫（Eric Kertsikoff）是我在希腊最重要的朋友和拥护者。当他带我进入一个私人餐厅时，他说，‘你要非常小心，理查德。这些人拥有世界上四分之一的船队，他们不会喜欢你将要说的话’。但事实证明，我们的晚餐一直持续到凌晨，且结果非常不错。虽然我们争论了许多问题，但希腊船东们意识到我并非徒有其表，而是一个热爱船舶、海洋和水

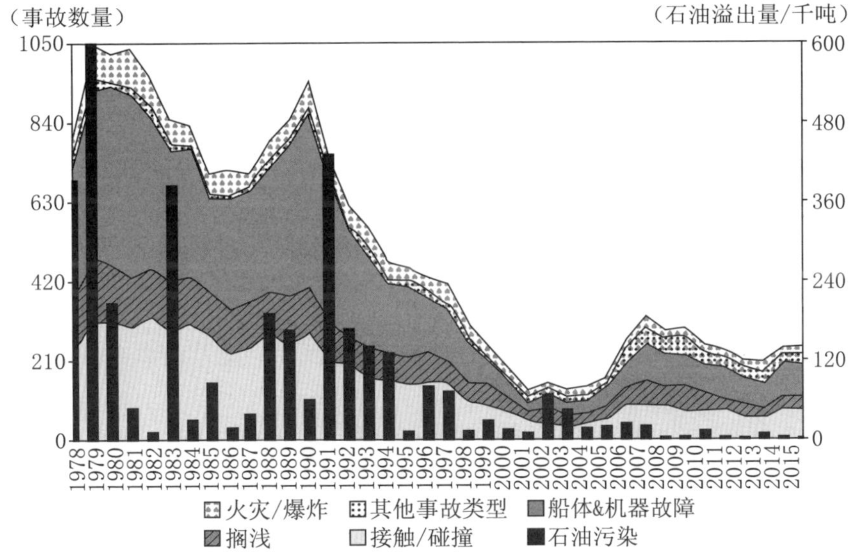

图 14-1　油轮事故：所有的油轮类型和尺寸

（来源：国际独立油轮船东协会）

手的人。这些船东成为我最大的支持者，国际独立油轮船东协会的全球战略得以更进一步。有趣的是，是肯尼迪和希腊人打开了这扇门！”

杜·穆林接着说道：“最终，国际独立油轮船东协会起到带头作用。而有意思的是，美国海岸警卫队、布鲁塞尔和各个港口国家都纷纷响应。我们从化工业中学到了如何改变油轮业，并且这产生了长远影响：你现在所看到的每一个统计数据都表明石油污染正在急剧减少。2018 年 1 月，我们确实遇到了第一次例外：伊朗油轮‘桑吉号’在中国东海爆炸燃烧。伊朗人可能没有建立与世界其他地方相同的安全管理体系。但除此之外，统计数据确实证明我们在 20 世纪 90 年代所做的一切卓有成效。我们成功地改变了海事领域安全和环境保护的行业风气。”

即使行业有所改善，事故依然会发生，且杜·穆林知道这个行业在应对不幸事件被曝光方面处于落后状态。杜·穆林永远不会忘记多年前一名公共关系顾问给他的建议。“他说，‘你知道，新闻报道的都是坏消息。如果你想要好消息，就去读幽默故事，’”杜穆林回忆道，“他说，‘没有人会想要了解油轮船东作为好人的一面，但是当发生灾难时，它就会成为头版。’”

根据这一建议，作为国际独立油轮船东协会主席的杜·穆林确保各个公司开始学习如何应对危机。“你当然不想经历油轮灾难，但是一旦灾难发生了，你就会出现在电视节目和新闻头版上。这是一种令人悲伤的免费宣传，但同时也是一次机会，一次让你去展现专业度、进行有效的沟通、给公众和监管机构信心的机会。你必须对该事件作出及时有效的回应。”国际独立油轮船东协会要求其成员接受危机响应的培训。杜·穆林就是这样遇见了海事行业危机应对方面的先驱吉姆·劳伦斯。吉姆和他在伦敦的合作伙伴以及世界各地的其他公关顾问被聘请为油轮船东们提供培训，以应对危机。此后几年发生的多起事故证明，这项培训被证明是国际独立油轮船东协会取得的一项巨大成功。

杜·穆林在国际独立油轮船东协会的工作为他赢得了无数奖项。美国海岸警卫队授予他最高的平民奖励，即杰出服务奖章。康涅狄格州海事协会向他颁发了他们的海运统帅奖，而工会向他颁发了“海洋海军上将”称号。

杜·穆林除了平衡他在国际独立油轮船东协会的职责，还要和他在海上运输轮船公司的团队一起扭转公司的困境。1989 年停业后的快速去杠杆化成效一直令人满意，直到 20 世纪 90 年代初化学品和油轮市场崩溃。“为了公司生存，五年来我们一直努力挣扎。这就是我在海军所经历的艰苦困顿及其他的一切获得回报的时候，”杜・穆林说道，“我们让团队在严峻的压力下保持团结。马克、保罗以及 MTL 的管理层和员工们都是真正的战士，他们从不放弃。我们与水手们碰面，了解他们的动态，因此我们的船只在每次的贸易业务中都给客户提供非常好的服务。这使我们在力求生存的同时留住了几乎所有重要客户和合约。客户，包括我们在联合碳化物公司的朋友们，都支持我们的努力。”

当市场开始回暖，杜・穆林与他以前的公司 OMI 进行了交易，后者随后由克雷格・史蒂文森（Craig Stevenson）和罗伯特・布格比（Robert Bugbee）经营。1998 年 6 月，MTL 和 OMI 合并，对美国旗航运线路和国际航运线路的业务进行分离。该交易的出发点，一方面是让史蒂文森和布格比将 OMI 推向海外市场，免除美国税收；另一方面，杜・穆林和他的团队得以将 MTL 公司的规模扩大一倍。两家公司随后都完成上市，OMI 在纽约证券交易所上市，而 MTL 在纳斯达克上市。这对两家公司来说都非常成功，而这两家公司也随着市场的改善而不断发展。三年后的 2001 年，杜・穆林和董事会将 MTL 卖给了汤姆・克劳利（Tom Crowley）。

2002 年，菲拉诺夫斯基和杜・穆林离开了克劳利，并作为私人航运合作伙伴重新开始运营无畏航运公司。杜・穆林的大学朋友肯・琼斯，过去曾是 MTL 的主要股东，带来了新的投资者，而这些投资人至今仍给无畏航运公司的船只进行投资。

用耐心和同理心领导

杜・穆林的父亲，在华尔街和帆船界以能在复杂局势中妥善处理人际关系而著称。正是父亲与人们建立联系的能力让杜・穆林看到了获得支持和沟通的重要性。“父亲最优秀的品质就是能够帮助年轻人在帆船运动以及他们的生活和事业中找到自己的发展道路。”杜・穆林说道。

这种领袖特质给杜・穆林留下了深刻的印象，并希望以他的父亲为榜样。“我觉得我很厉害的一项技能就是与人打交道，”他说道，“在海军服役时，我不仅需要与各种各样的人合作，还必须学习如何应对强大的官僚机构以及海军运作的体制。你会学到很多与大型组织打交道的技巧。有些是很好的经验，而有些则因为是糟糕的经历而变成让人受益的教训。最后，我从这两方面都有所收获。”

杜·穆林人生中一次重要的“受教时刻”发生在他担任海军中尉时。“我的船被搁置，而且我也没有战场上的经验，但我的手下有许多人是从越南回来的，”杜·穆林解释道，“在入伍时排名第二的海军二级军士长盖尼（Gainey），因为他经历过真实的战斗，所以教会我许多东西。他拿到过银星勋章。他的中尉被杀后，他不得不接管3艘在湄公河上遭受袭击的快艇。盖尼的性格非常安静，但是他会经常把我带到一边，向我提出一些如何与人相处的建议。他从未当着大家的面这样做过。”

这种关系让他对级别低于他但却有更多经验的人更加尊重。“我一直认为和那些在船上努力工作的人交谈是件轻松愉快的事。如果你让他们知道你需要他们的意见，便会得到一些非常有用的信息以及反馈，”杜·穆林说道，“但如果你以高人一等的口气对他们讲话并表现出不尊重，他们便不会与你交谈。你永远不会知道是否会出现问题。”

多年来，这一领导策略帮助杜·穆林及其公司避免出现严重问题。他与各级员工建立关系的本领也时不时地让他获得一些很有价值的见解，从而避免不必要的“交易”。2003年、2004年，无畏航运公司的杜·穆林和菲拉诺夫斯基正打算扩大他们的散货船队。当时在中国香港华林公司（Wallem）负责管理他们散货船的船队主管：拉克斯曼·库马尔（Laxman Kumar），帮助他们逃过了一场代价高昂的灾难。“在干散货牛市前期，我们外出寻找船只。我记得我们找到了一艘即将进入干船坞的希腊船只。”杜·穆林回忆道，“船东与我们分享了他的干船坞修整计划，包括要用到50吨新钢。我打电话给拉克斯曼，告诉他我们正在考虑买那艘船。他告诉我他需要考虑一下，并会在本周晚些时候告诉我他的想法。三天后，他打电话警告我们放弃那艘船。当我询问为什么时，他说，‘我飞到了中国的造船厂，他们计划把船送入那里的干船坞，但船东在对你说谎。他们不是要运50吨钢，而是600吨！’

拉克斯曼亲自飞到中国去查看船将要前往的船厂，查明事情的真相为我们——他的朋友和客户保驾护航。如果我们像对待公司的仆人一样对待这个人，我们就永远不会得到这样的回报。”

杜·穆林从未听说过此前的船舶管理人做过类似的事情。“你真的需要与人合作并了解他们，让他们知道你对他们的观点有多么重视。当建立了这种信任关系时，人们就会更加乐于与你分享。永远不要把他们当作你的下属对待。这将阻碍良好的沟通。如果想要完整的信息，必须开启这种沟通方式。这对任何管理者来说都是至关重要的。很多高管都害怕失去权威而错过了一些重要的意见。”这种行事风格感觉更像会发生在硅谷而不是在海事领域。

杜·穆林对航海及海事从业者的热情超越了生意的范畴。二十年来，他一直是纽约海员教会学院的董事会中。作为董事长，从 2012 年到 2018 年 3 月，他与海员教会学院董事会和员工一起开拓面向海员的服务内容，包括牧师服务、海员服务、海员权利和海事教育。海员教会学院工作人员提供的最悲伤、最令人难忘的一次服务是为美国旗船“灯塔号”的家属提供经济和心理上的帮助。“该船在 2015 年的飓风‘华金’中沉没，我们的董事会成员吉姆·劳伦斯向船东托特公司提议让我们去照顾遇害船员的家属并妥善分配已筹集到的 80 万美元捐款，”杜·穆林说道，“尽管我不认识船上的年轻人，但由于自身的航海经历，我对他们的经历感同身受。能够认识其中一些家属对我来说是一种荣幸。我们的牧师拜访了所有船员家属，包括身在波兰的家属。那年的 2 月份，我们最终根据 21 岁以下子女的数量将剩余的捐款分配给了所有家庭。”

基础技能胜过科学技术

几十年来，全球贸易日益深入，覆盖面更广，也更加错综复杂。因此，为了更大程度地受益于规模经济，船舶大小和速度都有所增加。船舶还配备了节省人力的辅助性技术。尽管取得了这些进步，杜·穆林仍强调这个行业需要关注基础技能，并且要以海事领域的常识性原则为主导，而非科学技术。“事实上，出海的基本要求在几个世纪以来没有太大变化。我喜欢进行历史比较，比如和 18 世纪布莱上尉掌舵的‘邦蒂号’上的暴动相比，”杜·穆林说道，“布莱船长和他的17名船员被留在帆船附载的大艇上——只是一艘大艇——被弗莱彻·克里斯蒂安遗弃在那里。布莱船长率领他的船员展开了历史上最长的敞舱船之旅。他们航行了3000多英里到达巴达维亚，就是现在的雅加达。而他们仅失去了一名船员，死于食人族之手。这是卓越领导力的一个有力例证。”他停顿了一下，“回想2012年，在飓风桑迪活跃期间，有一艘名为‘邦蒂二号’的船，它是‘邦蒂号’的复制品。船东和船长计划将这艘安全停泊在康涅狄格州新伦敦市的船驶往佛罗里达赴约。他们认为可以绕到飓风桑迪的背后航行。可是，他们失败了。”

现代的“邦蒂二号”是一艘经典的高桅横帆船，有3个桅杆和10000平方英尺的帆。该船长120英尺，比原型长30英尺，并且有16名船员。这艘船从新伦敦市出发，一直航行到风暴中心。船长罗宾·沃尔布里奇（Robin Walbridge）和乘客克劳丁·克里斯蒂安（Claudene Christian）双双遇难，后者自称是弗莱彻·克里斯蒂安后裔的加州选美冠军，同时也是一位职业歌手。

“海岸警卫队搜救队差点在救助剩余船员时遇难，”杜·穆林说，“这太令人吃惊了——这两艘船相隔三个世纪。布莱船长有着极好的航海技术，而‘邦蒂二号’的船东和船长，尽管拥有完备的现代技术和信息，却作了一个愚蠢的决定，与风暴正面交锋。”

杜·穆林继续说道：“最终，这实际上与航海的核心技能有关。我说的是对事态的认知、航海技术、领导能力和危机应对。这些与科技无关，”他强调道，“事实上，科技——如果被错误地应用或忽略了基本技能——不会帮你摆脱困境。曾经有两艘海军舰艇相撞，而驾驶这些舰艇需要很多技术！如果掌握了基本技能，就可以避免这样的事故发生。”

“在飓风华金中失去‘灯塔号’（El Faro）让每个出海的人得到了教训。人们需要遵循一些特定的航海基本技能。”杜·穆林说道，“‘灯塔号’事故非常令人悲伤——海岸警卫队对这次事故的调查已大致完成。造成该事故的一个原因就是船长作出了错误的决策，而且船长和初级船员之间缺乏沟通。尽管船长非常受人尊敬，但遗憾的是，他作出了一些致命的决定。你最好还是学习效仿哥伦布抑或是沙克尔顿的做法，因为你也会陷入现代科技无法拯救你的境地。在这种情况下，只有航海技术和领导能力才有可能拯救你。”

作为美国帆船协会海上安全委员会的成员，以及海上安全研讨会九位合格调解人之一，杜·穆林非常熟悉在恶劣天气中航行的危险。他参加海洋帆船赛时也多次在飓风中航行。

周而复始

杜·穆林将在 2018 年 6 月进行个人第 25 次纽波特至百慕大帆船赛。这项经典的帆船赛事每隔一年举办一次。目前该赛事参与者的最高纪录是参赛 30 次，该纪录的保持者是来自纽约州拉伊市已故的吉姆·默茨（Jim Mertz），他是杜·穆林心中的帆船英雄之一。杜·穆林，作为一个亲力亲为的帆船手，笑着说：“如果我继续参赛，直到 80 岁，或许能够达到这个纪录！”

自从 1966 年参加第一场比赛以来，杜·穆林只错过了两次比赛——一次是因女儿罗拉出生，另一次是因他与泰德·特纳一起参加了美洲杯帆船赛。

“这是一项重要的赛事，”杜·穆林说道，“我第一次遇到飓风是在 1972 年，当时我驾驶着一艘名为‘卡里斯玛号’（Charisma）的帆船。我们最终在 180 艘船中排名第二，被一艘英国帆船以八分钟的优势击败！我至今仍对此耿耿于怀。”他叹了口气。

在过去参加的九场比赛中，他一直驾驶着一艘 37 英尺长的帆船“罗拉安”号，而且通常是双手操作设置，一共只有两名队员，其中包括他自己。“这是我们如今的操作模式。但是今年，我的两个儿子也参与进来，我就有了一个包含七个人的团队。我们有备而来，”杜·穆林解释道，“我们全面关注安全和驾驶技术——与在船上一样。我一生中所学到的航海知识都来自于爸爸和萨姆。”

作为国际帆船赛事的常客，杜·穆林还参加了四次美洲杯帆船赛和五次跨大西洋帆船比赛。最伟大的一次比赛经历或许是 2003 年他和来自马萨诸塞州马布尔黑德的里奇·威尔逊一起完成的帆船冒险。两人双手驾驶着 53 英尺长的三体帆船“大美国二代号”（Great American II），从香港到纽约不停歇地航行了 17000 英里，打破了高速帆船“海巫号”（Sea Witch）保持了154年的纪录。他们在海上航行了72天，比原纪录快了36个小时。

正如萨姆将他丰富的航海知识传授给爱德华，爱德华传授给理查德，杜·穆林的四个孩子继承了这项家庭传统，他们都成了海员。最年轻的马克现在是一艘美国商船的三副。“我的父亲有果断的手腕和一贯积极乐观的心态，”杜·穆林说道，“他让下一代感受到了责任感、驾驶技术和尊重他人的重要性。这些也是我的孩子们所推崇的美德。第一次世界大战中的一个家庭悲剧竟然开启了这样一段热爱航海、坚强而美好的故事，多么不可思议！”

Chapter 15

航运金融的先行者

迈克·哈德纳

迈克·哈德纳（Mike Hudner）

迈克·哈德纳的职业生涯始于提供房地产金融服务的伊斯特迪尔房地产公司。然而一直以来，他对船舶投资有着浓厚的兴趣。1977年，他与搭档阿尔维德·贝格瓦尔共开始了自己的第一个试点项目，并于1978年共同成立了B+H公司。从1978年到1985年，B+H公司专注于为悬挂外国船旗的船只在美国开拓有限合伙制融资方式。1987年，B+H公司率先进入公开证券市场，以盲池IPO（blind pool IPO）的形式对散装轮进行了首次公开募股。1988年，B+H远洋运输有限公司（B+H Ocean Carriers）成功上市；B+H海事运输公司（B+H Maritime Carriers）也紧接其后，于1989年上市。1992年，与贝格瓦尔最初的合作关系终止后，哈德纳修改了B+H远洋运输公司的经营范围，将其转变为主流的拥有船舶和经营业务的公司。1997年，B+H公司发行了有史以来第一批B级航运债券。时至今日，哈德纳依旧担任B+H航运集团的董事长兼首席执行官，主要负责140多艘成品油轮、组合货船、散货船、原油船和海上支援船的收购和融资。他同时还领导着公司的投资分支机构，即：Navinvest公司。他是纽约律师协会和美国船级社理事会的成员。他还活跃于许多慈善机构和社区组织，包括神秘海港博物馆（Mystic Seaport Museum）和沿海资源管理委员会（Coastal Resources Management Council）。

抛开一切跳入未知之中，只有你的智慧和坚持在支撑着你，这是我最欣慰、最谦卑、最满意的经历之一。

我有点像一只码头上的老鼠。我只是爱上了海上世界。

航运业和房地产市场有很多共通之处。两个市场上的投资都是长期的，船舶建造和房地产开发都耗费时间。当需耗费多年时间去扩建船队或者开发房地产时，需要准确评估经济的健康状况。两个行业的主要参与者自然都看好未来的前景。这是必然的，因为这两个行业依赖那份信心来发展。但是正如本杰明·富兰克林所言："在这个世界上，除了死亡和税收之外，没有什么可以说是确定无疑的。"强劲的经济表现与经济调整之间只有一个危机之隔。

20 世纪 80 年代，在经历了 20 世纪 70 年代经济危机的毁灭性打击之后，美国进入了严重而深远的萧条期。房地产和航运业正面临着一系列的经济挑战：高利率、1973 年和 1979 年的石油危机、农产品出口的急剧下滑，以及大萧条以来的最高失业率。据美国商务部计算，企业破产的数量较之前一年增长了 50% 以上。两

日　期	企业名称	交易类型	交易额（百万美元）
1989 年 11 月	思多尔特–尼尔森有限公司	企业债券	100
1989 年 7 月	MC Shipping	首次公开募股	45
1989 年 4 月	国际船舶控股公司	首次公开募股	15
1989 年 3 月	诺坦克斯公司	首次公开募股	80
1989 年 2 月	B+H 海事运输	首次公开募股	45
1988 年 12 月	环球海洋运输	首次公开募股	45
1988 年 8 月	B+H 远洋运输	首次公开募股	55
1988 年 6 月	思多尔特–尼尔森有限公司	首次公开募股	51
1987 年 9 月	B+H 散货运输	首次公开募股	20
1987 年 6 月	安奈吉儿–美国船舶控股有限公司	首次公开募股	45

图 15-1　进入资本市场的航运企业

（来源：海事财经）

个行业都留下了大量的半空置资产。行业龙头们都在寻找方法去盘活那些已然不复存在的僵尸资本。

“萧条后低点的程度和持续时间是非常重要的，因为每个糟糕的日子都会产生累积效应。”迈克·哈德纳（Mike Hudner）说。他是 B+H 远洋运输有限公司（B+H Ocean Carriers Ltd.）的总裁和 CEO，20 世纪 70 年代中期曾在房地产金融行业工作，亲眼见证了房地产和航运业的相似之处。“我们的产能过剩已经持续好些年了。在 20 世纪 80 年代中期，世界上有数以千计的船舶被闲置，银行也关闭了给船东融资的大门。”

那段时期的海运业在船舶融资和持有方式上都非常传统。船东会去银行申请一笔船舶抵押贷款，并请家人和朋友入股。很少有外部投资者参与其中，船东负有全部责任。但是，随着银行不再放款，散货船和油轮的所有者们面临着巨大的压力，资本危机也随之形成。哈德纳认为这是一个机会之窗。

尽管危机往往伴随着毁灭，但对于那些不肯服输的人，其聪明才智才会得以显现。哈德纳相信他和他在奥斯陆的挪威合伙人阿尔维德·贝格瓦尔会找到新的办法为船舶融资，可能会通过美国资本市场，尤其是那些涉及房地产投资的部门。他们的公司 B+H 海上运输有限公司正是在房地产金融的概念上创建的，并始终思虑周全，在追踪房地产资本市场的情况。“‘危机’在汉字中就是由危险和机遇两个词构成的。”哈德纳说。

开拓美国的外国旗航运资本市场

在 20 世纪 70 年代，上法律夜校的同时，哈德纳也在伊斯特迪尔房地产公司工作，这是华尔街第一家专注于房地产金融的公司。“我从伊斯特迪尔的职业生涯中学到：在这个世界上，寻求项目的资本比寻求资本的好项目要多。”他说，“在海运业也是如此——航运是高度的资金密集型行业。在我看来，如果你有一个好的项目并坚持下来，最终会为它融到资金。这需要做大量的工作，但是你一定会成功。”

B+H 公司的创立既有坚持，也有机遇的因素。1975 年，哈德纳和一个大学同学彼得·埃里克（Peter Elrick）决定寻找机会将被动投资者同闲置的超大型邮轮的所有者联系到一起。彼得曾是伯曼油轮公司（Burmah Oil Tankers）董事长艾里亚斯·库卢昆迪斯（Elias Kulukundis）的助理。1975 年 11 月，他们和化学银行的一位航运银行家开了个早餐会，并讨论了他们的想法。1976 年 3 月，他们终于得到了回复。挪威航运人阿尔维德·贝格瓦尔，从奥斯陆来到纽约考察美国资本市场，看看是否有资金可以引入受困的挪威航运项目。贝格瓦尔、哈德纳和埃里克在圣帕特里克节那天见了面。他们进行了非常广泛的讨论，并同意保持联系。那年秋末，贝格瓦尔又联系了他们。第二年，他和哈德纳断断续续地讨论了为海运项目融资的其他途径。

他们的第一个试点项目发生在 1977 年秋天。那笔交易的成功给了哈德纳走出舒适区的动力。1978 年 7 月 1 日，他放弃了房地产投资银行稳定又有保障的工作，同贝格瓦尔一起创立了 B+H 公司。

他为自己的商业人生书写的新篇章令人既兴奋又恐惧。“为了一个陌生、未知的事物，我放弃了一份有着稳定收入的工作。”他说，“我同一个来自奥斯陆的合伙人共事，而我对他几乎不了解，我对即将进入的领域也是一无所知。但是我相信，我们可以运作这些航运不良资产项目，正如以往通过与寻求增加资本投入的投资者合作达成的房地产交易。”

在最初的 4 年里，B+H 公司只有一个小房间作为工作室。工作室在哈德纳和他的妻子霍普·弗里曼·哈德纳（Hope Freeman Hudner）合住公寓里的厨房外面。房间里只有一部电话和一台机电式电报机。哈德纳说，B+H 公司充满不确定性的开端绝不仅仅只是他人生中的决定性时刻。“抛开一切跳入未知之中，只有你的智慧和坚持在支撑着你，是我最欣慰、最谦卑、最满意的经历之一。”他说，“将我对船舶的热情和创新性金融工具结合起来，就像是在天堂里找到了我的启明星并一路追随。”

哈德纳首先面临着资金压力，他找到了多种为航运交易和资产股筹集资金的方法。“我曾经在奥斯陆做过一次演讲，并解释说，我们已经开发出了大约 14 种不同的方法来获得船舶投资。它们都是某种形式的股权等价物。”哈德纳说，“如果你灵活多变，能够创造性地思考船舶和金钱之间的关系，就能实现目标。对思考这是如何做到的，我很感兴趣。”

从 1978 年到 1985 年，B+H 的主要工作重心是为外国旗船舶在美国开拓有限合伙制融资方式。1987 年，公司为散货船发行了盲池上市（blind pool IPO），率先进入公开证券市场。投资者会持有这些上市股票，可以在纽约自由交易。这些公司当中的 3 家分别在 1987 年、1988 年和 1989 年上市了。随之而来的是 1997 年首支 B 级航运债券发行。所有这些创新融资方式引起了华尔街和航运业的注意。一旦证明这种方法行之有效，就会有很多人效仿。

在首次购买之后，这些低杠杆、拥有船舶的 IPO 实体不允许再投资其他的船舶。公开市场募股的金额已经支付，加上所有现金流的优先回报，接着管理层收到成交费用和附带利息。大量公司跟随 B+H 的步伐进入了这个公开竞技场。公众投资者的目标不是成为船舶的长期持有者，而是分享这个周期性的机会。公司的唯一目的就是获得船舶、运营船舶，然后市场改善后便退出。这些在 20 世纪 80 年代打开华尔街大门的上市公司被称为“自我清算公司”。他们为安奈吉儿–美国船舶控股有限公司、太平洋航运有限公司、北欧美国油轮有限公司、诺坦克斯公司及其他公司在公众股权领域结合当期收益工具和资产股来投资船舶铺垫了道路。

哈德纳知道，对投资者进行有关这一新型投资工具的教育，将会是一个挑战。如何说服一个人去投资一条他看不见也摸不着的船？更别指望他们会理解即将投资的这项业务。哈德纳希望他对于海运的热情及其在行业中的亲身经验能够跨越这个障碍，激励投资者。

打破蓝图

哈德纳在罗得岛纳拉干塞特湾东北部的芒特霍普湾长大，他从很小的时候就开始航海了。他家有一艘 16.5 英尺的小帆船。“我有点像一只码头上的老鼠。我只是爱上了海上世界。”他说，“小时候，我经常望着海平线，畅想乘船去到海平线之外的地方是一种什么样的感觉。”

哈德纳大学时在船上工作了好几个暑期，然后就开始出海了。“我喜欢海上世界，但是我也对房地产金融方面感兴趣，尤其是不良资产。你可以获得房地产，并得到很多卖家的信贷；或者将不良资产剥离银行，然后以很低的价格买下它们。”

哈德纳明白了为什么投资者和投资组合经理会被房地产吸引。在任何时候，这都是一项实际可行的投资。此外，拥有房地产的威望使投资者进入资产投资行列，他们认为这是一种更具吸引力的选择，尽管资产投资在当时并不常见。伴随着房地产投资而来的税收激励也没有产生不良影响。但是投资一项在世界各地流动的资产是一种很难解释的概念，更不用说出售了。

“同我做交易的第一批人不得不派个人去挪威，确保船舶真的在那里。”哈德纳说，“人们通常通过获得其登记信息和文件来核实船舶的确存在。这些人想过去亲手摸一下船。这是明智的，因为这是他们的第一笔海运投资。对投资者而言，这个行业是虚拟的。但是对于船东来说，它是真实存在的。”

B+H 做的第一类交易就是有限合伙制的。“实际上，我们率先为悬挂外国旗的船舶创建了第一个美国有限合伙企业。”哈德纳说。他补充道，B+H 以特拉华的公司为有限合伙人，以巴拿马的公司作为普通合伙人。

有限合伙制起初非常成功，但是由于新税法的影响，B+H 不能组织好这些有限合伙企业，而且在 1985 年后企业结构每年都变得更加复杂。它们没有被广泛地复制，但是确实在纽约的投资者市场流传开来。哈德纳和贝格瓦尔将他们的计划演变成了航运 IPO 的投资理念。“1987 年，我们为 B+H 散货船进行首次公开募股。”哈德纳回忆道，“我们只有一家承销商马博-卢根公司，它实际上是一家债券公司，试图进入股权承销业务。然后我们购买了一批较老的灵便型散货船。这种想法很大程度上受到迷你仓库开发商‘公共仓储’为项目融资的启发。”

市场上一旦有了第一支 IPO，投资者的学习曲线就会稳定下来。20 世纪 90 年代末，B+H 又迅速推出了两个 IPO 项目：1988 年，B+H 远洋运输有限公司（这笔交易是为了收购加拿大太平洋公司的由 19 艘散货船和中程成品油轮组成的船队）发行 IPO；1989 年，B+H 海事运输有限公司发行 IPO。1989 年，哈德纳以个人名义购买了马拉松石油公司的阿芙拉型和苏伊士型油轮船队，其中有几艘是和菲布罗能源公司（Phibro Energy，当时是所罗门兄弟的一部分）合资的，并打算将此项目以 B+H 原油运输公司的名义进行第四次 IPO。

公众股权的水龙头一打开，资本就流动了起来，但是时断时续。那是在 1989 年 10 月，B+H 正在筹划发行 B+H 原油运输公司的 IPO。“我永远都不会忘记。”哈德纳说，“10 月 13 日，星期五，我从律师的办公室出来，准备去吃午饭。这个项目的文件有大约一半已经整合完毕，当我吃完午饭回来的时候，事情就告吹了。美国联合航空公司已经宣布由于融资不足取消了职工收购。这给我敲响了警钟，20 世纪 80 年代由垃圾债券推动的杠杆收购游戏已经结束了。没过多久，当时的‘垃圾债券之王’德崇证券就宣告破产。股权融资的大门砰的一声关上了，狠狠地砸在我们的手指上。”

而后的近十年里，B+H 都是通过私募股权来融资的。

20 世纪 90 年代：垃圾债券成为高收益债券

20 世纪 90 年代初期到中期见证了原成立于 1987 年的贝格瓦尔–哈德纳合伙企业的解体。哈德纳花了三年多的时间修改 B+H 远洋运输公司的章程，使之成为一个主流的拥有船舶和经营业务的企业，有能力从经营和资本项目中再投资和保持现金流。哈德纳和他的团队，包括董事和资本市场专家约翰 · M. 拉夫拉雷（John M. LeFrere），认为不断成长的高收益债券市场差不多已经成熟到可以通过发行单只 B 级航运债券来发展了。高收益债券是 20 世纪 80 年代由德崇证券主导的垃圾债券市场的继任者。高收益债券现在是投资领域的主要部分。哈德纳和拉夫拉雷与作为共同管理人的杰弗里斯公司和瑞士信贷第一波士顿公司，联合筹资 1 亿美元。1997 年 6 月，路演非常成功，筹集了 1.25 亿美元的资金。艾奎玛船舶控股有限公司（Equimar Shipholdings Ltd.，B+H 的一家子公司）也因此成为第一个单只 B 级航运债券。这就像打开了一道闸门：整个行业都涌向这个新开发的航运资本市场，这得益于另一种创新型 B+H 船舶融资交易。

新的十年，新的危机：商品和航运的超级周期以及信贷泡沫的破灭

2004 年，世界贸易呈指数型增长，航运业也随之蓬勃发展。世界上的船队运载

约全球出口总量的 90%，价值 8.9 万亿美元。

航运公司的利润总计达 800 亿美元[1]。驱动这种增长的是新兴市场。中国经济的增长引发了对原材料的大量需求，这造成了更多的制成品从中国出口。相比于 2003 年的 5% 和 2002 年的 3.5%，2004 年的增长率已经达到了惊人的 9%。中国被誉为世界经济的新动力，市场正在寻找利用世界贸易增长的新方法。

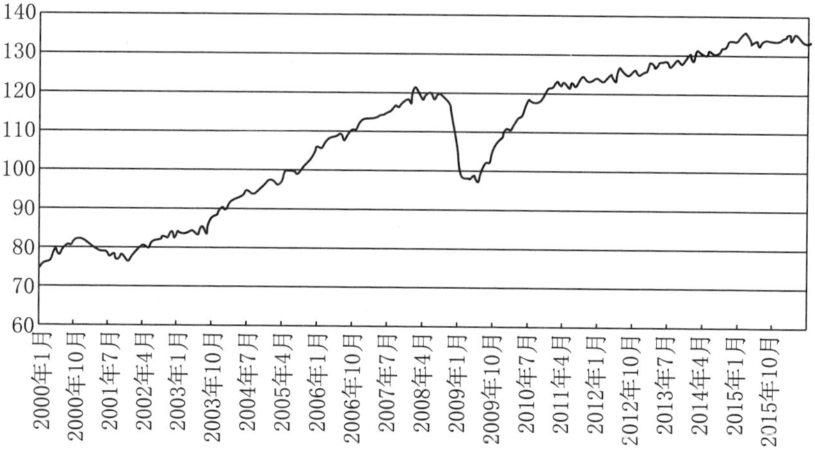

图 15-2　全球贸易量

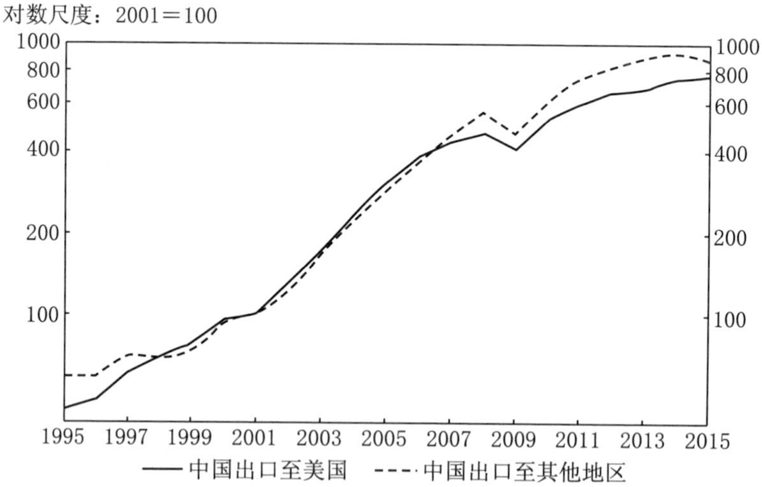

图 15-3　中国制成品的出口量

（来源：联合国贸易数据库）

2005 年 8 月 9 日，公开市场上迎来了当年最大的航运 IPO。西斯班公司，从加拿大的华盛顿海洋公司中分离出来的集装箱船公司，在纽约交易所上市，筹资 6 亿美元。“情况真的很好。”哈德纳说，“2007 年，我的家族拥有 B+H 70% 到 80% 的股权。公司仍旧是上市公司，但是那个时候它实际上是一个私人公司，因为没有真正意义上的股权流通。我们还是维持着它的上市地位，主要是为了在达成可能的交易时能获得所需的公众市场资金。”

哈德纳和他的团队在 2008 年初期的高位环境中寻找一些谨慎的购买机会。“干散货船的价值和收益是高度匹配的，价位如此之高，以至于让人无法相信这种情况能够持续下去。”他说，“所以我们说，‘不要更多的干散货船了’，然后我们就开始出售、缩减我们的干散货船队。”油轮市场的基本面也没有激起哈德纳的收购欲望，他们的价值远高于收益。“虽然这不是进一步投资液货船的好机会，但是我们认为收益还将继续增加，所以我们也没有想卖掉。”

作出那个决定之后，哈德纳寻找着航运的下一个风口，并开始关注海工市场。“这是大约三十年来的第一次大整合，所以我们开发了一个海工项目。”他说，“我们建造了一艘可容纳 400 人的动态定位居住驳船，非常适合墨西哥和西非。”

也有一些其他的项目看起来是很好的投资机会。2005 年和 2006 年，在中国，B+H 将其拥有的四艘单壳成品油轮改装成了 IMO 2 型和 3 型的双壳成品 / 化学品船。这样，这些船舶就可以继续为哈德纳和他在 Protrans 的团队建立的活跃商业贸易服务了。这是一种遍布世界的服务，有两条蔬菜运输航线和一条清洁石油产品航线。这对 B+H 来说是一件好事。

公司又拿出三艘单壳成品油轮，把它们改装成带吊机的散货船。哈德纳说：“在房地产领域大型建筑项目的发展模式就是成本加成本等于成本加成——只需要把所有的东西放在一起，建造出另一个东西，便创造了价值。这就是我们改装的目的——通过一次性的船舶改装来创造真实的现值。这在航运业是非同寻常的。我们向行业和银行证明，改装可以增加价值。价值创造并不是发生于船舶最初在船厂被建造出来的时候；相反，真正的价值增加发生在船舶被改装之后。”这些都是高强度的项目。

B+H 的第一次改装是将一艘 6 万吨单壳成品油轮改装成超大灵便型散货船。B+H 在印度的某个推定全损（CTL）中购买了起重机，并用驳船托运到中国。这艘船就是在中国改装的。船舶中的船壳价值大约在 1000 万美元左右。“改装费大约 2000 万美元左右，所以成本一共是 3000 万美元。但是在纸面上，这艘船已经值 4400 万美元了。”哈德纳解释说，“2008 年的春季和夏季，我们进行了三轮谈判，拟以 4000 万美元的低价出售这艘船，但是在那个夏季，银行开始收紧信贷，导致火热的市场形势开始变得胶着起来。我们的买家融不到资金。”

尽管存在股权蒸发的条件，公司还是可以给船舶签订为期三年的租约。这三年的平均租金是每天 4.4 万美元，第一年是每天 5.4 万美元。“我们认为我们创造了在成本基础上高达 50% 的价值，我们很乐意从中获利。”哈德纳说，“我们还买了一些干散货指数的看跌工具，有点像保单。实际上，它保障了运输市场的平稳。”哈德纳说，还有一些值得关注的原因，例如一年期租约的费率飙升到了 6 万美元以上。“真是难以置信。无法想象这居然是巴拿马型船的费率，更不用说猜测这种高费率会持续多长时间了。”他说。

伴随着由雷曼兄弟突然倒闭引发的全球金融危机，这种情况最终还是崩盘了。巴拿马型散货船的日费率从 5.4 万美元狂跌为 0.45 万美元。2008 年秋季，B+H 的船舶承租人工业运输公司破产了。“那是一个巨大、壮观、具有全球影响力的破产。”哈德纳补充道，“这就好像我们沿着一条黑暗的走廊向下行的楼梯走去，非常放松，而这时我们下面出现了一个陷阱。”那时候，B+H 有一笔 3000 万美元的银行贷款。“他们说，‘你们在接下来的几周内以 1250 万美元的价格还清贷款怎么样？’”为了满足银行的要求，哈德纳卖掉了他们的干散货指数看跌工具资产组合。但是最后，这还不够。金融市场如此之混乱，人们非常担心干散货看跌工具的对手方，高盛和 HSH 北欧银行，可能也会违约。“航运还在受那些问题的影响。”哈德纳说。

在大约三周的时间里，B+H 有四个对手方违约了。其中的两次违约给 B+H 造成了 8000 多万美元的损失。“不幸的是，我们在那三周里损失了这么多钱，使整个行业易受进一步下行影响。”哈德纳说，这种情况在可承受的低点水平上横盘了大约 30 个月，一直到 2011 年末。

然后，干散货市场又经历了一次大幅下行。另外，很多传统的航运银行都破产了。哈德纳说情况变得棘手。“我觉得我的工作就是尽可能地保护所有人。我的股份没了。考虑到问题前所未有的严重性，我也看不到那些船舶股份回归的希望。我觉得，如果没有迅速控制住局面，我们就会寻求司法保护。”他说，“很多人帮助我建立了这个公司，且我们同大多数银行和供应商的关系非常长期和深厚的。我想回报那些支持过我的人。这是正确的事情。生活中你必须有自己信仰的一些事情并为之去奋斗。”

哈德纳和他的妻子每天晚上都会坐下来寻找解决办法。为了直观地展示所有的方案，他的妻子霍普在地板上弄了一个白板。“她拿出大张白纸，然后我们列出各种方案的利弊。”哈德纳回忆道，“这种想法是她提出来的，上帝保佑她。她拼命地帮助我想办法避免使 B+H 远洋运输公司进入破产保护程序。”

哈德纳的女儿贝伊（Bay）那个时候在国外工作。“那是我父母合作和婚姻中的一段美妙的时光。”她回忆道，“他们都认为应该一直与人为善。你可能被迫与很多不喜欢的人和环境打交道，但是不能因此而丢掉正直。生活中经历的任何事情都不应给你诋毁他人或者利用他人的权利。”

经过多少次的彻夜难眠和灵魂深处的探寻之后，哈德纳还是为私营的 B+H 远洋运输公司申请了破产保护。“这是最好的方法。”他叹了口气，说道，“这是负责任地处理这件事情的唯一的办法。这很痛苦，霍普知道这对我个人来说是多么痛苦。35 年来，我打造了 B+H，人们支持我，虽然我不得不放弃这个业务，但是为了使他们能够尽快解决问题，这是我能做的最佳选择。”

2012 年 5 月，B+H 远洋运输公司破产了，并在 12 个月之后恢复经营。主要的银行贷款都已全部还清。

“我花了 35 年时间，才拥有了一支多元化的船队，也才算拥有了这份有意义的资产负债表的基本所有权。”哈德纳说，“这就好像是第三代希腊、挪威或者中国香港的船东家族。然后，在三年之后，一切都消失了。”

哈德纳并没有迅速采取行动寻求新的航运机会。这是一段艰难的私人时间。B+H 在 2013 年 6 月底出售了最后 6 艘船之后，关闭了它的技术管理和商业运营业务。“有很多事情需要去做。最重要的就是，我正在努力找出前进的最佳路径。”哈德纳说道，“我知道自己感兴趣的商业领域，但是很难找到需要的精神能量去朝着真正的信念向前迈进。这是非常具有挑战性的。我们需要一些时间来重新部署。自从 1978 年以来，我们已经拥有和运营了 140 多艘船舶，包括干散货船和湿货船。我们知道该怎么做，而且我们会重新开始。”

2014 年年中，情况开始好转了。哈德纳和一位长期共事的同事，也是他亲密的私人朋友、商业经理杰拉德 · H. 波蒂埃（Gerard H.Potier）努力筹集资金。哈德纳对成品油轮市场很感兴趣，在纽约花了很多时间。然后，在 2014 年 12 月，他的世界又发生了翻天覆地的变化。他的妻子霍普在某个周日下午突然发作了三次癫痫。她被诊断为患了四级胶质母细胞瘤，这是最具侵袭性的脑癌之一。这个时候，哈德纳的女儿贝伊，已经辞去她在巴黎巴里 · 罗里亚诺 · 萨利斯的工作，定居在纽约追求自己的事业。这个家庭已经在 2004 年 9 月失去了他们的儿子和兄弟瑞波（Rip）。很明显，他们应该一起帮助霍普战胜她所面临的病魔。13 个月来，哈德纳和贝伊一直在照顾她。“在这段时间里，我陪霍普度过了一段很长的时光。”哈德纳说，“为一项新的事业筹集资金不是当务之急。我并没有把主要精力投入在上面。”2016 年 1 月 14 日，霍普去世了。

新的开始

在家里照顾母亲时，贝伊曾问她的父亲，她能做些什么才能在航运方面帮助父亲呢。“跟我一起工作吧。”哈德纳笑着说。

贝伊说，多年来，她一直尽量避免接触家族的企业，因为她想走自己的道路。“我是伴随着航运长大的，通过餐桌上的谈话、参观船舶和船厂，甚至还在罗得岛和新加坡的办公室里做过一段时间。尽管我觉得这一切都很迷人，但我还是对加入 B+H 持谨慎态度。因为我不想被一直贴着‘老板的女儿’这个标签。我想确保自己有能力成为我父亲的搭档，我们会一起干出一番事业。我想确保我是真的会创造价值。”贝伊在其他行业已经经历磨炼，在和家人度过了一段亲密时光后，她接受了父亲的邀请，成为了他的搭档。他们父女俩都没有后悔过。

“她现在全职跟我一起工作。我们一起出去赚钱。”哈德纳笑着说，“我必须得说，贝伊社交能力比我更强，和她相处起来要有意思得多。”他笑着说，“我是一个安静、喜欢思考的人。她也善于思考，但是她总有办法和所有人相处得很愉快。我的妻子也是这样的。我们很快就会东山再起，继续经营船舶。大家很喜欢跟我们一起工作。”

重建之路充满了挑战，但是这对父女决心在成品油轮市场上占据领先地位。“我们险些错过了一些非常专业认真的投资者，”哈德纳说，“我们进行了数轮持续的讨论。我认为，过去几年起起落落的成品油轮市场表现确实相当平淡。这表明，我们没有错过任何机会。2014 年所有人都担心市场上大量的新造船订单，现在那些船差不多已经全部交付了。所以，我认为投资成品油轮市场的时机已经成熟。”

“与父亲密切合作之后，我发现了一件事，”贝伊说，“很多次，在行业会议上或者会后，我都被拉到一边，他们会告诉我，我的父亲是多么正直的一个人。他处理破产的方式——没有仅仅为了摆脱自己的困境而选择走开——在航运界得到广泛的尊重。很多航运公司都只是及时退出，以保全自己，而不考虑其他人。在 B+H 申请破产保护之后的第五年，他走进任意一个房间，人们还是会很开心地与他交谈、拥抱，欢迎他回来，这对我来说难以置信。”

有了公开市场的工作经历之后，对哈德纳来说这一次保持私营似乎是最好的选择。“尽管公开市场可以给你提供在别的地方无法获得的资金，但这是有代价的。”他警告说，“这些对冲基金和私募股权公司并不是真的对长期投资收益感兴趣。他们想要在最短的时间里获得巨大的投资回报率。他们习惯于得到百分之十几甚至是二十几的高回报，但是航运业通常不会出现这种情况。”他说，“航运更多时候是一种高个位数或者低双位数回报率的行业。长期来看，我认为现行的‘一店式’金融不是航运业筹集巨额资金的可行方案。我认为这个行业面临一个问题，除了短期的‘热钱’投资者之外，资本市场的其他行业也需要发展。这样，也就需要大量的投资者教育。这种情况在房地产行业已经发生了。”

对哈德纳来说，作出盈利预测的压力、倾听投资者讨论如何接管企业或者加杠杆来获得更高的回报率听起来并没有吸引力。“除非有真正令人信服的理由，否则我是不会令公司上市的。我所知道的航运业中对自己的生活最满意的人，都是成功的私人企业的所有者。他们的文化和价值观主导着公司。他们可以自由选择工作伙伴，不用做任何不想做的事情。这就是我想要的。”

哈德纳所遭遇的个人和事业危机可能会让许多人缴械投降。但是贝伊说，她父亲的基因里不存在缴械投降的概念。她认为他对生活的执着是他开创事业的基石。“我的父亲像很多航运人一样，乐观又有弹性。为了在这个行业存活下来，必须做到这一点。”

哈德纳补充说，最后，你需要全面看待事物。“就算我拿回了损失的钱，并增值 10 倍，那也不会使我的儿子免于车祸，或者治愈他的精神分裂症。”他说，“那些钱也不能治愈我妻子的胶质母细胞瘤，不会把她带回到我身边。所以，嗯……是的，有钱固然很好，因为它可以给你的调色板增加很多色彩，但是钱不是万能的。生活的调色板里有欢笑和快乐才更加美妙。我们都需要明白自己追求的是什么。”

[1] 克拉克森，2004。

结语

对半个世纪航运周期的思考

经过50年来对世界经济和航运业的审视，马丁·斯托普福德博士非常友好地分享了他对市场的一些看法。这些市场周期和事件构成了本书的背景，承载着所采访的每个人曾面临的挑战和经历的成功，因此会在此处提及，以便为读者提供额外的背景知识以及一段卓越的航运历史。

“海上贸易在世界经济中发挥了巨大作用，”马丁·斯托普福德说道，“它恰好处于经济发展的核心。首先，其成长是巨大的。1950年，海运业每年运送约5亿吨货物，但现在海运业每年运送超过110亿吨的货物。海上贸易增长速度快于世界各国国内生产总值的60%，并且包括能源、矿产、食品、化学品和工业制成品——全球经济在当今世界中所需分享的一切资源。即使在个人层面，这个数量也是巨大的。2016年，该行业为地球上的每一个人，不论是男人、女人还是孩子，运送了1.5吨的货物，为富裕的经合组织国家运送了人均4—6吨的货物。在海上，目前有6万艘船，总载重量为18亿载重吨，它们代表了9300亿美元的投资。然而，自1950年以来，从中东向美国经海上运输一桶石油的成本几乎没有变化——仍然是每桶约1美元。航运执行着史诗般的任务，也是世界经济的主要贡献者。每个参与者都应该为自己的工作感到自豪。”

为什么贸易增长如此之快

爆炸性的贸易增长是20世纪50年代自由贸易革命的一部分。世界从战前的欧洲帝国时代转变为关税与贸易总协定、国际货币基金组织和世界银行支持下的全球自由贸易时代。“随着贸易限制被取消，跨国公司可以进入全球市场和原材料的来源地，”斯托普福德说道，“这推动了贸易增长，但要达到这个增幅，航运业必须运行得更加高效。以前的班轮和不定期航次船舶，更大的散货船、油轮、集装箱船和特种船船队取而代之，用来运载车辆、化学品、天然气、林产品和重大件货物。”

在接下来的50年里，世界工业经济的“增长浪潮”推动了经济发展。20世纪60年代的第一次浪潮由欧洲国家和日本在第二次世界大战后重建经济而掀起。铁矿石、石油、煤炭和林产品等原材料如今已从海外采购，这也刺激了这些国家的进口。爆炸性的增长发生在1960年到1973年之间，但随后1973年的石油危机使这两个地区陷入深度衰退，经济突然停滞不前（见图1）。在20世纪70年代，东南亚国家走上了同样的发展道路，带来了更多的贸易增长。而后在20世纪90年代，中国国内的政策变化掀起了一股更大的发展浪潮。这些连续不断的增长浪潮推动了对诸如石油、煤炭和铁矿石等大宗商品的需求，并刺激了工业制成品的出口。

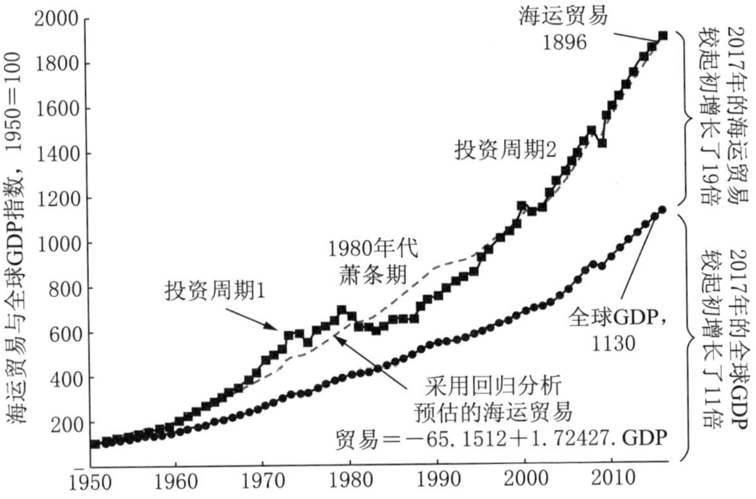

图1　海上贸易增长的速度快于全球国内生产总值60%

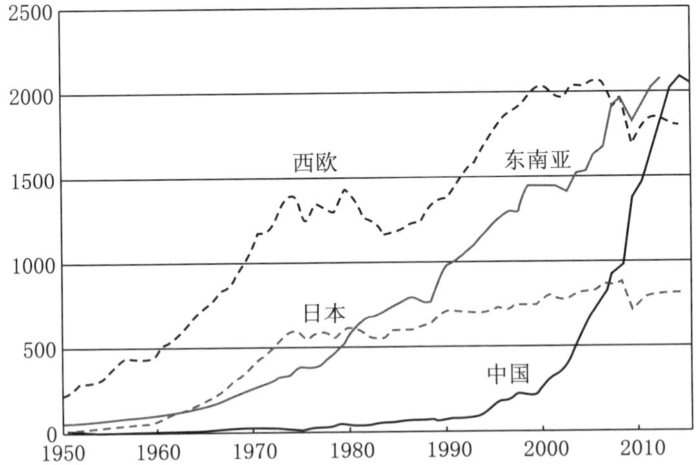

图2　海上进口的区域性浪潮推动了海上贸易的发展

但随着工业经济的成熟，经济活动总体上不再那么依赖资源，需求则从建筑和耐用消费品转向医疗和娱乐等服务项目，而这些服务项目对进口原材料的要求较低。到 2016 年，经合组织国家在全球海运进口的占比已降至 40% 以下，而这个数字在 20 世纪 60 年代是 80%。目前的贸易增长主要来自非经合组织国家。

透视航运周期

在此期间，扩大世界船队所需的投资得到了航运市场周期的协作。“这些周期为行业注入了活力，”斯托普福德说道，“它们的形态和大小各异，所以永远不会乏味。但这使得航运投资者和专业人士的生活变得困难，他们确实需要认真对待行业的这一方面。这是一份全职工作；随着航运周期的演变，投资者不能只是搭便车——他们需要亲力亲为，参与到实际的操作之中。”

1947 年至 2017 年的 70 年中出现了连续不断的周期，就像海浪冲击海滩一样，每个浪潮的长度和强度有所不同。这期间共有 9 个干货周期，平均长度为 7.4 年。但这些枯燥的统计数据未能体现投资者所经历的痛苦和兴奋。大多数的尖峰期持续了 2 年，但是从 1988 年到 1997 年有一个漫长的尖峰期，而 2004 年和 2007 年的峰值非常强劲。从消极方面看，历史上有过两次非常严重的衰退。1958 年到 1964 年的 7 年经济衰退很严重，而 1981 年至 1987 年的这段骇人听闻的 7 年经济衰退仅次于 20 世纪 30 年代的大萧条，是本世纪最严重的经济衰退。

当然，无休止的连续周期使分析师和投资者都全神贯注，营造了一种持续的紧张状态，在困难时期每次谈话似乎都以“市场何时会复苏”这个问题结束，而在繁荣时期便会问“这次的繁荣将会持续多久”。但斯托普福德认为，除了最普遍的方式之外，预测这些周期的策略都无功而返。在世界经济中推动这些周期的商业周期和危机本是不可预测的，而更不可预测的是情绪驱动下的投资，它可以迅速改变前景。短暂出现的高运费率可以增加新订单，改变未来市场。这种情况经常发生在经济衰退期间，此时有闲置生产能力的造船厂开始提供便宜的价格。“这对分析师来说很棘手，”斯托普福德说，“掌握市场脉搏的船东通常可以更快地了解这些市场变化。”

1947 年至 2017 年的长期投资周期

但斯托普福德认为，航运周期还有另一个维度。“自布雷顿森林体系确立和第二次世界大战以来的 65 年间，以新船订单占当前船队的百分比来衡量，有两个非常长的投资周期。

这些周期对真实发生的情况提供了截然不同的视角，”斯托普福德说道，“我来解释一下。在这 60 年中，贸易年增长率约为每年 5%，因此当事态朝不利的方向发展时，投资者在一年内订购的船只数量会超过船队规模的 5%。”如图 3 所示，斯托普福德的分析表明，在两个投资周期中，订单量都大幅度超过 5% 的安全边际。第一次开始于 20 世纪 50 年代，从 5% 增长至 1973 年 30% 的峰值，在此之后这一数字就发生了暴跌。“如果考虑暴跌期，这整个周期持续了 30 多年。”斯托普福德说道。在接下来的 30 年里，历史重演。投资从 20 世纪 80 年代中期的占船队规模低于 5% 飙升至 2007 年的 28% 的峰值，随后是 2008 年雷曼兄弟危机引发的崩盘。“我们仍然在从高峰下跌。”斯托普福德说。

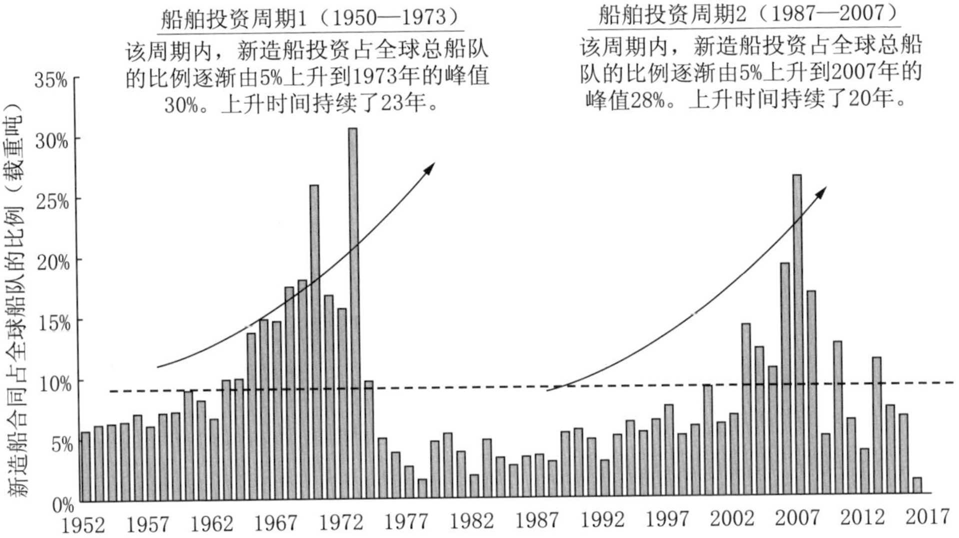

图 3　持久的船舶投资周期——推动航运周期的隐藏力量

对于分析师很少关注这些长周期，斯托普福德并不感到惊讶。“投资者更关注未来 6 个月的情况，很难让他们接受市场复苏可能需要 17 年！当你到我这个年龄，你可以讲这些事情，但这对年轻的分析师来说很难，”他笑着说道，“无论如何，航运周期中这些长期积累的变化藏得很深而且不易发现。但这才是真正的市场故事发生的地方。”

然而，斯托普福德认为，研究长周期的真正价值在于它们为不断变化的船舶投资策略提供洞察力。

第一次船舶投资周期：从工业航运到投机

1950 年至 1973 年的第一个投资周期是由新全球贸易体系引发的经典创新周期。这是一个无限创新的时期。航运的巨大活力在跨国公司需要更大、更高效船舶的情况下得以巩固。他们准备用其资产负债表来获得这些船舶。新兴的欧洲美元市场就像是为这项工作量身定制，它为独立船东提供快速获取资金的机会，以便在定期租船合约的支持下建造新的超级大船。旧的皇家班轮公司被集装箱化淘汰了，几乎所有当今使用的专业运输系统都是在此期间开发的——超级油轮、散货船、气体船、液体化学品船、车辆运输船、木片运输船以及最重要的集装箱船，都出现在 20 世纪 50 年代和 60 年代。跨国公司也深度参与到物流中，这些比我们现有的许多物流更有效率。

但在 20 世纪 60 年代后期投资周期失控。造船厂扩大了产能以满足看似无穷无尽的船舶需求，而银行因为可以轻松进入欧洲美元市场开始为船舶提供第一顺位抵押贷款。与此同时，创新的飙升正在放缓，而投资变得越来越具有投机性。例如，那些曾经依靠定期租船合约的油轮船东开始为自营业务订购船舶。银行很乐意提供贷款——即使没有定期租船契约，由于船价的稳步上涨，船舶本身提供了可靠的安全保障。到 20 世纪 70 年代早期，船舶融资被称为“漂浮的房地产”。

图 4　詹姆斯·蒂什在市场低谷时买下油轮

这一投资周期在 1973 年石油危机之后就崩塌了。造船厂产能过剩和贸易增长放缓导致市场混乱，且到了 1983 年，大多数油轮和散货船公司都陷入了困境。一些油轮从造船厂一出来就被闲置了，在 1983 年 9 月，一家大型石油公司以 300 万美元的拆卸价格出售了一艘花费约 6000 万美元建造的 4 年船龄的巨型油船（VLCC）。唯一的买家是拆卸经纪人；有钱的独立人士，如约翰·弗雷德里克森（John Fredriksen）；以及一些局外人，如罗兹公司的詹姆斯·蒂什（James S. Tisch）(图 4)，开始“以废钢价格购买锻钢”，每艘船 300 万美元到 400 万美元不等，并以旗下电影制片厂命名其 40 万载重吨船。

第二次船舶投资周期：交易船舶，而非货物

第二个投资周期始于 20 世纪 80 年代后期，始于投机性投资的推动。最初投资疲软——每年约为船队规模的 5%。但到了 20 世纪 90 年代末亚洲危机之后，投资者们重拾

信心且投资势头有所回升，并在2007年达到顶峰。那一年，新造船订单的价值达到2400亿美元，占船队规模的28%。“2007年至2008年的尖峰是由资本的洪流推动的，”斯托普福德说，“2008年6月，价值约1.5亿美元的好望角型散货船每天的租金为30万美元。放在当前背景下，在过去25年的大部分时间里，一艘好望角型船每天的租金收入不足25000美元，所以这是个新的领域。难怪投资会失去控制。但这是最高峰，而在2008年秋季，整座投机的大厦轰然崩塌。2008年11月，一艘类似的好望角型船每天以3000美元的价格出租，其价值已经降至4500万美元，还很可能找不到买家。现在这就是一个完整的周期！”历史重演，而这次的崩溃是由信贷危机引发的。由于很难获得信用证，贸易的基础便被动摇。2009年，海上贸易自20世纪80年代初以来首次下跌，航运业自此陷入长期而深度的衰退中。

与第一个投资周期不同，第二个投资周期没有受到创新的驱动。船舶的规模继续向上攀升，集装箱业建立了一支拥有5000艘船的船队。但是基本的科学技术没有发生重大变化，而且也没有出现重大的船型创新，因此新船的投资者没有太大的商业优势。许多交易现在由交易员和货运代理商处理，相比效率，他们对套利更感兴趣。由于几乎没有定期租约，投资者转而进行投机，另外，随着该行业从20世纪80年代的萧条中起步，一种新的投资策略出现了：交易船舶，而非货物。

在第二个投资周期中，该行业供应了大量的船舶，而投机性投资使运费保持在较低水平。与之前的周期相比，这次几乎没有什么创新，而这样的情况似乎对于租船的货主和交易商来说是可以接受的。但如今，态度已经发生了变化，行业面临着新的压力，即提高质量标准，为减少有害排放和减少气候变化作贡献。所有这些都带来了新的问题：下一个航运投资周期将会如何发展？

下一个投资周期

“1956年，马尔科·麦克莱恩开始涉足集装箱化业务。1966年，他将第一批船舶投入横跨大西洋的远洋贸易中，但直到20世纪80年代中期，集装箱化才算颇具规模。这是一次颠覆性的变革，当时的班轮公司中只有少数几家能够应对船队和商业模式的彻底改变。”斯托普福德接着说道，接受数字技术本身可能不那么具有破坏性，但必须解决一些棘手的组织和人事方面的问题。一种久负盛名的做法是，每艘船及其船员作为独立的业务部门运作，并直接向船长报告。“有效的数字化需要整个公司的团队合作，而组织内部需要比业内现行做法更‘扁平’，以便船队可以作为一个综合运输工厂运营（图5）。这一切都归结于商业文化和及其参与者。因为买不到现成的数字系统，公司必须亲自建立这些系统，这个过程需要时间和毅力。”

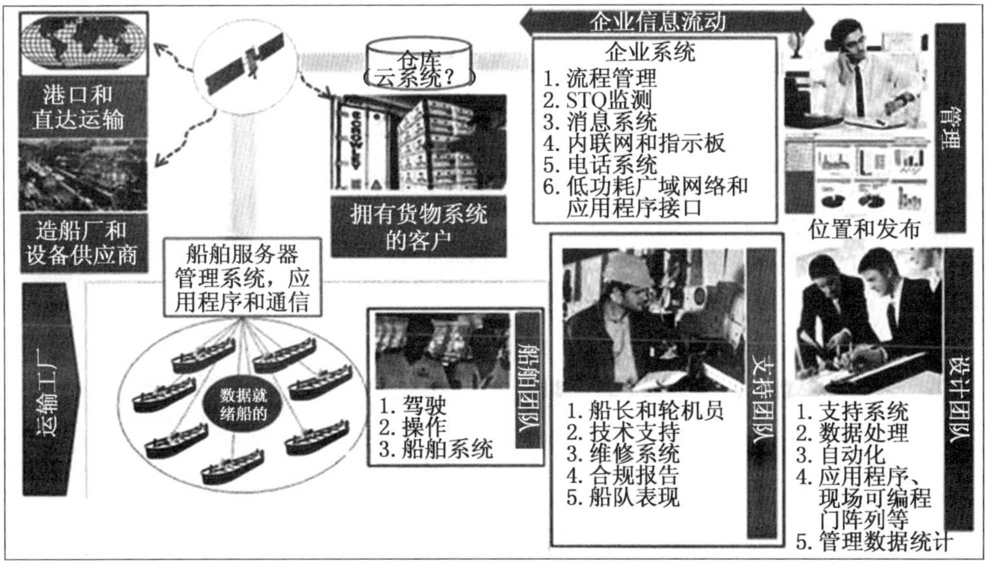

图5　利用信息和通信技术（ICT）将船队作为运输工厂管理

全球贸易将会发生其他变化，斯托普福德若有所思地补充道。永远不能把地缘政治动荡和安全问题排除在外。“如果我们在亚洲地区遇到海事冲突，那将会是一个大问题。它可能会导致经济体变得封闭，”他说道，“但我相信亚洲的海事增长潜力仍然很大。”

“中国是一个拥有持续发展潜力的巨大经济体，但亚洲的情况远远不止如此，”斯托普福德说道，“这里有‘一带一路’倡议下的投资规划，可以为未来的贸易奠定基础。韩国和日本是富有经验的技术制造商。这对贸易发展也有好处。印度是一个巨大的市场，而如果能够得到廉价、快速、高效的海运物流系统的支持，东南亚也将具有巨大的潜力。”

不要做一个傻瓜

航运从业者一向太过乐观，例如非理性繁荣造成的过度新造船。但是，斯托普福德说，航运投资者需要调整他们的时间表。“这无关乎预测从现在起30年或50年后会发生什么。而在于要确定我们今天可以做的事情，从而让更美好的明天成为可能。”利用数字技术建立能够更有效地利用资源的组织，并开发紧密集成的物流系统应该是高度优先事项。

但是运输周期仍将伴随着我们。近 50 年来，斯托普福德已经向全世界成千上万的与会者讲述了这个主题。“有季节性周期、短周期和长周期，持续长达 35 年，”他说道，“因此，在建立新的智能航运业务的同时，投资者也必须清楚他们要如何把握市场及其周期。”

在最近的海事金融论坛演讲中，斯托普福德引用世界冠军扑克玩家阿玛里洛·斯利姆（Amarillo Slim）的深刻言论作为结尾：

“参与的是玩家，而不是纸牌。从坐下的那一刻起就要观察牌桌。要能够把握游戏的节奏，不被对手牵着鼻子走。永远不要在胜时就急着脱身。你要观察牌桌，如果没有发现一个傻瓜，那就起身离开，因为那个傻瓜就是你。”斯托普福德补充道，“归根究底，航运的兴衰在于人们做好自己的本职工作。每一代人都必须努力比上一代做得更好。这是我们的职责。也希望这一路上我们都能收获颇丰。”

术语表

阿芙拉型油轮（Aframax）：在最初的运费费率平均运价（AFRA）中报告的最大的油轮尺寸。这些油轮载重量在 80000 至 119999 载重吨之间。

美国存托凭证（American Depositary Receipt，简称 ADR）：一种金融工具，美国国内银行为外国公司在国内市场交易、定价并以当地货币支付股息的股票出具的凭证。

铰接式拖船 / 驳船（Articulated Tug Barge，简称 ATB）：一种拖船和驳船的组合，拖船通过将自身固定于驳船尾部的凹槽来推动驳船。

东南亚国家联盟（Association of Southeast Asian Nations，简称东盟 ASEAN）：成员国包括 10 个东南亚国家（文莱达鲁萨兰国、柬埔寨、印度尼西亚、老挝、马来西亚、缅甸、菲律宾、新加坡、泰国、越南），旨在促进经济进步和文化发展。

载货返航（Backhaul）：返回至装货港的航程。确保在返航时装载货物，即使租船费仅覆盖了燃料费，也将显著降低成本并提高盈利能力。

压载物（Ballast）：放置在船舶底部以提高船舶的稳定性的重型材料。现代货船使用水进行压载。空载时，船舶必须使用压载物以提高稳定性和性能。空载航段是一段没有货物的航程，往往只是为了到达装运港。

巴塞尔协议（Basel Accords）：由巴塞尔银行监管委员会撰写，联邦银行实施的三项协议，规定了银行机构需遵守的资本、杠杆和流动性的要求。其目的是确保金融机构在经济衰退时保持良好的财务状况。这些协议的副作用是减少了银行的贷款额度。

伯克希尔·哈撒韦公司（Berkshire Hathaway）：一家由被誉为“奥马哈先知”的沃伦·巴菲特控股的美国公司，该公司一直是全世界最大、回报率最高的投资公司之一。

债券（Bond）：一种用以筹措资金的债务凭证。债券发行人定期向债券持有人支付利息（固定或可变），并在到期时支付债券的票面价值（公司债券面值为 1000 美元）。根据市场的强弱，债券还存在许多其他特点可以使其条款更有利于发行人或购买者。债权购买者可以持有债券以获取利息及到期收回本金，也可以在市场价格波动时进行交易。

箱（Box）：“集装箱”的口语化表述。

布伦特原油（Brent Crude）：一个以出产于北海油田的石油为基准的原油市场价格

指标。

金砖四国（BRICs）：巴西、俄罗斯、印度和中国。这个非正式集团由世界上快速增长的最大经济体组成。

英国热量单位（British Thermal Unit，简称 BTU）：相当于 1 磅水从 39 华氏度加热至 40 华氏度所需热量的能量单位。

散货船（Bulk Carrier）：一种专为运输散装干货（矿石、谷物等）而设计的船型。

燃料（Bunkers）：船舶使用的各种燃料，最常用的是重质燃料油，但也可以是柴油、液化天然气或其他燃料。

好望角型（Capesize）：指干散货船，这些船因太大而无法通过巴拿马运河或苏伊士运河，因此必须围绕好望角或合恩角航行。好望角型的船舶载重量超过 10 万载重吨，如今最大的已经超过 40 万载重吨。

资本（Capital）：一家公司的金融和实物资产。

双体船（Catamaran）：一种拥有两个船身的多船体船舶。采用此设计的船舶稳定性更强、速度更快，并比同等单体船消耗的燃料更少。

化学品船（Chemical tanker）：设计用于在隔舱内运载多种散装液体货物的船舶。这些船舶的管道和舱室通常用不锈钢建造，或内附高科技涂层，以防止运载的货物受到腐蚀或污染。最先进的化学品船可以装载多达 20 种不同的液体货物，相互之间完全隔离，并且根据需要可以单独加热或冷却。这些船舶通常比其他油轮要小。

康州海运协会（Connecticut Maritime Association，简称 CMA）：康州海运协会是设立在康涅狄格州斯坦福德市的一家非营利组织，拥有来自 35 个国家和 450 多家公司的 1300 多名成员，使其成为美国最大的国际商业航运协会。康州海运协会最广为人知的贡献或许是其举办的年度航运会议。

集装箱（Container）：标准化的箱体，通常为 40 英尺长，也有 20 英尺、45 英尺、48 英尺和 53 英尺等其他尺寸，可通过船舶、卡车或铁路运输。集装箱通常用于运输电子产品和家用产品等成品，而不是散装货物。少量的液体货物可以用符合集装箱尺寸的储罐运输。它们经集装箱船、拖车和火车运输。

集装箱船（Container ship）：专为在货舱和甲板上堆放集装箱而设计的船舶。集装箱船以标准箱（TEU）作为计量单位，小到 100 标准箱，大至 18000 标准箱。这些船舶和联运集装箱由美国卡车司机马尔科姆·麦克莱恩（Malcolm McLean）在 20 世纪 50 年代研发出来。

信用（Credit）：一种先收货后付款的协约。

载重吨（Deadweight Ton，简称 DWT）：以公吨计算的船舶载重能力，包括燃料、水、物料和货物。

深海航运（Deep Sea Shipping）：也被称为蓝海航运或者远洋航运，指跨海运输大量货物。

钻井船（Drill Ship）：装备有钻井装置和辅助设备的船舶，用于钻探近海石油和天然气井或用于研究目的。

干散货（Dry Bulk）：散装固体货物，如铁矿石、谷物或废金属。与集装箱货物、袋装货物或托盘货物形成对比。

税息折旧及摊销前利润（Earnings Before Interest，Taxes，Depreciation，Amortization，简称 EBITDA）：收入减去支出后，不计利息、折旧及摊销费用前的利润。这是一项用以衡量公司偿债能力的非公认会计原则（GAAP）指标。

权益（Equity）：公司所有者的资本份额；总资产减去负债。

欧盟（European Union，简称 EU）：由 27 个欧洲国家组成的联盟：奥地利、比利时、保加利亚、塞浦路斯、捷克共和国、丹麦、爱沙尼亚、芬兰、法国、德国、希腊、匈牙利、爱尔兰、意大利、拉脱维亚、立陶宛、卢森堡、马耳他、荷兰、波兰、葡萄牙、罗马尼亚、斯洛伐克、斯洛文尼亚、西班牙、瑞典、英国。欧盟有自己的超国家政府，是一个单一市场。奥地利、比利时、塞浦路斯、爱沙尼亚、芬兰、法国、德国、希腊、爱尔兰、意大利、卢森堡、马耳他、荷兰、葡萄牙、斯洛伐克、斯洛文尼亚、西班牙这 17 个欧盟成员国使用同一种货币——欧元。

船旗（Flag）：船舶办理登记的国家。各国对其登记的船舶有着不同的要求，包括船员、检查和税收。船旗不同可能会影响船舶可进行贸易的地区。

浮式液化天然气船（Floating Liquefied Natural Gas，简称 FLNG）：一种停泊在近海天然气田上，并配备用以生产、液化、储存天然气并将其卸载进油轮的设备的船舶。首艘此类船舶目前正在研发之中。

浮式生产储油轮（Floating Production Storage and Offloading，简称 FPSO）：通常是超大型油轮（VLCC）经过改装后的船舶，用于处理和储存近海油井中的原油，然后将其卸载进油轮。

浮式储卸油轮（Floating Storage and Offloading，简称 FSO）：类似于浮式生产储油轮（FSPO），但没有任何处理原油的设备。

远期运费协议（Freight Forward Agreement，简称 FFA）：未来货物运输合同，可以进行买卖以对冲未来运费价格。

国内生产总值（Gross Domestic Product，简称 GDP）：在一个国家内生产的商品和服务的价值。

注册总吨（Gross Registered Tonnage，简称 GRT）：衡量船舶上密闭空间的容积的计量单位。一注册总吨（GRT）等于 100 立方英尺。

大灵便型船（Handymax）：灵便型船下的一个子项，载重量为 40000—59999 载重吨。

灵便型干散货船（Handysize/Dry Bulk）：最小的干散货船，载重量为 10000—39999 载重吨。这些船舶被称为海上自动倾卸卡车。

灵便型油轮（Handysize/Tanker）：可在Ⅱ型码头靠泊的最大船只，这些船舶长达 180 米，载重量为 30000 载重吨。

首次公开募股（Initial Public Offering，简称 IPO）：公司首次在交易所将其股份向公众出售。

内河航运（Inland Shipping）：通过河流和湖泊运输货物的行业，通常使用拖船和驳船的组合。

国际海事组织（International Maritime Organization，简称 IMO）：致力于规范国际航运业的联合国机构。

国际独立油轮船东协会（INTERTANKO）：INTERTANKO 是 International Association of Independent Tanker Owners 的简称。该协会的使命是领导油轮行业向世界提供安全、环保和高效的石油、天然气和化学品海上运输服务。它成立于 1970 年。

琼斯法案（Jones Act）：1920 年通过的一项美国法律，要求在美国港口之间航行的船只必须由美国公民建造、悬挂美国国旗、配备美国船员并为美国公民所有。

关键绩效指标（Key Performance Indicators，简称 KPI）：衡量活动表现的指标。船舶的关键绩效指标包括健康和安全、环保性能、航行安全以及技术性能等。

第五级领导者（Level 5 Leadership）：由吉姆·柯林斯（Jim Collins）提出，也是其著作《从优秀到卓越》（*Good to Great*）的主题，第五级领导者是卓越的领导人。有能力的领导者拥有组织和领导团队的技能和知识，而卓越的领导人最重要的是谦逊，并将公司的成功归功于员工或运气。

杠杆收购（Leveraged Buyout，简称 LBO）：用债务融资的方式募集收购公司所需的大部分资金。

自由轮（Liberty Ship）：第二次世界大战期间盟军为将战争物资从美国运往欧洲而建造的货船。这些船舶仓促建成，由于德国潜艇战的原因，船舶的存活率很低，只期望完成一次航行。许多幸存下来的自由轮留给了在战争中失去船舶的希腊船东。这些船舶成功地在全球范围内进行了多年的贸易，确立了希腊人在航运界的主导地位。

班轮运输（Liner Shipping）：按固定时间表在指定港口之间运输货物的行业。通常包括渡船、游轮和一些集装箱船。

液化天然气（Liquefied Natural Gas，简称 LNG）：通过冷却到零下 120℃至零下 170℃而液化的天然气。液化天然气的密度是气态天然气的 600 倍，这使得运输液化天然气将其用作运输燃料的成本更低。

液化石油气（Liquefied Petroleum Gas，简称 LPG）：液化石油气是碳氢化合物气体在中等压力下液化的混合物，主要是丙烷、丁烷或者是两者的混合物。石油气是从天然气中分离出来的气体或者是原油炼制的副产品。

流动性（Liquidity）：资金或资产可以迅速变现。

LR1 型油轮（LR1）：载重量为 45000—79999 载重吨的油轮。

LR2 型油轮（LR2）：载重量为 80000—159999 载重吨的油轮。

管理层收购（Management Buyout，简称 MBO）：由管理层收购其所在公司。

MR 型油轮（MR）：载重量为 25000—44999 载重吨的油轮。

天然气（Natural Gas）：一种碳化氢混合物，主要由在正常的温度和压力下为气态的甲烷组成。

新巴拿马型船（New Panamax）：指能通过拓宽后的巴拿马运河船闸的最大船型（于 2014 年开放）。此类船舶长至 366 米，宽至 49 米，满载吃水 15 米，净空高度 57 米，载重量约为 120000 载重吨或是 12000 标准箱。

新造船（Newbuilding）：在建或刚下水的船舶。

北美自由贸易协定（North American Free Trade Agreement，简称 NAFTA）：1993 年美国、加拿大和墨西哥之间签订的一项协议，旨在取消签署国之间的关税。

海工（Offshore）：指从事海底油气（也包括任何基于海洋的能源生产，如海上风力、波浪和潮汐）勘探、建造、生产和支持的行业及设备。

手持订单（Order Book）：船厂目前所持有的商业船舶订单数量。

经济合作与发展组织（Organization for Economic Co-operation and Development，简称 OECD）：一个由 34 个国家组成的集团，其中包括许多世界上最发达的国家，旨在通过合作促进市场经济。经合组织成员国包括：澳大利亚、奥地利、比利时、加拿大、智利、捷克共和国、丹麦、爱沙尼亚、芬兰、法国、德国、希腊、匈牙利、冰岛、爱尔兰、以色列、意大利、日本、韩国、卢森堡、墨西哥、荷兰、新西兰、挪威、波兰、葡萄牙、斯洛伐克共和国、斯洛文尼亚、西班牙、瑞典、瑞士、土耳其、英国和美国。

石油输出国组织（Organization of Petroleum Exporting Countries，简称 OPEC）：由阿尔及利亚、安哥拉、厄瓜多尔、伊朗、伊拉克、科威特、利比亚、尼日利亚、卡塔尔、沙特阿拉伯、阿拉伯联合酋长国和委内瑞拉等石油和天然气生产国组成，目的是为其成员国制定生产目标以管理石油价格。该组织出产世界上 19% 的天然气和 43% 的原油。

巴拿马型船（Panamax）：能通过老巴拿马运河船闸的最大船型，通常长 290 米，宽 32 米，满载吃水 12 米，净空高度 57 米。此类船舶载重量为 60000—100000 载重吨或是 5000 标准箱。

多隔舱零担油船（Parcel Tanker）：建造用于在隔舱内运载多种散装液体货物的船舶。这些船舶的管道和舱室通常用不锈钢建造，或内附高科技涂层，以防止运载的货物受到腐蚀或污染。最先进的多隔舱零担油船可以运载多达 20 种不同的液体货物，相互之间完全隔离，并且根据需要可以单独加热或冷却。这些船舶通常比其他油轮要小。

超巴拿马型船（Post-Panamax）：比巴拿马型船尺寸更大的船型。

私募股权（Private Equity，简称 PE）：非公开交易的股权。与代表个人或机构投资者进行投资的私募股权公司相关联。

成品油轮（Product Tanker）：运载成品油而不是原油的油轮，吨位通常小于原油油轮。

拆船（Scrapping）：拆解并回收船舶。

页岩气（Shale Gas）：储藏在多孔页岩中的天然气。近期的技术进步使人们可以通过水力压裂法（一种利用高压流体破坏地下岩层的方法）经济地开采天然气。因此，全球页岩气产量正在持续增长，尤其是在美国。

短途海运（Short Sea Shipping）：一种替代公路或铁路的运输方式，该行业不进行跨洋运输，而是沿着海岸运输货物（因此也被称为沿海运输或水上公路）。

主权债（Sovereign Debt）：国家政府、机构或者政府支持行业欠下的债务。

单程租船（Spot Charter）：单航次租船。在此类租船中，船东支付所有营运和航行费用。

战略石油储备（Strategic Petroleum Reserve，简称 SPR）：世界上最大的石油储备。

战略石油储备由美国政府所有，用来在紧急情况下使用。石油被储存在德克萨斯州和路易斯安那州的盐穴中，总储存量为 7.27 亿桶。

苏伊士型船（Suezmax）：能够通过苏伊士运河的最大船型，通常是指油轮。苏伊士运河允许通过的船舶不限长度（通常为大约 275 米），最大型宽 77 米，最大吃水取决于船舶型宽（典型型宽为 50 米的船舶吃水为 18 米），最大净空高度为 68 米。

油轮（Tanker）：运输散装液体的船舶。货物种类包括原油、汽油和其他成品油、化学品、植物油、果汁、淡水等。油轮可以运输单一类型或多种类型的货物。

定期租船（Time Charter）：在一个特定期间进行船舶租赁。承租人负责租期内的所有航行成本包括燃料、港口费、运河费以及所需的任何额外保险。无论在租期内如何使用船舶，船东的报酬是按天计算的。

吨英里（Ton-mile）：运输的货物吨数乘以运输距离。这是了解航运市场需求的一个有用的宏观经济指标。

不定期船运输（Tramp Shipping）：没有固定路线或者固定行程的货物运输行业。

三角航运（Triangulate）：若返航时没有回程货，船舶可以安排 3 个或多个航次以三角方式到达原装货港。

标准箱（Twenty-foot Equivalent Unit，简称 TEU）：用于衡量集装箱船货运量的一个单位，基于可装在船舱和甲板上的 20 英尺长的标准箱的数量作为货运量。集装箱船可装载与此货运量相当的不同尺寸的集装箱。换句话说，一艘 10000 标准箱的集装箱船可以装载 10000 个 20 英尺集装箱、5000 个 40 英尺集装箱，或 4000 个 40 英尺集装箱和 2000 个 20 英尺集装箱。

巨型油轮（Ultra Large Crude Carrier，简称 ULCC）：载重量为 320000—549000 载重吨的油轮。很多都是 20 世纪 70 年代建造的，是世界上最大的船型之一。现在很少使用了。

超大型油轮（Very Large Crude Carrier，简称 VLCC）：载重量为 160000—319999 载重吨（约 200 万桶或占美国日均石油消费量的 10%）的油轮。

超大型液化气船（Very Large Gas Carrier，简称 VLGC）：可运载超过 60000 立方米液化石油气的船舶。

超大型天然气船（Very Large Natural Gas Carrier，简称 VLNGC）：可运载超过 200000 立方米液化天然气的船舶。

超大型矿砂船（Very Large Ore Carrier，简称 VLOC）：专为运载重矿石而设计的干散货船。船舶载重量超过 150000 载重吨。这是一项新的发明，主要用于长途贸易。

西德克萨斯中质原油（West Texas Intermediate，简称 WTI）：是以轻质低硫原油为基准的石油价格指标，最初在俄克拉荷马州的库欣定价。西德克萨斯中质原油是美国最常用的价格指标，也是美国其他大多数石油价格的基准。

世界贸易组织（World Trade Organization，简称 WTO）：由 167 个成员国组成的国际组织，致力于减少贸易壁垒。

《世界油船（基本）费率表》（Worldscale）：油轮行业使用的世界上任意港口之间航行的公开费率。这些费率将港口费、运河费、燃料费和日租船费（所有费用都定期更新）考虑在内。然后租船费率按该航程的世界油船费率的百分比议定。

致谢

我的记者生涯让我有机会接触一些来自社会学、商业和政治领域的世界上最励志最成功的人士。我认识到，并不是银行账户里“0”的数量定义了你的成功。你生活的方式和回馈（社会）的方式才是成功最好的体现。

在我所写过的所有行业中，我发现海运业是一个很好的典型：领袖以真诚的感激之情为社会作贡献，而不是说大话、吹嘘“慈善捐赠”。从赵锡成，一直到理查德·杜·穆林。前者起步卑微，生活于战争年代，但是并没有让仇恨扼杀他的志气；后者的家人在一场大范围流感中相继去世。这些领袖们并不是生于航运世家；相反，他们开辟了自己的道路，不仅让自己的名字在这个周期性最强的行业之一留下最浓重的一笔，同时也改变了世界上在其他领域工作的人们的生活。

我要感谢这些人抽出时间来给我讲述他们的故事，我希望他们的故事会启发和教育读者哪些领导技能是取得商业成功所必需的。怎么做、为什么这样做以及他们采取的策略，包含在我们的谈话内容中。每次采访之后，我都会很兴奋地打开电脑，记录下我听到的故事。没有他们的贡献，这本书是无法完成的。

吉姆·劳伦斯，感谢您给了我写《海上帝国》系列丛书的机会。这是我永生难忘的经历。

感谢美国全国广播公司财经频道（CNBC）为我写作本书开了“绿灯”。

我要感谢我的三个孩子：尼古拉斯（Nicholas）、德克兰（Declan）和艾比（Abby）。谢谢你们在我写作这本书时给予的理解和支持。尽管我努力在凌晨写作，但是我的工作还是占用了“妈妈陪伴的时间”。我非常爱你们，我希望你们三个去追逐你们的梦想，过上幸福的生活，并且在这个世界上留下你们的印记。我也要感谢我的丈夫迈克尔，谢谢你给予的理解、爱和支持。我的每一篇文章，都是为家人而写。

我希望你们能享受阅读本书的乐趣，就如同我在写作本书时所感受到的非比寻常的殊荣和快乐一样。

译后记

我的纽约读书生活（2013—2016）

不知从什么时候起，就有一个到外国去，尤其是到德国去的希望埋在我的心里了。同朋友谈话的时候也时时流露出来。在外表看来似乎是很具体、很坚决，其实却渺茫得很。我没有伟大的动机。冠冕堂皇的理由自然也不能没有。但仔细追究起来，却只有一个极单纯的要求：我总觉得，在无量的——无论在空间上或时间上——宇宙进程中，我们有这次生命，不是容易事；比电火还要快，一闪便会消逝到永恒的沉默里去。我们不要放过这短短的时间，我们要多看一些东西。就因了这点小小的愿望，我想到外国去。

——季羡林《去故国》

读季羡林先生的文章，体验颇多，感触很深。时间就像卷笔刀，我们都是笔。有的人被卷啊卷，笔芯就断了；有的人头就尖了；有的人花边很漂亮。这都不重要，重要的是位于社会地位最高是一种叫 2B 的笔，只有他们能做选择题。他们的圈子和领域就好比金融，而我记忆最顶尖的地方就是纽约华尔街。欧洲开拓者定居美国的初始聚集地之一是距纽约城区向北一小时车程的斯坦福德。自 1641 年以来，那里的足迹见证了一个世界金融帝国的崛起。在纽约，金融市场源源不断地涌现着各种金融规则的设计者和创业精神的造梦者，也聚集了全球航运金融的核心资源，纽约是我心之所向。

2012 年 12 月临行纽约前的雪天，我依依不舍地托友人收留了四只已养多时的小犬（两只红泰迪、一只约克夏、一只小鹿犬）。回西安告别家人，约往昔同学红炉温酒却又擦肩而过不得小聚，甚憾。后因霾锁机场，延迟起飞。为了温暖的梦想，相信冬天过后就是春天，我在机场鼓励自己，唤起了断前尘、再出发的热情和勇气，在机场写歌《窗雨花》：

我等到天明，看着窗外的雨花，点点滴滴，那是我儿时的梦想。有些快乐，这感觉有些复杂，天是那么蓝，我看着风筝一起飞。青草青青，烦恼原来已成烟云，时光机中，感受方寸间月圆月缺。

一天一夜，到了纽约，天更冷，雪更大。一场大雪过后，我的纽约故事也拉开序幕。在这个世界大都市的转角，纽约下城区的街口，等待我的一切都是未知，大雪中唯有我重新学习的执著与等候的眼神。寒冷，尤显孤独，我蜷居在临时栖身的小屋，只有老式水暖加热器维持着身体的温度。同屋的都是90后本科生，叫我一起看电视，听时代广场的新年钟声。那一刻，我只是发呆，想着太平洋另一端的家人，想着立春后上海春天的样子。烟雨润染了江南，上海话点燃了温柔，温暖印写在我的左胸口，恍惚还伫立在西湖畔的桥边。对了，还有花瓣，七分红在脸颊，三分余在手中，留香。我是过客，贪杯这尘世尘封贪嗔痴的美酒；我是主人，私藏了对世间多情的回眸与眷恋。纽约的暮色匆忙了我的脚步，联合广场的脚步放纵了自己的忧愁，谁叫我挥手碰倒了红尘，欲望洒满了心楼。那个冬季，我在这里度过了自己的40岁。“虽然只能看见延绵无尽的路途，但，我的双手还能拥抱着阳光。”（木村弓《千与千寻》主题曲）

从2013年春季到2014年，我逐渐习惯了艰苦的日子。在这里，我先后在纽约大学斯特恩（STERN）商学院学习理论，在北方航运基金学习航运金融实务。在这里系统学习航运金融知识并进入这个高端纽约圈子需要很大的勇气，起初在美洲大陆的另一端一切都是未知，而去纽约学习航运金融的起心动念便源于我热爱学习。其实，人无常师，世间万物均可为师，只要你愿意低下头、俯下身、去挖掘、去吸取。“常忆西湖处士家，疏枝冷蕊自横斜。精时一片当时事，只欠清香不欠花。”（虚舟普度禅师《墨梅诗》）

学习的过程中，常有同行或队友落后，但自己都咬牙坚持下去了。回想起来，他们之中不乏行业精英。他们一路努力，但敌不过天意。每每想起他们，也亦如夏花之绚烂。一路上所有的善恶都是自业，但是他们的善良依旧清澈鲜活。无须说明，只需懂得并珍惜。他们对希望的追求是如此执著，突然到了最后，时间戛然而止，只有放手又跳跃回到原点，留下春光一样的明媚品质，为继续前行者如路标般点亮征途，然后给自己留下了永存的心殇。想想我身边的他们，总是把自己的责任看得太重，做事要做得尽善尽美。宁可自我伤害，也要在和别人的交往中留予信任。这种爱，纯粹又弥足珍贵。他们知世故却不圆滑。“白首重来一梦中，青山不改旧时容。乌啼月落桥边寺，倚枕犹闻半夜钟。”（孙觌《过枫桥寺》）

回忆如墓，淡薄如素。花开无岸，根生有情。魂落忘川犹在川。“醉里不知烟波浩，梦中依稀灯火寒。花叶千年不相见，缘尽缘生舞翩迁。”（《布拉格红人馆》）。学习心路历练，偶见莫名，感触进步，同感心意。失声落泪，恐怖梦想亦付颠倒远离。六道无坏，境界无好。生未曾出，死未曾灭。心未解脱，身陷糊涂。意万千在，六识皆苦。归元有路，不忘初心。清风不动，声闻见行。感谢在纽约的日子，月夜皎洁，深思上海，也会喜欢上海的月。月坠银丝浅浅环，一半小弦一半圆。一叶绽放一追寻，一花盛开一世界。“本欲

起身离红尘，奈何影子落人间。”（纳兰容若《雨霖铃》）

学习不是攀比，需要伙伴们互帮互助。海明威说，“优于别人，并不高贵，真正的高贵应该是优于过去的自己”。如果你喜欢朴树的《平凡之路》，请用力一点说喜欢大家，也喜欢自己，说后又充满了不舍和无奈。伴君欢宴，终有别离。荆棘足易，月帘难舍。只顾努力，不问前程，再逢浅笑，不尽言中。枯木逢春时，今宵别梦寒。悲欣交汇处，喜乐不言苦。

在学习的过程中，感觉自己像一个傻瓜。其实，我们都一样，为了追寻理想一再受伤。我喜欢纽约的夏天，炎暑路过我的窗前，知了在路边尽情歌唱。这正是应该静坐的时光。夕阳余晖洒进窗子，昏黄色的光映在餐桌，渐次照进客厅，光里细尘轻舞，让人不作他想。面对自己，尘世红莲业火围绕，静寂虚空里唱出生命之歌，心中纯洁如雪，又如银月磨莹，青天照我心。夜里，“炎光谢。过暮雨、芳尘轻洒。乍露冷风清庭户爽，天如水、玉钩遥挂”，“须知此景，古今无价。……愿天上人间，占得欢娱，年年今夜。”（柳永《二郎神》）

我心中纽约的夏天是最美的。中午，在哥伦比亚大学的智慧女神像下吃凉皮和肉夹馍，幸福感溢满指间。回顾走过的青葱岁月，小学、中学和大学里的点点滴滴，悄然中我已泪流满面。我先后在中国人民大学、挪威管理学院、曼彻斯特商学院、上海交通大学、纽约大学斯特恩（STERN）商学院和哥伦比亚法学院读书，一路走来得到诸多师长和同门的鼓励和帮助。今生有幸，就读的第六所学校是“常春藤”，再铸方法论和价值观，修补了二十年前申请耶鲁大学被拒的心结，此生无憾。愿今后能用所学的知识回馈社会，帮助更多的人。我从未放弃心中读书的理想，风雨中追赶希望。感谢我的家人包容我一生爱自由，走自己的路。归元无二路，读书有多门。“就算孤芳，路旁盛放。暴雨洒过后，尚有希望。”（赵学而《黄金花》主题曲）

纽约浅浅的蓝天，满是夏天的味道。生命追逐幻光，若是把幻光的影子当作幻光，生命就会迷失在无边的苦海里，以苦为乐。找到比黄金更宝贵的正信与正念，心就到达了最美好的地方。我已走得这么远，也将走得更远（I have come this far，go further）。夏日天亮得早，早上醒来时，可以有两个简单的选择：回头去睡，继续做梦；或者起身去追逐梦想。与其称之精致的利己主义者和常春藤的“绵羊行为”，不如说是接地气地寻梦追缘。“别来几春未还家，玉窗五见樱桃花。”（李白《久别离》）

学习享受孤独。航运金融道路上的探索者都是孤独的。我想起了已过世的中船产业投资基金合伙人徐辉，和现在正在努力奋斗的航运基金的经理们。如今我也默默地和他们一起同行，一路奔走，付出许多。尽管身心痛楚疲惫，不敢也未曾回头。每当看到天上的星星，可否记得当年自己的脸，曾经为了理想笑得比星星多。当年往事片段飘过，那又会如何。偶尔感叹，怀念纯真留在心中，不曾放弃。我心也像那银河星星，在世间默默走过，留下柔柔光芒。希望有一天后继者见到星星之光，也会想起我；当融入银河的璀璨之中，看见星华只会其味，不伤花香，也请忘记我。只留书卷温馨如故人。“自从一见桃花后，直到如今更不疑。”（灵云志勤禅师《三十年来寻剑客》）

2015 年春季转入哥伦比亚大学后我有机会接触到更多的珍贵文献资料。有一次看到胡适先生手札真迹，记起来 2012 年底临行纽约在机场停留时写的《窗雨花》，想着继续完成它：

昨夜，有雨敲打我的窗。温软，晶莹，透亮。和夜空一起呼吸，没有快乐，亦没有忧伤。那些曾经的往事，注定是回眸时的雨花。淡淡地贴在窗外，是我青葱岁月的梦想。你舍得醒来吗？你会放手帘月寻找自己的影子吗？

学习害怕失败。二十多年前，我申请耶鲁商学院被拒，嗔怒之下远赴挪威商学院全奖学习，但心里一直挥不去的是“常春藤”的影子。2015 年有幸回哥大重拾校园生活，穿上浅蓝色哥大校服，带上校徽戒指，气象清新，我心怀感激。多年来一路奔走，和梦的影子不离不弃。今天，世界已经变了，可是我还在梦里。我有时会问自己：你舍得笑着醒来吗？或者是拉着梦中的自己再进入另一个深层次的梦境吗？“你未看此花时，此花与汝心同归于寂，你来看此花时，则此花颜色一时明白起来。”（王阳明《传习录》）

学习中感恩有前辈指路。人大师姐推荐的 R. H. Coase 1988 年的著作 *The Nature of the Firm*：*Origin*，我反复拜读。也一直记得另一位师兄的教诲，“再忙，也要抽时间读书”。读 Coase 的文章，要用心读。这和使用统计软件 R 进行多元线性回归分析的纯数量化技巧不一样。这篇文章构思于 1932 年的夏季，就如何结合经济和法律来看待公司的本质，细语而谈[1]。他游历法国、英国、美国，一路上始终在反思 Arthur Salter 的论句“正常的经济体系会自行运转（The normal economic system works itself.）”。在文中第 17 页，Coase 写到，“I had reached China（我到过中国）”。In my reading his writing，I feel that it is loneliness that makes him different，not gregariousness. 字里行间，我觉得他是孤独的。正是孤独让他变得出众，而不是合群。他才华横溢，也享受孤独。他在孤独的时候积蓄能量，也在不孤独的传世作品中展示他孤独时的璀璨和闪亮。从某种意义来说，这和梵高创作自画像的心境不是如出一辙吗？每一朵烟花的绽放都是美丽的。学习的过程也是美丽的。人界红尘，正见如月。不忘初心，不受后有。对月而心醉，忘情于读书。“六道无常炼群阴，观心如月药苗新。不识自省颠倒颠，争知火里好栽莲。虚心实腹悲俱深，只为虚心要识心。只缘恍惚寻有象，休将窥见事高谈。”(无名)

学习时，就像自己活在别人的故事里，哭着、笑着。末法时代，众生说人生如戏。Life is a trip, meaningful not about where to go, but enjoy the scenery alongside and the emotion driven behind. 人生如旅行，目的地不重要，重要的是享受沿途风景与旅途的心情。“春有百花秋有月，夏有凉风冬有雪(无门慧开禅师《无门关·平常心是道》)”；“但尽凡心，别无胜解(苏轼《东坡志林》)”；“光明透出满人天(拾得《无题·无来无去本湛然》)”。

学习让自己有时间放空思想，回到从前。独自走走、看书、思考。我在国内的时候喜欢吃面，记忆深处很久以前，在西安的工厂下机械车床车间锻炼学习时，工人们午饭时一起出去吃加了蒜和醋油泼面，聊着家里和朋友之间的琐事。那时候大家工资都很低，但脸上都洋溢着幸福。而现在这种感觉已被路人匆匆的脚步打破，也随着时光褪色了。稀有后则变得珍惜，甚至害怕想多了，连幻灯片般的彩色回忆也会消失，重新回到这个变化的世界。因为拥有，感到便利。也因为拥有，就越执著。在纽约，我也执著地找到了一家面馆，面是一大份，只是换了不同的碗。

懂得学习的人不会变老。读书，尤其王阳明的书，不要叹息流逝的岁月，但要时常自问是否虚度光阴。有时候，我会坐在自己的院中，观照自心，看看庭院内外四季之美。随日月递嬗，秋日已临，冬日过后，春意更新。一世飘摇渺浮尘，酸甜苦辣尝几番。北美羁旅偏碌碌，冷暖自由春秋分。幸福生活双手耕，只要有心万事成。懂得学习的人随世界流潮也会变老。生老病死是必经的过程。求不到，爱别离，怨憎会，五阴炽，加剧身心之苦。但人的心灵是常新的。为内心而活的人，无视世界腐朽，不会凋零。

学习开始的时间和年龄无关。我到中年仍在耕读。记得梁实秋先生说过，“四十开始生活，不算晚，问题在‘生活’二字如何诠释。如果年届不惑，再学习溜冰踢毽子放风筝，‘偷闲学少年’，那自然有如秋行春令，有点勉强”。汪国真先生也说，“你仓促地到了中年……生活就是这样，当你退到了潮流的边缘，潮流反而成了不相干的背景”。仔细想想，是否文艺思想和金融逻辑也可以结合？丹尼尔·贝尔在《资本主义文化矛盾》中写道，“现代社会的社会结构和文化之间存在着惊人的分裂”。法国布迪厄说，“知识分子是一种悖论的或二维的存在”。任何时候开始学习都是幸福的。你的幸福不需要他人懂。

学习要有信心。航运市场恢复遥遥无期。珍惜时光，读书仿佛自己的影子。坐在喜欢的椅子上，读喜欢读的书，泡喜欢喝的茶。然后花一整晚，和自己讲述走过的地方和见到的景象。轮回就是这样。情真妄语，其道犹存。从过去到现在，我一直爱读书。乘船出海，渐行渐远，茫茫在眼前。时代如风凛冽，但也不要随风飘零，纵使难免面对，仍要憧憬理想，朝向海岸眺望。以挑战之心，珍惜青春的颜色。

2015年，纽约的春天来得晚。花朵莹上枝头，透过一片嫩绿，微微揭开了初夏的影子。每朵花都有开放的时候，却留不住芳香，但我见过它最美的模样。冬天凋零，春天绽放，花儿开始色彩缤纷的生活。世界不再是宇宙深处的混沌天体星云，当你见到花舞绽开，如星河灿烂，思念便在心中照耀，因为我们笑的比星星还多。寄身旷野，抑或闹市，也有精致的思绪。春天的疆土，光明无偏照。播下花的种子，演化为美丽的乡愁，触手可及。无名如是，有爱如是，应作如是观。

学习会使生命坚强。2015年4月的某日，我身感不适，被送去医院。医生护士如临大敌，把我送去急诊室输液，全身插满管子，询问各种问题，进行全面诊断。在医院里，只求生命有意义。就像航行者，头上有暖暖的阳光，脚下是华尔街经典的海蓝色，风吹着我的脸，增加了岁月的印记。我想，每个人都需要温暖。别人给你的，也须回馈给大家。希望不要刻意，也不要等很久。另外，纽约的夜好蓝，空气中透着一股凉意，渗入血液使人更加坚强。

夜空群星璀璨，在学校里听见自己的呼吸声，坐下来，流连忘返，沉入自己的世界。这世界就像一场梦境，无休止的轮回里人们是变幻角色的扮演者。回到夜里，安稳如地藏。星星，像罗盘一样明亮，为路人指引方向。路人，行驶在那天海之中，互相交错而过，演绎着轮回中的故事。记起现代诗人向明的《小夜曲》，“星星，闪耀在蓝天里；蓝天，倒映在江水里；星星、蓝天、江水，全都浸透在花香里”。其实，在这个无常的世界里，一粒沙可以填湖海，一棵草可以化星辰，已经分不清谁是星星，谁是花朵。大道至简，便是如此。

学习有时会不经意地收获些许文艺情怀。每次圣诞节来临之际，我都会梳理自己的思想，整理自己的物品。2015年的圣诞节，我翻出在人大上学时保存的一张同学送的卡片，文艺的气息扑面而来。文艺是永恒的，不随岁月而荒老；感情是真挚的，不随时间而逝去。爱别人，也会爱自己。我想对自己说，并不是所有感情的溪流都要投入爱情这条河流，鱼儿在清澈的小溪中也悠然自得，真情与假意并不是你能决定的，但是，只要你真心付出，又何必担心覆水难收。也许，你正需要丰富自己的情感世界，丰富自己的经历，不要疑虑，不要患得患失，不要失去应该属于你的一切。在爱的旅程里，你会完善自己。清风月下，淡茶一杯，风会听你悄悄地讲述自己的故事。看着头上星星闪闪，找到回家的路。他说：“看，我的那颗星星，恰好就在头上却距离如此遥远！”（安东尼《小王子》）。

但是现实中，当情感轻轻地吹动了金融的神经，画面慢慢化了，颜色也淡了。

2016年是在我哥伦比亚大学学习的第二年。春生阳育，夏长盛旺，秋收敛实，冬藏有序。云水间，有灭有生，亦不生不灭。生灭有意无意，演绎有情众生的轮回故事。我依稀记得，很久以前相似的场景，却忘了在哪里。只记得：青山碧水两相和，风送香枝云不语。雨雯洗尘不曾老，明月照我遍界春。恍若有思，莫相忘。水月琉璃镜天，一语一指，唤醒梦中人。念念不止读书。春风拂面，水流花开千万枝。已有泪光在眼前，落在心里，湿润了学习的种子，该发芽了。在纽约学习结束是要考虑回国了。中国，是我的故土，是生我长我的地方。

2016年的春节从纽约回到西安度过。正月十五元宵节。月圆花开，幸福如海。用生命追求美，优雅而精致。爱，无疆。“这种力量便说明一切，并赋予生命意义。这是我们忽略已久的变量，也许正因为我们害怕爱，因为爱是宇宙中唯一一种人类还没有学会随意驾驭的能量。”[1]（阿尔伯特·爱因斯坦）“几处早莺争暖树，谁家新燕啄春泥。”（白居易《钱塘湖春行》）春天来了，西安乡村踏青。我们常常为出人头地趋之若鹜，却对平凡不屑一顾。

雪后初晴，再回哥大。满满的课程列表和讲座总有一款契合各自的兴趣。付出这么多，收获的感觉像是栀子花开。每年哥大夏天，总要送走很多同学，2016年也不例外。有一些，或许终生不会相见，但心有挂牵。回国后，于无色处见繁花，希望各位同学照顾好自己，保持积极的心态，在最困难的时候别忘了做最可爱的自己，去直面生活。大地在，岁月在，我们都在。愿生命，在夏花和五彩中，保持一片淳朴的白色，在岁月的映衬下，永远有一颗纯真的心。

杨绛先生说：“我们曾如此渴望命运的波澜，到最后才发现，人生最曼妙的风景，竟是内心的淡定与从容。我们曾如此期盼外界的认可，到最后才知道，世界是自己的，与他人无关。”书声半月窗，花影一帘风。以前听先生的《洗澡》，还小。那个时代背景很特殊，我却不由自主听得入迷。先生说：“简朴的生活、高贵的灵魂是人生的至高境界。”星，眨眼；爱，带来了悲伤，过去不再。

2016年冬季，要回国了，赋歌《纽约·冬之恋》：

初冬，天空很高，人很小。人在桥上，慢慢地延伸，巨大的投影，静默地遮住了天空。走下桥，给有花斑的梦套上了马具，让它的蹄子和云彩说说话。云彩无语，一泓青蓝涨满了脸色，如昨日。下界，雪还在沉睡，指尖所触，那是冰的复活。天人感动了，用爱捧起了冰，化为了泪，落在了海里，那是天空的颜色。于是，人有了寂寞，聚在了一起，生起了火。唱着《寒曲》、《魂韵》和《酒歌》。

怀念我在纽约的旧时光。“明珠照破铁围城，金锡振幽冥。化雨缤纷，大地布阳春。”（地藏咒）

金海[3]

[1] What was it that determined whether this problem would be handled by contractual arrangements between independent firms or by integration... The solution was to realize that there were costs of making transactions in a market economy and that it had necessary to incorporate them into the analysis.

[2] This force explains everything and gives meaning to life. This is the variable that we have ignored for too long, maybe because we are afraid of love because it is the only energy in the universe that man has not learned to drive at will. (Albert Einstein)

[3] 邮箱：jinhai_shanghai@163.com，就本书内容欢迎读者来信交流。

图书在版编目(CIP)数据

海上帝国:现代航运世界的故事/(美)洛丽·安·拉罗科(Lori Ann LaRocco)著;金海译. —上海:上海人民出版社,2018
书名原文:DYNASTIES OF THE SEA: The Untold Stories of the Postwar Shipping Pioneers
ISBN 978-7-208-15658-6

Ⅰ.①海… Ⅱ.①洛… ②金… Ⅲ.①航运-交通运输史-世界 Ⅳ.①F551.3

中国版本图书馆 CIP 数据核字(2019)第 004264 号

责任编辑 冯 静
装帧设计 周伟伟

海上帝国
——现代航运世界的故事
[美]洛丽·安·拉罗科 著
金 海 译

出 版	上海人民出版社 (200001 上海福建中路 193 号)
发 行	上海人民出版社发行中心
印 刷	常熟市新骅印刷有限公司
开 本	720×1000 1/16
印 张	16.75
插 页	2
字 数	245,000
版 次	2019 年 3 月第 1 版
印 次	2019 年 5 月第 2 次印刷

ISBN 978-7-208-15658-6/F·2578
定 价 68.00 元